いづも財団叢書 9

出雲の歴史と地域文化 1

~原始・古代編~

公益財団法人いづも財団
出雲大社御遷宮奉賛会
［編］

口絵１　隠岐の黒曜石《こくようせき》（隠岐の島町教育委員会所蔵）
隠岐島で産出される黒曜石の剥片は鋭利な刃物となり、剥片を使用した矢じりはイノシシの骨に達するほどの威力をもつ。狩猟生活者にとって垂涎《すいぜん》の的であった黒曜石を獲得するために、出雲の縄文人たちは小さな丸木舟に命を託して、隠岐島を目ざした。（写真提供は島根県立古代出雲歴史博物館）

口絵２　三重の環濠をもつ田和山《たわやま》遺跡（松江市田和山町）
弥生中期になると生産力の向上による人口増や風水害による飢饉などにより、ムラ同士の軋轢《あつれき》・いさかいが増え、防御施設（柵列・環濠・土塁など）を備えた集落が形成された。この遺跡は、出雲ばかりでなく日本列島における戦争の始まりを物語る遺跡として、今後の研究の深化が期待されている。（写真提供は松本岩雄氏）

口絵3　荒神谷遺跡（出雲市斐川町）から出土した青銅器　国（文化庁保管）
昭和59年から60年にかけて、荒神谷遺跡から出土した銅剣・銅矛・銅鐸。なかでも358本も出土した銅剣は、1か所の遺跡からの出土としては異例の多さであり、我が国の専門家ばかりでなく、地元民にも大きな衝撃を与えた。これ以降、加茂岩倉遺跡から出土した39個の銅鐸とともに、古代出雲の青銅器文化が注目されている。（写真提供は島根県教育委員会）

口絵４　四隅《よすみ》突出《とっしゅつ》型《がた》墳丘《ふんきゅう》墓《ぼ》で知られる西谷２号墓（出雲市大津町）
弥生後期になると出雲では、王墓が築造されるようになった。その形もヒトデ型をした独特のもので、「四隅突出型墳丘墓」と呼んでいる。考古学では「古墳」という用語は３世紀以降の墳墓としているために、それ以前の王墓は「墳丘墓」とか「墳墓」と呼んでいる。写真は、西谷墳墓群のうちの２号墓である。墓上では盛大な葬祭儀礼が挙行されたと考えられている。（写真提供は出雲市文化財課）

目次

序章

第Ⅰ期公開講座の主旨と実施状況

第Ⅰ期公開講座の主旨と実施状況

公益財団法人
いづも財団事務局

一　公開講座の主旨と計画

1　公開講座の主旨

いづも財団では、今年度から「出雲の歴史と地域文化」をテーマに、六年間をかけて三〇講座、六〇講演をとおして、特色ある出雲の歴史と文化を考えてみようと思っています。

この四〇年間に出雲では、わが国の古代史に衝撃をもたらす歴史的大発見が続きました。荒神谷遺跡（出雲市斐川町）や加茂岩倉遺跡（雲南市加茂町）、出雲大社境内遺跡（出雲市大社町）の発見などがその主なものです。またこの間に、『大社町史』や『松江市史』などの市町村史の編纂が進み、出雲地域の歴史像も大きく変わりつつあります。この講座では、最新の研究成果を踏まえて、出雲の歴史文化を皆様方にわかりやすくお伝えすることを目的としています。

この講座の全体構成は、次のように考えています。

・第Ⅰ期……原始・古代の出雲（令和三年度）
・第Ⅱ期……古代の出雲（令和四年度）
・第Ⅲ期……中世の出雲（令和五年度）
・第Ⅳ期……近世の出雲①（令和六年度）
・第Ⅴ期……近世の出雲②（令和七年度）
・第Ⅵ期……近・現代の出雲（令和八年度）

第Ⅰ期・Ⅱ期の二年間は、原始から古代の出雲を、出雲人の生活舞台の形成という観点から取り上げます。微高地の開発、青銅器文化や四隅突出型墳丘墓・古墳、出雲神話や『出雲国風土記』、荘園と公領、山岳宗教など多様な視点から考えていきます。

また第Ⅲ期は、武家勢力と宗教勢力との拮抗の中で繰り広げられた出雲の歴史文化を、出雲大社や鰐淵寺、山城と出雲の国人領主、水運の発達と都市の形成、戦国大名による支配などについて、政治史や宗教史、流通経済史の側面から総合的に描いてみようと思っています。

第Ⅳ・Ⅴ期の二年間は近世の出雲を取り上げます。『大社町史』や『松江市史』などで明らかにされた史実をもとに、松江城築城と城下町の形成、出雲大社と門前町の特質、出雲平野の開発と築地松、藩政の展開と茶の湯文化、日常の庶民生活など、近世出雲の歴史文化を地域に密着した視点から捉え直してみようと思っています。さらに、最後の第Ⅵ期は明治以降の出雲地域の変貌と伝統文化の継承などについて考えてみる予定です。

2　第Ⅰ期公開講座の計画

以上のような主旨を踏まえて、第1期の公開講座の計画（全五回）を次のように立案しました。

第一回　出雲平野の形成と縄文人のくらし
　出雲平野はどのようにして形成されたか？また、出雲地域を生活の舞台とする縄文人が欲したものは何か。

第二回　農耕の展開と出雲平野のムラムラ
　弥生時代になると農耕が行われるようになったが、彼らが農耕を行った場所はどこあたりか。また、松江市の田和山遺跡は三重の環濠をもつ遺跡であるが、どのような特色があり、そこではどのような暮らしが営まれていたか。

第三回　出雲の青銅器文化の展開
　弥生時代の出雲では青銅器文化の展開がみられたが、どのような特色をもち、どのようにもたらされたか。荒神谷遺跡（出雲市斐川町）から出土した青銅器をもとに考える。

第四回　大型墳丘墓の出現と出雲的世界
　二世紀になると出雲地域では大型墳丘墓がつくられるようになったが、これはどうしてか。出雲の地域首長は、他地域の地域首長と連携をはかるようになるが、そこでの日本海水運はどのような役割を果たしたか？

第五回　出雲の地域首長と大和政権
　東西出雲にはそれぞれ勢力をもった地域首長が出現した。これらは、その後どのようになっていったか。また出雲の地域首長と大和政権とはどのように関わったか。

　このような考え方に基づいて、講演題目や講師名などを盛り込んで作成した講座計画が表1です。

表１　令和３年度　いづも財団公開講座
第１期「原始・古代出雲の歴史と地域文化」

※定員各130名　　※無料です。

回	講座テーマ	講演題目及び講師名	開催期日
1	出雲平野の形成と縄文人のくらし	A：河川堆積と火山噴火で出来た出雲平野 中村唯史（三瓶自然館サヒメル学芸員）	５月22日（土） 大社文化プレイスうらら館 13:30～16:10
		B：出雲の縄文人が欲しがった隠岐の黒曜石 宍道正年（宍道正年歴史研究所代表）	
2	農耕の展開と出雲平野のムラムラ	A：原山（大社町）に生きた人々と出雲平野の開発 坂本豊治（出雲弥生の森博物館学芸員）	７月17日（土） 大社文化プレイスうらら館 13:30～16:10
		B：三重の環濠をもつ田和山遺跡（松江市）の謎 松本岩雄（八雲立つ風土記の丘顧問）	
3	出雲の青銅器文化の展開	A：荒神谷遺跡発見から37年！ わかってきたこと、わからないこと ～荒神谷遺跡を埋納抗から考える～ 宍道年弘（荒神谷博物館企画員）	10月23日（土） 大社文化プレイスうらら館 13:30～16:10
		B：荒神谷青銅器と陸の道 平野芳英（元荒神谷博物館副館長）	
4	大型墳丘墓の出現と出雲世界	A：四隅突出型墳丘墓の出現と出雲の王 三原一将（出雲弥生の森博物館課長補佐）	12月４日（土） 大社文化プレイスうらら館 13:30～16:10
		B：出雲の地域首長と日本海交易 岩橋孝典（県埋蔵文化財センター調査第２課長）	
5	出雲の地域首長と大和政権	A：古墳で読みとく東西出雲の地域首長の拮抗 ～山代二子塚古墳（松江市）と 大念寺古墳（出雲市）～ 仁木　聡（県教育庁文化財課企画員）	【令和４年】 ２月26日（土） 大社文化プレイスうらら館 13:30～16:10
		B：出雲と大和政権の相克 花谷　浩（出雲弥生の森博物館館長）	

注　１）講師の役職名は、講演時のものです。
　　２）講演時間は、いずれも１講演70分間です。

二　公開講座の実施状況

昨年度はコロナ禍のために公開講座を一年間休止しましたが、今年度から再開しました。第1期のテーマは、「原始・古代出雲の歴史と地域文化」です。会場は大社文化プレイスうらら館です。左記のとおり開催しましたので、その概要を紹介します。

第一回講座　令和三年五月二十二日（土）
　　　　受講者数七六名
主題　出雲平野の形成と縄文人のくらし
演題A　河川堆積と火山噴火で出来た出雲平野
講師　中村唯史 先生（三瓶自然館サヒメル学芸員）

中村先生には、出雲地域の数百万年前から四千年前までの地形の推移をお話いただきました。七千年前の縄文時代には海面が上昇し地形に変化が見られたこと、また気温が上昇し植生が変化したことを教えていただきました。四千年前には三瓶山の噴火によって大量の土砂が斐伊川・神戸川に流入し、出雲平野の原形が出来上がったことなどを図や写真を使って、わかりやすく教えていただきました。このような私たちが日常生活する「歴史の舞台」に関する講演は、当財団の公開講座では初めてのことであり、受講者の皆様は新鮮な驚きがあったことと思います。

演題B　出雲の縄文人が欲しがった隠岐の黒曜石《こくようせき》
講師　宍道正年 先生（宍道正年歴史研究所代表）

宍道先生には、まず県内の縄文時代遺跡が六〇〇カ所あることや生活が狩猟、採集、漁撈を組み合わせたものであることを教えていただきました。生活の中で、重宝された道具が切れ味の鋭い黒曜石《こくようせき》でした。ただこの黒曜石は、隠岐の島でしか産出されないために、出雲の縄文人たちは命を賭して海を渡って本土に持ち帰りました。宍道先生は、黒曜石を使っての実演をとおして、具体的に黒曜石の威力を見せていただきました。この講演には、現職教員や元教員の聴講が多数ありました。

第二回講座　令和三年七月十七日（土）
　　　　受講者数六二名
主題　農耕の展開と出雲平野のムラムラ
演題A　原山《はらやま》（大社町）に生きた人々と出雲平野の開発
講師　坂本豊治 先生（出雲弥生の森博物館学芸員）

坂本先生には、大社町にある原山遺跡が山陰最古の弥生遺跡であることを土器や石器をとおして、わかりやすく説明していただきました。その後、弥生時代には近隣の四絡《よつがね》・塩冶《えんや》・古志・神西《じんざい》などの地域が開発されていきましたが、これらの地域が今日でも出雲市の中心区域になっていることに驚きました。弥生時代と現代とがつながっていることを実感しました。受講者の皆様もきっと同様のことをお考えになったのではないかと思います。

演題B　三重の環濠をもつ田和山《たわやま》遺跡の謎

講師　松本岩雄 先生（八雲立つ風土記の丘顧問）

田和山遺跡は松江市の高台にある三重の環濠《かんごう》をもつ特異な遺跡として知られていますが、出雲市民にとっては馴染みが薄いと思われます。そこで、松本先生は「田和山町の命名の由来」など身近な話題を取り上げながら、話を進められました。また、大社造りと同じ九本柱の建築物跡の謎、三重環濠の謎、石板硯の謎など、多くの謎に包まれた遺跡であることも教えていただきました。

受講者にとって、謎解きの面白さがあったように思います。

第三回講座　令和三年十月二十三日（土）

受講者数六九名

【主題】出雲の青銅器文化の展開

演題A　荒神谷遺跡発見から三七年！

「わかってきたこと、わからないこと

～荒神谷遺跡を埋納坑《まいのうこう》から考える～」

講師　宍道年弘 先生（荒神谷博物館企画員）

荒神谷遺跡（出雲市斐川町）における銅剣・銅矛・銅鐸の埋納《まいのう》状況について、専門的見地からお話しをしていただきました。これらの青銅器を埋めるに当たっては、特別な儀式を行い、銅剣から銅矛、銅鐸の順に埋められたとのことでした。貴重な資料を沢山準備していただきました。

演題B　荒神谷青銅器と陸の道

講師　平野芳英 先生（荒神谷博物館元副館長）

荒神谷遺跡における青銅器のルーツが北部九州にあることや荒神谷遺跡の銅剣に付けられている「×」印の謎についてお話しいただきました。銅剣の「×」印はこれまで荒神谷遺跡出土の銅剣のみに付けられていると考えられていましたが、今日では弥生時代中期以降のわが国の各地で発見される青銅器や土器に広範囲にみられることがわかり、何のために「×」印を付けたのか、その謎がまた一段と深まりました。

第四回講座　令和三年十二月四日（土）
受講者数六〇名

【主題】大型墳丘墓の出現と出雲的世界

演題Ａ　四隅突出型墳丘墓の出現と出雲の王

講師　三原一将《かずゆき》 先生（出雲市文化財課課長補佐）

弥生時代の西出雲には「王」が誕生し、「四隅突出型《よすみとっしゅつがた》墳丘墓《ふんきゅうぼ》」というユニークな墳墓《ふんぼ》が造られました。西出雲の「王」と誼《よしみ》を通じる伯耆《ほうき》や因幡《いなば》、吉備《きび》などの「王」も同じ型の墳墓を造りました。西谷三号墳（出雲市大津町）では盛大な祭祀《さいし》が営まれ、各地の「王」から届けられた高級の副葬品も供えられました。

西出雲にこのような有力な「王」が出現したのは、①広大な平野があったこと、②港としての潟湖《せきこ》があったこと、③水路としての斐伊川・神戸川が流れていたこと、④大陸に近かったことなど、その歴史的背景についても言及していただきました。

演題Ｂ　出雲の地域首長と日本海交易

講師　岩橋孝典 先生
（島根県埋蔵文化財センター調査第２課課長）

西谷墳墓群（出雲市大津町）から出土した外来系の土器や鉄・ガラス製品・玉類を例に、その交易ルートについて話していただきました。当遺跡から朝鮮半島系や北部九州系、北陸系の遺物が出土するのは、出雲平野が北部九州と北陸とを結ぶ中継交易の拠点的な機能をもっていたからではないかという新たな視点を示されました。受講者からは、「このような話は、初めてだ」という新鮮な驚きの声が多く寄せられました。

第五回講座　令和四年二月二十六日（土）【中止】

【主題】出雲の地域首長と大和政権

演題Ａ　古墳で読みとく東西出雲の地域首長の拮抗《きっこう》
〜山代二子塚古墳（松江市）と
大念寺古墳（出雲市）〜

講師　仁木　聡 先生（島根県教育庁文化財課企画員）

演題B　出雲と大和政権の相克《そうこく》
講師　花谷　浩 先生（出雲弥生の森博物館館長）
※新型コロナウイルス感染拡大防止のために、やむなく中止とさせていただきました。

三　受講者の状況

令和三（二〇二一）年度の当財団の公開講座は、主題を「原始・古代出雲の歴史文化を学ぶ！」とし、大社文化プレイスうらら館（出雲市大社町）を会場に開催しました。それぞれの講座に出席した受講者数は、左記の通りです。

○第一回講座（五月二十二日）………七六名
○第二回講座（七月　十七日）………六二名
○第三回講座（十月二十三日）………六九名
○第四回講座（十二月　四日）………六〇名
○第五回講座（二月二十六日）………中　止

受講者数は、毎回の平均人数が六七名と例年の半分ほどでした。これは、新型コロナウイルス感染が広まりつつあったことと関係がありそうです。

受講者を地域別にみると、例年どおり出雲市（大社町を含む）が七〇%と圧倒的に多く、次いで松江市、雲南市の順でした。大田市以西からの参加者はありませんでした。また、県外からの参加者はありませんでした。

公開講座の風景（令和３年）大社文化プレイスうらら館

第1章

出雲平野の形成と縄文人のくらし

三瓶火山と神戸川が演出した出雲平野の〝大地創造〟……中村唯史

出雲平野は、神話や多量の青銅器、出雲大社の巨大神殿に象徴される「古代出雲文化」の中心にあたる。この平野は『出雲國風土記』が伝える国引き神話の物語さながらの地形発達史を持ち、そこには三瓶火山の噴火が関わっている。噴火の影響で形成された地形の特徴は、弥生時代以降の集落の発展にも少なからず関係した。北山と中国山地に挟まれた低地に平野と潟湖が連なる特徴的な地形とその形成史は、当地の歴史文化の背景として見逃せない。

なかむら・ただし
島根県立三瓶自然館。昭和四十三（一九六八）年、山口県下関市生まれ。島根大学大学院理学研究科修了。地質学の立場から、島根県の縄文時代以降の古地理について、考古学や歴史学の専門家と共同で調査。特定非営利法人石見銀山協働会議理事長も務める。
【著書・論文等】
『湖陵町史』（湖陵町誌編纂委員会編）、『乙立郷土誌』（乙立郷土誌編纂委員会編）、『出雲塩冶誌』（出雲塩冶誌編集委員会編）、『出雲北浜誌』（出雲北浜誌刊行委員会編）などに執筆。著書に『石見銀山学ことはじめⅣ　土の巻』（大田市教育委員会・石見銀山学概説書編集委員会）。

はじめに

出雲大社の背後に迫る北山《きたやま》（島根半島）の山並み。その頂に立つと、眼下に広大な出雲平野が広がる（写真1）。平野の西には白砂が緩やかに弧を描く長浜、大社湾の海の青。南の遠方に目をやると、三瓶山《さんべさん》がぽつんと高く見える。古代の出雲に暮らした人たちは、この風景の要素をつなぎ合わせ、国引き神話の壮大な物語を作りあげたのだろう。海の彼方から国を引き寄せ、狭布《きょう》のごとく小さかった国を大きく広げたという物語は全く空想の世界のようでありながら、出雲平野の自然史と重なり合う部分もある。国を引き寄せた綱を留めた杭に見立てられた三瓶山は縄文時代に噴火し、その噴出物が神戸川に運ばれて平野を広げた。平野が広がることでそれまで海に隔てられていた北山が陸続きになり、広い土地が出現した。その土地は、弥生時代以降に多くの人々が暮らす場となり、歴史の舞台になったのである。本稿では、出雲平野の形成に関わる大地の歴史を中心に紹介したい。

一　出雲平野を作り出した地形の妙

出雲平野は日本海に面する海岸平野である（図１）。東京、大阪をはじめ、日本の都市は海岸平野を中心に発達したところが多い。それは、平らな土地は人が暮らす

写真１
弥山（出雲市大社町）の山頂から見た出雲平野と三瓶山。国引き神話では、大社湾に沿って弓なりに伸びる薗長浜を綱にして杵築御崎（日御碕）を引き寄せ、佐比賣山（三瓶山）を杭にしてつなぎとめたとする。

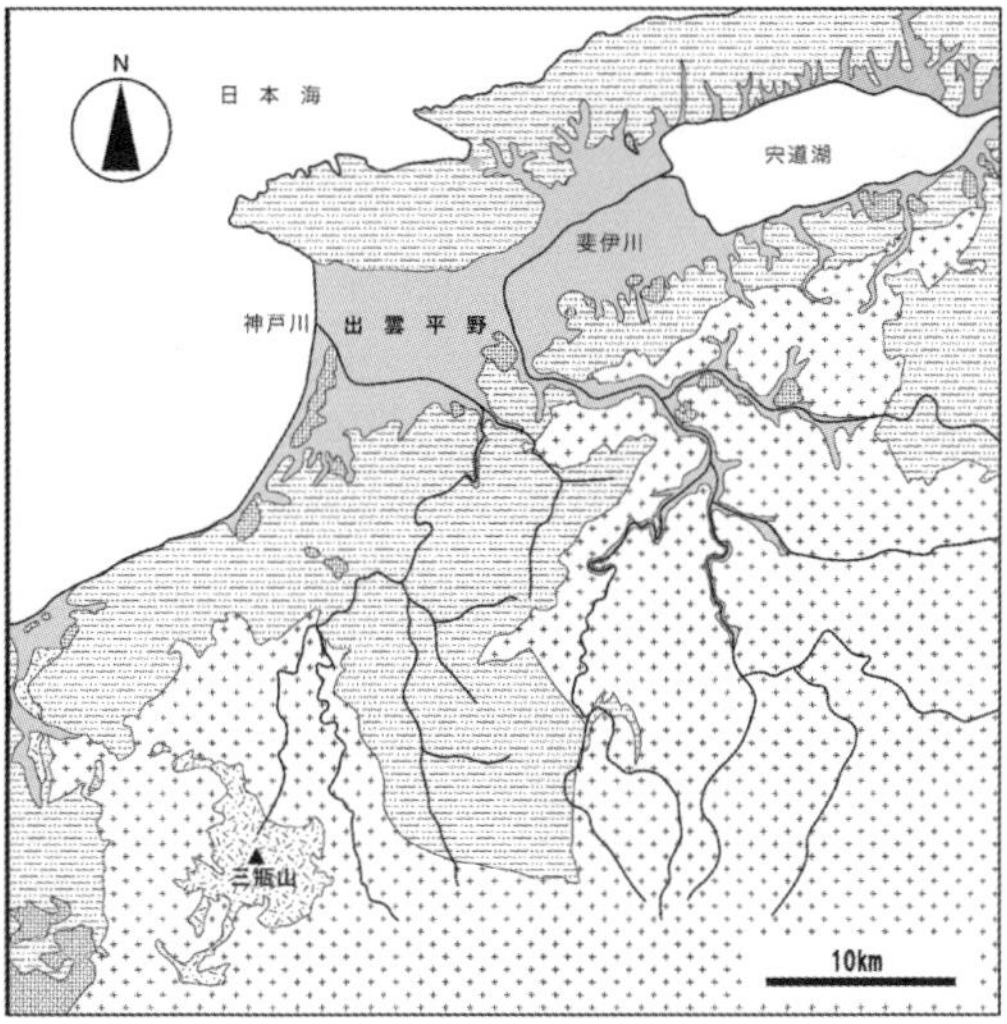

図１
出雲平野周辺の地形と地質分布。出雲平野は中国山地北縁と北山（島根半島）に挟まれた低地に発達する沖積平野である。主に斐伊川と神戸川の堆積物で構成された平野で、それぞれの流域の地質的特性がこの平野の地形発達史を特徴的なものにした。

上で便利であることや、海に面し、平野を川が流れていることから水利や水運に好都合であるためである。また、田畑を作ることにも適した土地であるため、穀倉《こくそう》地帯になっていることも多い。

海岸平野は、おおむね過去一万年間に川や潮流が運んだ土砂が堆積してできた平坦な地形である。このような成因の平野は、地形区分的には沖積《ちゅうせき》平野と呼ばれる。沖積平野は、寒冷な時代（氷期）の海面低下と温暖な時代（間氷期）の海面上昇に呼応して、海岸付近での浸食《しんしょく》作用と堆積作用のバランスが変化することで発達する。そのため、海岸沖積平野が形成された時代は世界的に共通して「過去一万年間」である。日本では縄文時代以降にあたり、時には人々が体感できる速度で発達した地形である。

広い沖積平野が発達するためには、湾や島に囲まれた内海など波が静かで土砂が堆積できる水域と、十分な量の土砂を運ぶ規模を持つ川が欠かせない。静かな海があっても、土砂が運ばれてこなければ広い平野はできないし、川が土砂を運んでも荒波が打ち寄せる外海に注げば、その土砂はさらにどこかへ運ばれてしまう。中国地方最大の河川である江《ごう》の川《かわ》が良い例で、この川は土砂の運搬量は多いものの、河口が外海に面しているため広い平野を作っていない。出雲平野の場合は、北山が荒波を遮《さえぎ》り、神戸川《かんどがわ》と斐伊川《ひいかわ》が多くの土砂を運んだことで、中国地方最大級の平野が形成された。

出雲平野の地形は東西に細長く、北に北山の急峻な山並みが迫る。中国山地北縁の丘陵地帯とほぼ平行して伸びる北山の間には出雲平野から宍道湖《しんじこ》（写真２）、松江《まつえ》平野《へいや》、中海《なかうみ》、弓ヶ浜半島《ゆみがはまはんとう》まで低地が連なる。宍道湖と中

写真２
宍道湖のシジミ漁の風景。縄文時代の湾が出雲平野によって海と隔たれて潟湖になった宍道湖は、海水が流入する汽水の環境。ヤマトシジミが多く生息し、国内屈指の生産地として知られる。

海は国内で七番目と五番目に広い湖水面積を有する潟湖《せきこ》で、一連の汽水域《きすいいき》として国内最大の水域面積を有している。

出雲平野から弓ヶ浜半島までの低地の成り立ちをひもとくと、縄文時代の早期から前期にはその大部分が海であった。北山があることで日本海の荒波が及ばない静かな湾である。そこに神戸川と斐伊川が多くの土砂を運んで堆積させて出雲平野を作り上げた。川が注ぐ場所が湾の出口に近い位置だったため、湾の奥が取り残される形で宍道湖が形成された。出雲平野は北山を初めとする地形の妙によって生まれた地形なのである。

二　北山の成り立ち

出雲平野形成の立役者のひとつ、北山の大地は日本列島形成の歴史を留めている。日本列島の形成は約二五〇〇万年前にさかのぼる。その頃、ユーラシア大陸の東には太平洋が広がり、日本列島は存在していなかった。大陸の東では激しい火山活動が生じていて、大地が少しずつ裂けて広がり始めていた。裂け目が広がるとそこには湖が形成され、やがて海水が入って日本海の原型ができはじめた。その海底でも火山活動が続いて海がひろがり続け、日本海がおおむね現在の広さになり、日本列島の原型が現在の位置付近になったのは約一五〇〇万年前頃のことである（図2）。ただし、その形は現在と大きく異なる。北山を作っている岩石は、この時の火山の噴出物と、湖から海へと変化した水域の底に堆積した砂や泥の地層である。当時、北山の大地は海底だったのだ。

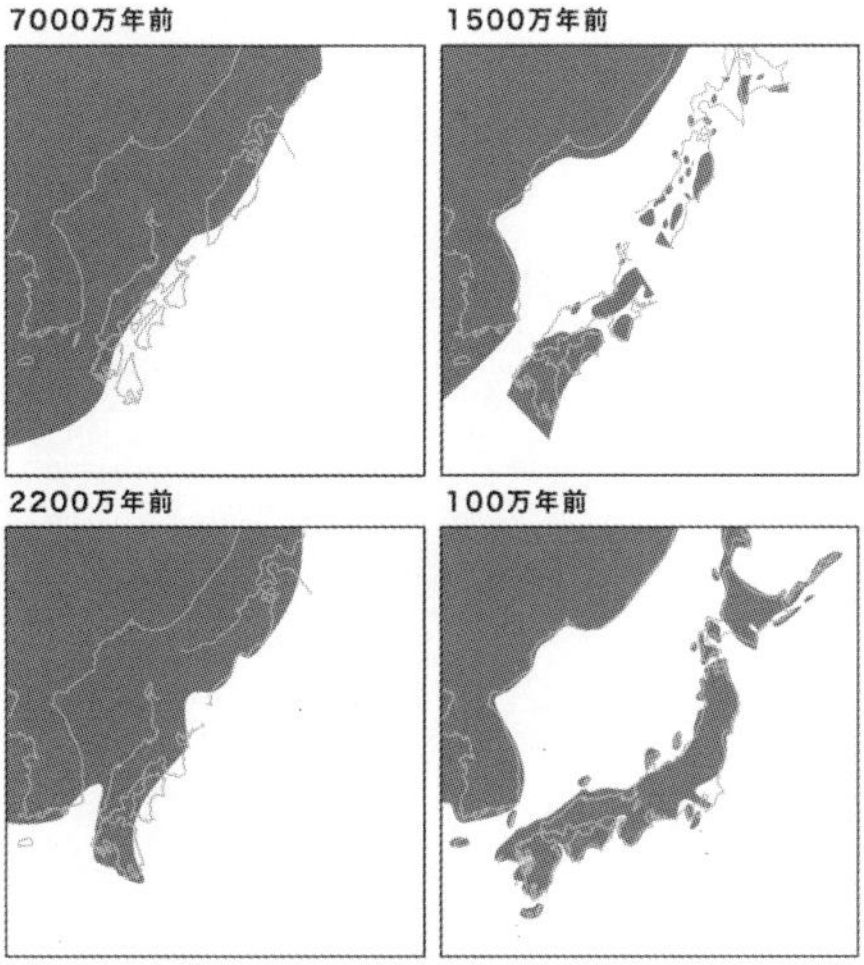

図2
日本海の拡大と日本列島の形成。約2500万年前に始まった地殻変動によってユーラシア大陸の東縁が避けるように広がって日本海が拡大した。北山ではこの地殻変動を物語る岩石や地質構造を見ることができる。

北山の山並みは、海底などでできた岩石の一部が日本列島に加わる大きな力によって隆起することで形成された。大きな力とは、太平洋の海底を作る岩盤（海洋プレート）が日本列島付近の岩盤（大陸プレート）にぶつかり、その下に潜り込む動きに伴う力で、地震や火山噴火とも関係する動きである。

山口県の北から鳥取県へ続く日本海側の海岸地形を見ると、北山のあたりを境に海岸線が「くの字」に折れ曲がっている（図3）。この方向性の変化は海岸線だけでなく、中国山地の山並みも同じように方向が変わっており、中国地方全体に関わる大きな変化である。海洋プレートの動きに伴う力が伝わり、その力によって大地にひずみが生じてこのような形が生まれた。日本海が広がりつつあった時には、広がろうとする力と海洋プレートが押し込む力がせめぎ合い、複雑に伝わる力によってひずみが蓄積され、地盤を変形させたと想像できる。これらの力によって中国山地は標高一〇〇〇mを越える高さまで隆起し、への字に曲がった頂点にあたる部分に蓄積された大きなひずみによって北山の岩盤を高く独特な形に押し上げられた。押し上げられる過程で、北山の岩盤は幾本もの断層によって切られ、大きく傾き、曲げられた。北山の日本海側の海岸を歩くと、地殻変動の激しさを物語る地層の変形をあちらこちらで見ることができる（写真3）。

図3
中国地方の地形。山陰海岸は、山口県北部から島根県東部にかけては南西－北東方向、鳥取県西部から兵庫県北部にかけては西南西－東北東方向の方向性を示し、方向性の変換部に北山が位置する。

写真３
地殻変動を物語る大きく変形した地層（出雲市釜浦町）。北山の地層は、日本列島が形成された地殻変動の時代に形成された。海底火山の噴出物や海底堆積物の地層が隆起して急峻な山並みを作っている。

三　氷期の谷から縄文海進の海へ

北山の形成に要した時間は百万年、千万年の単位である。これに対し、出雲平野は百年、千年のタイムスケールで劇的とも言えるほど大きく変化した地形である。百万年単位の時間の中では北山も劇的な変化をしたが、百年、千年の時間ではその動きはごく小さい。ここからは、北山や中国山地の地形は基本的には動かないものととらえたい。

平野形成に関わる動きの主役は、気候変化に伴う海面高度の変化と、土砂の堆積作用である。ただし、大地の特別な動きがあれば、平野の形成にも大きな影響を及ぼすことがある。出雲平野の場合は、三瓶火山の活動という特別な動きの影響によって、平野の形成史が特徴的なものになった。これについては後で述べることにする。

さて、平野形成に関係する海面の高度は、気候によって大きく変化する。過去数百万年間にわたり、地球は一〇数万年の周期で氷期と間氷期を繰り返してきた。最後の氷期（ウルム氷期）で最も寒冷化した約二万年前には、地球全体の平均気温が五℃以上低下していたとされる。特に高緯度地域では気温低下が大きかったと推定されており、ユーラシア大陸、北米大陸などに厚く氷床《ひょうしょう》が発達して海水量が減少し海面の低下が生じた。約二万年前の海面高度は日本列島周辺で一〇〇m程度低下していたとされる（藤井・成瀬、一九八二・大嶋、一九九一）。この時、出雲平野の位置には深さ五〇m前後までの浅く広い谷が形成されており、そこを斐伊川と神戸川が合流して流れ、遠くにあった海へ注いでいた。当時の日本列島にはナウマンゾウやオオツノジカといった大型哺乳類が生息しており、この谷をこれらの動物が闊歩することがあったかも知れない。また、斐伊川の上流にあたる奥出雲町の原田遺跡（島根県教育委員会、二〇〇六）では、約三万年前以降の旧石器が出土しており（写真4）、川沿いを旧石器人が行き来していたことも想像される。

写真4
原田遺跡（奥出雲町）の発掘調査風景。三瓶火山の約1万6000年前の噴出物と姶良火山（鹿児島県）の約2万9000年前の噴出物が重なり、それぞれの下から多くの石器とそれを作るために割った石の破片が出土した。寒冷な氷期に暮らした旧石器人の遺跡である。

　約二万年前の最も寒い時代の後、一万一〇〇〇年前頃に「ヤンガードリアス期」と呼ばれる一旦寒冷化に転じる時期があるものの、基本的には気温が温暖化し、約八〇〇〇年前までには現代に近い温暖な気候になった。この温暖化によって海面の急速な上昇が生じ、海岸線が陸側へ移動し、氷期の低地は海没《かいぼつ》して、谷は入り組んだ湾に変化した。このように海岸線が陸側へ移動する現象は海進《かいしん》と呼ばれ、縄文時代前半の海進現象は「縄文海進《じょうもんかいしん》」と呼ばれる。約七〇〇〇年前に海面高度が現在とほぼ同水準まで達した時、縄文海進による海の広がりは最大に達し、大社湾から出雲平野、宍道湖、松江平野にかけて東西に細長い湾が出現していた（中村、二〇〇六）。この湾は宍道湖と中海をつなぐ大橋川の部分で狭まっていたものの、北山はほとんど島の状態になっていた。神戸川と斐伊川はこの湾に注ぎ、河口部では三角州の成長が始まっているが、平野としてはまだごく小規模なものだった。

四　縄文海進の海の広がり

　松江市の西川津《にしかわつ》遺跡と島根《しまね》大学構内《だいがくこうない》遺跡では、約七三〇〇年前の海域が松江平野の北縁《ほくえん》部まで広がっていたことが明らかになっている（島根県教育委員会、二〇〇

○・島根大学埋蔵文化財調査研究センター、一九九七）。その根拠は、海水の影響を受けて堆積した地層に、時代の指標となる鬼界《きかい》アカホヤ火山灰層（以下、アカホヤ）が挟まれていたことである。アカホヤは、九州南方の海中にある鬼界《きかい》カルデラで約七三〇〇年前に生じた巨大噴火によって放出された火山灰で、日本列島のほぼ全域で分布が確認されている。薄茶色を帯びた火山ガラスを多く含む火山灰で、島根県東部では厚さ一～一・五cm程度の地層として見いだされることが多い（写真５）。

西川津遺跡では、縄文時代から近世に至るまでの遺物を多量に包含する河川堆積層の下位に遺物を含まない海《かい》成泥層《せいでいそう》があり、そこにアカホヤが挟まれている。この海成泥層は松江平野の地下から宍道湖湖底、出雲平野の地下まで連続しており、アカホヤも連続的に追跡できる。島根大学構内遺跡では、平野と丘陵の境界に海水の影響を受けた塩水湿地《えんすいしっち》の地層が認められ、そこにアカホヤが挟まれていたことから、海域の広がりが最大になった時期（縄文海進の極大期）とアカホヤの降灰が一致することが明らかになった。また、同遺跡では、アカホヤの下位の古土壌から縄文時代早期末、上位の古土壌から縄文時代前期初頭の遺物が出土し、上位の遺物には土器や石器とともに丸木舟と櫂《かい》、ヤスの柄《え》があり、海面上昇によって変化した海岸付近での人々の生活を物語っている（島根大学埋蔵文化財調査研究センター、一九九八）。

アカホヤが連続的に追跡できることによって、松江平野から出雲平野にかけての縄文海進極大期の古地形をかなり具体的に推定できる。松江平野では標高マイナス〇・五mを上限として、宍道湖湖心部で標高マイナス一五m付近、出雲平野の最深部では標高マイナス三〇m以

写真５
西川津遺跡（松江市）で確認されたアカホヤ火山灰層。100円硬貨の下にある厚さ約1.5㎝の地層。少し茶色を帯びた火山ガラスを大量に含む火山灰で、日本列島のほぼ全土で分布が確認されている。

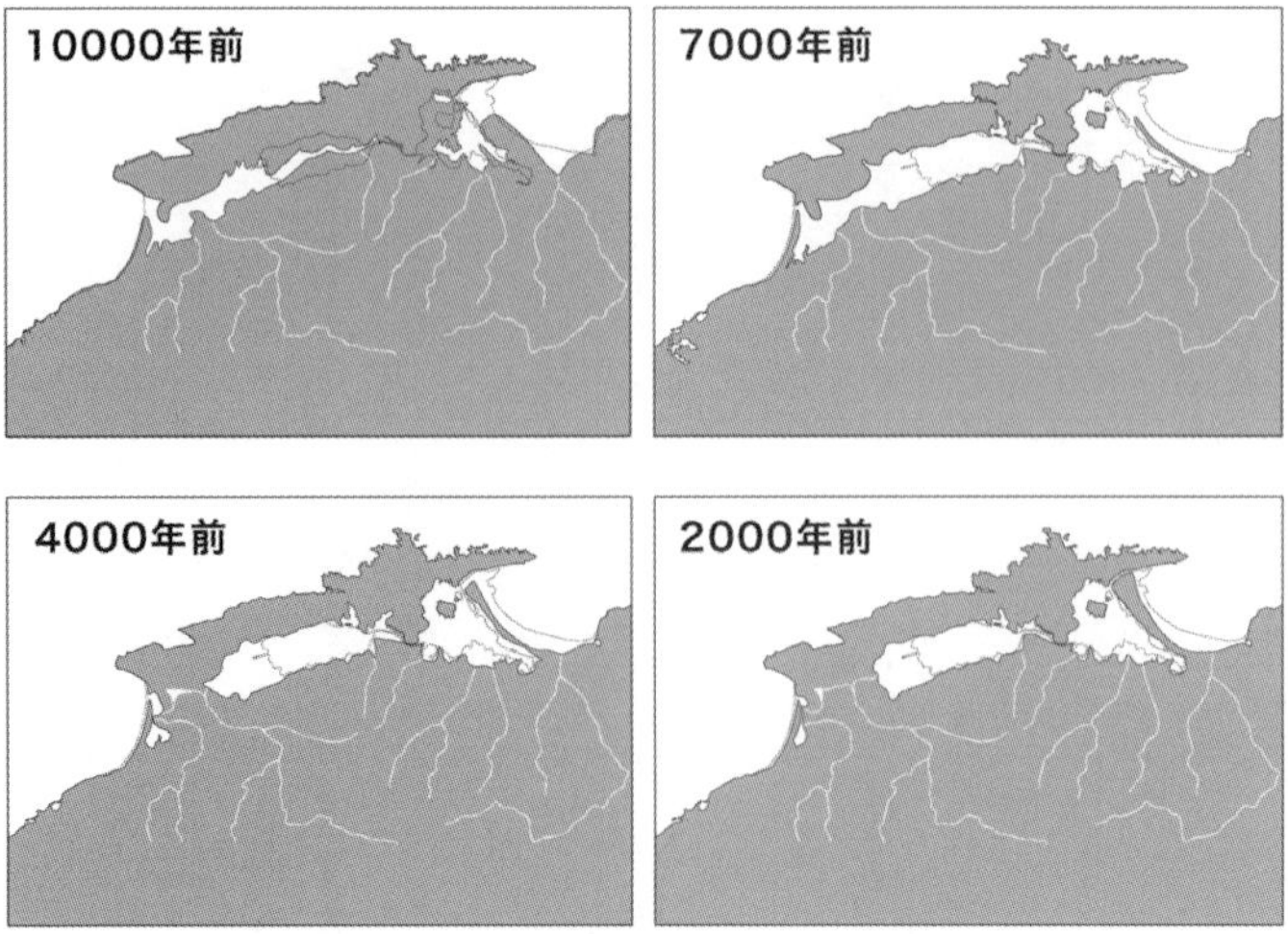

図４
出雲平野周辺の古地理図。最終氷期が終わった直後の約一万年前には海面の高さが20m程度低く、7000年前頃に現在と同水準に達した。その時期がこの地域で海域が最も広がった縄文海進の極大期にあたる。約4000年前には出雲平野が北山に完全につながり、宍道湖が大社湾から切り離された。

深の深さに達し、東から西へ深くなる湾の海底地形を示している。

縄文海進の極大期に近い縄文時代早期末から前期の遺跡として、出雲平野周辺では菱根《ひしね》遺跡（出雲市大社町）や上長浜《かみながはま》遺跡（出雲市西園町）がある（出雲市教育委員会、一九九六）。遺物的には海域での活動を具体的に示すものは確認されていないが、いずれも当時の湾に面した場所に立地しており、海と関わりながら生活していたことが想像される。出雲平野ではこれより古い時期の遺跡は知られていないが、海面が低かった時期の遺跡が平野を構成する堆積物の下に存在している可能性は高い。

縄文海進で広がった湾は、アカホヤの降灰以前の八〇〇〇～七五〇〇年前頃には現在の中海と同じくらいに海水の流入が良好な内湾環境になっていた。出雲平野から宍道湖、松江平野の地層で、アカホヤの下に内湾性の貝化石を多産する層準が認められ（中村・徳岡、一九九六）、最も湾奥にあたる松江平野でもウニやハイガイの化石が産出している（島根大学埋蔵文化財調査研究センター、一九九九）。その後、アカホヤが降灰した七三〇〇年前頃の地層からは貝化石がほとんど産出しなくなり、やや閉塞的な環境に変化したと考えられるが、基本的には内湾環境が継続した。

五　海から陸へ

アカホヤが降灰した頃に海面が現在とほぼ同じ水準に達し、その後は小変動に転ずると、川が運んだ土砂によって三角州が成長し、平野の拡大が始まった。三角州は河口に土砂が堆積してできる地形で、静かな水域に川が注ぐ場合は沖側へ三角州が前進する。近隣では、中海に注ぐ飯梨川《いいなしがわ》の三角州が沖側へ突出して前進しており、縄文時代の神戸川と斐伊川もよく似た状態だった時期があると思われる。三角州の付け根部分、川が山地から平野へ流れ出る場所には、三角州よりもやや傾斜が大きな扇状地《せんじょうち》が形成される。両者は連続的な地形である。出雲平野は大部分が神戸川と斐伊川の三角州と扇状地で構成され、その他の河川の堆積物も丘陵との境界付近に若干分布しているが、その規模は小さい。平野面上の河川以外の地形としては、長浜《ながはま》砂丘と浜山砂丘があり、これらは海岸からの飛砂によって形成されたものである。なお、長浜砂丘は一〇万年以上前の古砂丘を一万年前以降の新砂丘が覆《おお》った地形である。

出雲平野を主に構成する神戸川と斐伊川は、いずれも中国山地の脊梁部から流れ出る河川で、流域面積は神戸川が約四七〇㎢、斐伊川が約一一九〇㎢である。この二つの河川は、流域の地質分布がいずれも特徴的で、その特徴によって出雲平野の形成史は全国の沖積平野の中でもかなり独特なものになった。

流域面積が広い斐伊川は、その広い範囲に花崗岩《かこうがん》類（花崗閃緑岩《かこうせんりょくがん》、閃緑岩《せんりょくがん》）が分布している。この岩石はマグマが地下深部で固結したもので、風化すると鉱物の粒がばらばらになって砂状になる性質を持っている。砂状になった花崗岩類は「マサ」と呼ばれ、斐伊川流域の花崗岩類はマサ状になっていることが多いため、斐伊川は砂を多く運ぶ川である。

神戸川は流域面積では斐伊川の半分にも満たないが、流域に縄文時代に複数回の噴火を行った三瓶火山を持つ。三瓶火山の噴出物は出雲平野の地形発達に大きな影響を及ぼし、それは「国引き」の物語を連想させるような劇的なものだったのである。

六　三瓶火山の活動と出雲

出雲と石見の国境にそびえる三瓶山（写真6）は、『出雲國風土記』が伝える国引き神話では国をつなぎ止めた杭に見立てられる神話の山である。三瓶山は男三瓶《おさんべ》山《さん》（一一二六m）を筆頭に、子三瓶山《こさんべさん》（九六一m）、女《め》三瓶山《さんべさん》（九五七m）、孫三瓶山《まごさんべさん》（九〇三m）、大平山《たいへいざん》（八五四m）、日影山《ひかげやま》（六九七m）などの峰で構成され、これらは火山活動によって形成された。その火山活動は神話さながらに大地の拡大に寄与した。以下、火山活動史などを述べる際は「三瓶火山」と呼び、山としての「三瓶山」とは区別して表記する。

写真６
大田市五十猛町から見た三瓶山。三瓶山は島根県唯一の活火山で、現在の山体は主に縄文時代の活動で形成された。古い時期にはカルデラを形成する大噴火を行っており、山体はカルデラ内で噴出した溶岩と火山砕屑物で構成されている。

三瓶火山は約一〇万年前に活動をはじめた火山で、一万年前以降にも複数回の活動を行ったことから、活火山に指定されている。約一〇万年間で七回の活動期が知られており（福岡・松井、二〇〇二・松井・井上、一九七一）、一回目（約一〇万年前）と二回目（約五万年前）の活動は膨大な量の軽石や火山灰を放出する大噴火によりカルデラを形成した。三回目（約四・六万年前）と四回目（約一万九〇〇〇年前）も大規模な噴火を行っており、この時にカルデラの範囲はさらに広がったかも知れない。現地形から推定されるカルデラの範囲は南北約四・五km、東西約三・五kmに達する。

現山体で最も古い岩体は日影山の溶岩で、これは四回目の軽石噴出後に噴出した溶岩である。日影山の形成以前に大きな山体が存在していれば、それが崩壊して発生した土砂が堆積した地層が残されているはずだが、相当するものが見あたらないことから、四回目の活動までは大きな山体は存在していなかったと推定される。この時までの三瓶火山は、カルデラの陥没地形が主体で、山体があっても小規模な火口丘がある程度だったのだろう。

五回目（約一万一〇〇〇年前）の活動は三瓶山周辺の限られた範囲に火山灰層が残るだけで、小規模な活動だったとみられる。六回目（約五五〇〇年前）と七回目（約四〇〇〇年前）の活動では、ゆっくりとした溶岩噴出と、それが火口付近で固まったものが崩壊して発生する火砕流を繰り返す様式の噴火を行った。この噴火様式は雲仙岳の平成噴火と類似するものである。ゆっくりと噴出した溶岩は、溶岩円頂丘と呼ばれるこんもりとした山体を形作り、男三瓶山を最高峰とする現山体は大部分がこの二時期の活動で形成された。

また、この二時期の火山活動は、出雲平野の地形発達にも大きな影響を及ぼした。

神戸川の下流域にあたる出雲平野の西部（写真7）では、地下に三瓶火山由来の火山灰層が認められ、神戸川が山地から平野へ流れ出る位置にある三田谷《さんただに》Ⅰ遺跡（出雲市上塩冶町：現在は消滅）では、古土壌層を挟んで二層の火山灰層が確認されている（島根県教育庁埋蔵文化財調査センター、二〇〇〇）。この火山灰層はいずれも層厚が三m前後に達し、神戸川の洪水堆積物として堆積したものである。それぞれ、六回目（約五五〇〇年前）と七回目（約四〇〇〇年前）の活動と一致する年代が得られており、火山噴出物に起因する大規模な洪水が発生し、多量の堆積物が下流域に供給されたことを示す。同様の堆積物は平野の各地で確認でき、神戸川三角州の急激な発達と、現地形の原型になる地形面が約四〇〇〇年前に完成されたことを物語っている（中村、二〇〇六・

写真７
出雲平野と北山。平野西部の地形形成には三瓶火山の活動時に神戸川によって供給された火山噴出物が大きく影響した。出雲ドームに近い矢野遺跡は出雲平野を代表する弥生時代の遺跡で、三瓶火山の噴出物からなる微高地上に立地している。

出雲塩冶誌刊行委員会、二〇〇九）。すなわち、約五五〇〇年前の六回目の火山活動時には神戸川三角州と北山の間はまだ海（湾）が広がっていたが、火山噴出物由来の土砂によって三角州の急速な前進（＝平野の拡大）が生じた。約四〇〇〇年前にも同じ現象が生じて、この時、神戸川三角州によって中国山地側の丘陵と島根半島は完全に陸続きになった。そのことは、宍道湖の水域環境がこの頃を境に極めて閉塞的になることから推定される。

神戸川下流域の出雲平野西部は、縄文時代に発生した三瓶火山の噴火によって急激に拡大するという歴史を持っている。狭い平野が数ヶ月、数年の時間の中で一気に広がり、それまで海で隔てられていた島根半島まで達する様子は、出雲平野の周辺で暮らしていた縄文人にとって驚きの光景だったことだろう。

七　「微高地」と集落の出現

縄文時代後期、晩期になると、出雲平野西部に立地する矢野遺跡（出雲市矢野町）や蔵小路西《くらしょうじにし》遺跡（出雲市渡橋町）などで人々の暮らしがはじまり（出雲市教育委員会、二〇一〇・建設省松江国道工事事務所、一九九九）、弥生時代になるといくつもの集落が平野上に展開した。古志本郷《こしほんごう》遺跡などでは環濠とみられる溝が確認されており（国土交通省中国地方整備局出雲工事事務所・島根県教育委員会、二〇〇一）、環濠に囲まれた集落が点在した風景が想像される。

微高地上に立地する遺跡は、遺跡が営まれた時代の地表（生活面）が現地表下の深さ数一〇cm程度までの浅い

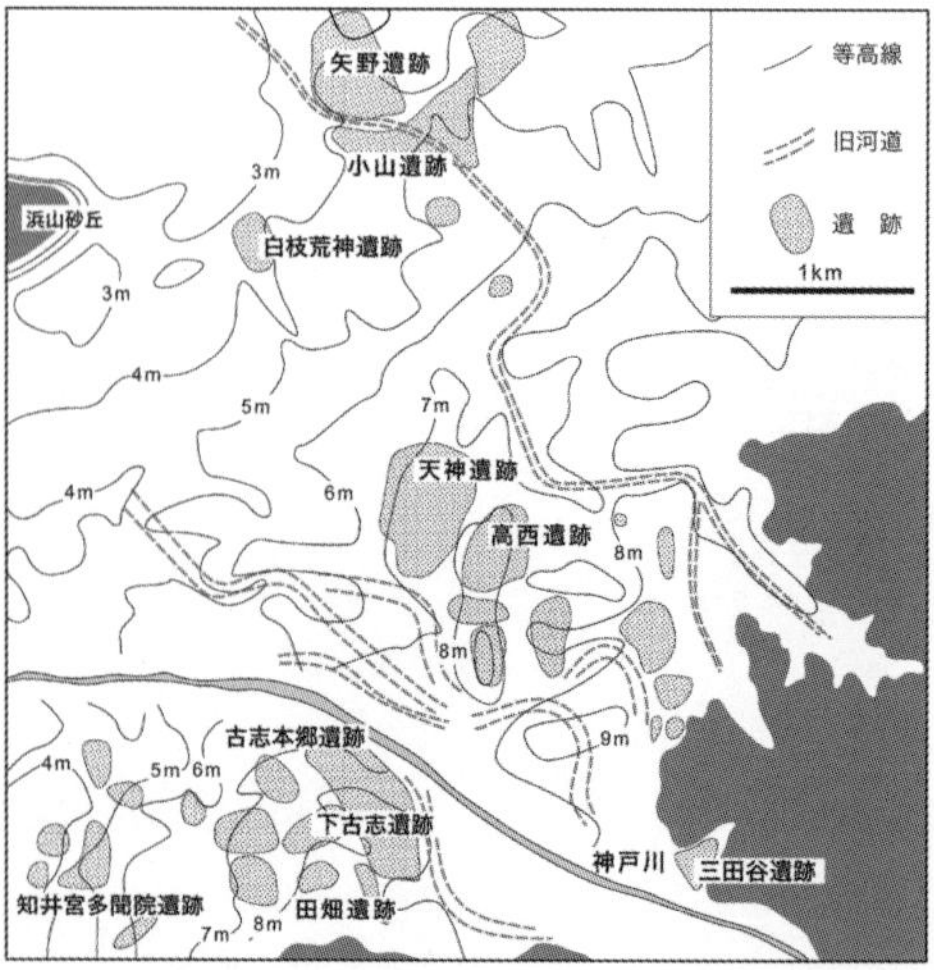

図５
出雲平野西部の微地形と遺跡分布。範囲を網掛けで示した遺跡では、わずかに高い微高地上に弥生時代の集落が形成されていた。この図で示した範囲の遺跡が立地する地盤は、三瓶火山の噴出物に由来する堆積物で構成されている。

部分にあり、三瓶火山の噴出物に起因する洪水堆積物が地盤を構成している。遺跡の生活面が浅いことは、その時代から現代までの間に洪水による堆積物の供給が少なかったことを反映しており、言い換えればその地盤は洪水の被害をあまり受けない安定した場所と言うことになる。神戸川下流域の遺跡の生活面の深度が浅いことは、斐伊川下流域の遺跡が時に五m以上の深さに埋もれていることと対照的である。

　集落遺跡が立地する微高地は、火山活動時の大規模な洪水によって形成された自然堤防《しぜんていぼう》などの高まりが元になっている。自然堤防とは河道から氾濫した水流によって河道の外に砂礫《されき》が堆積してできた高まりである。火山活動時の洪水では、神戸川は流路を大きく変えながら平野上を流れ、幾筋もの自然堤防を形成したと考えられる。自然堤防の大きさは氾濫規模に比例して大きくなることが普通で、平野の土地利用として大きな自然堤防が集落の中心になることは一般的な事例である。

　神戸川では火山活動時の土砂供給量は火山活動時以外の時期（平常時）に比べて著しく大きく、それによって引き起こされた洪水は平常時にはほとんど発生し得ない規模のものだった。平野部での土砂の堆積量も多く、火山活動後の神戸川はその土砂を削り込んで浅い谷を作って流れるようになった。わずかな高低差ではあるが、この高低差が平野面上の微高地が洪水の影響を受けにくい原因になっている。その中でも一段高く乾燥的な部分は居住に適していることから、縄文時代の後半から現代に至るまで、居住地として利用され続けている。

　平野面上に点在する微高地の周囲には相対的に低い土地が存在する。自然堤防のさらに外側にあたる後背低地《こうはいていち》だった場所や、神戸川の旧河道《きゅうかどう》、周辺の丘陵地から流れ出る小河川の河道などである。このような低地は、雨水や地下水、小河川の流水によって湿地化していた場所もあり、そこは水田としての利用に適していた。出雲市駅の南側に位置する藤ヶ森南遺跡がその一例で、ここでは長期間にわたって低湿な環境が続いたことがわかっている（出雲市教育委員会、一九九九）。点在する微高地とその周囲に湿地的な環境がある平野は、水稲栽培が普及した弥生時代の生活には好条件である。この地形条件は当時の生活に恩恵をもたらしたと考えられ、多量の青銅器に象徴される有力な集団が出雲の地に出現したことと無縁ではないだろう。三瓶火山と神戸川は、原始から古代の人々が暮らす大地を作る上で重要な役割を果たし、それは国引き神話さながらに劇的な自然現象であった。

八　斐伊川と出雲平野

神戸川は火山噴火と関係して平野形成に大きな役割を果たしたが、その東を流れる斐伊川（写真８）による平野の発達も特徴的なものである。斐伊川の流域面積は神戸川の四倍以上の規模を持ち、一般的な存在感、知名度でも斐伊川が上回るだろう。

写真８
出雲平野を流れる斐伊川。砂状に風化した花崗岩が広く分布する斐伊川の流域では、江戸時代を中心に砂鉄採取が盛んに行われ、その影響で流出した多量の砂が平野の拡大に影響した。流れる砂を利用した埋め立てによる新田開発も盛んに行われた。

斐伊川はヤマタノオロチのモチーフとも言われるように「暴れ川」という印象が強い。近世から近代にかけては毎年のように洪水を発生させ、平野部では河床に砂がたまって天井河川になるために、治水を目的に何度も川の付け替えが行われた。

斐伊川下流域にあたる出雲平野東部は、神戸川下流域に比べて遺跡が極端に少なく、一九九〇年代までは、暴れ川である斐伊川の下流域では人が暮らしにくいために遺跡が存在しないという考え方があった。ところが、二〇〇〇年代に国道九号線バイパス、国道四三一号線バイパスの建設工事に伴って大規模な発掘調査が行われるようになると地下深部に存在する遺跡が明らかになり、斐伊川河道に近い中野美保遺跡（出雲市中野町）で弥生時代の大型の墓である四隅《よすみ》突出《とっしゅつ》型《がた》墳丘墓《ふんきゅうぼ》が発見されるなど（国土交通省中国地方整備局・島根県教育委員会、二〇〇四）、〝暮らしにくい土地〟の印象を払拭する発見が相次いだ。これは、少なくとも弥生時代の斐伊川は人の生活が困難なほどの暴れ川ではなく、墳丘墓の存在はむしろ安定した環境だったことを示す可能性が高い。

斐伊川が多くの土砂を運び、洪水を繰り返すようになった背景には、製鉄とこれに伴う砂鉄採取が考えられる。斐伊川流域には砂状に風化が進んだ花崗岩類が広く分布し、その中に含まれる鉄鉱物（砂鉄）を用いて製鉄が盛んに行われた。花崗岩類に含まれる鉄鉱物の量は少なく、一〜二％程度である。本来、鉄の鉱石として成り立つ含有量ではないが、砂状に風化する特徴のおかげで、それを水に流して比重選鉱《ひじゅうせんこう》（かんな流し）を行うことで比較的容易に鉄の含有率を高めることができる。そのため、この地域で製鉄が成立し、必要な量の砂鉄を取るために大規模な掘削が行われた。製鉄に必要な多量の炭を生産するための山林伐採も土砂排出につながった可能性が高く、結果的に大量の土砂が斐伊川に供給され、洪水発生の一因になった。

製鉄に伴う多量の土砂供給によって、斐伊川三角州は中世末から江戸時代以降に急速に前進し、繰り返された洪水は平野面上に厚く砂を堆積させた（貞方、一九九六）。土砂供給量が増大する中世までの斐伊川は西に流れて神戸川と合流して大社湾に至っていたが、中世末から江戸時代前半の何度かの洪水を機に東に流れて宍道湖に注ぐようになったことが知られている。宍道湖には中海に通じる大橋川部分の低地があることで、斐伊川は東流が可能ではあるものの、地形的には西に流れるのが本来の姿であり、浅い宍道湖を埋めて水田開発を行う目的で、意図的に東へ流れる河道を維持した側面もあったかも知れない。製鉄による土砂供給量と東流の結果、斐伊川三角州は宍道湖に向かって急速に前進し、平野が大きく拡大した。

出雲平野は、縄文時代の火山噴火と中世以降の人為的開発という二つの要因によって急速に拡大した時期を持ち、それは全国の沖積平野の中でも特異な地形発達史である。広い平野と潟湖が形成されるまでの環境変化に応じて、その環境から恵みを得ながら人々の暮らしが営まれてきた。この地に「古代出雲文化」と称される独特の文化が成立したことの背景として、このような大地の歴史を見逃すことはできないだろう。縄文時代に出雲の大地の創造に大きな役割を果たしたのは三瓶火山であり、神戸川だったのである。

参考文献

出雲市教育委員会（一九九六）『上長浜貝塚』
出雲市教育委員会（一九九九）『藤ヶ森南遺跡』
出雲市教育委員会（二〇一〇）『矢野遺跡』
出雲塩冶誌刊行委員会（二〇〇九）『出雲塩冶誌』

大嶋和雄（一九九一）「第四紀後期における日本列島周辺の海水準変動」。地学雑誌、一〇〇、九六七‐九七五。
建設省松江国道工事事務所（一九九九）『蔵小路西遺跡二』
国土交通省中国地方整備局・島根県教育委員会（二〇〇四）『中野美保遺跡』
国土交通省中国地方整備局出雲工事事務所・島根県教育委員会（二〇〇一）『古志本郷遺跡Ⅱ』
貞方　昇（一九九六）『中国地方における鉄穴（かんな）流しによる地形環境変貌』
島根県教育委員会（二〇〇〇）『西川津遺跡　Ⅶ』
島根県教育委員会（二〇〇六）『原田遺跡二』
島根県教育庁埋蔵文化財調査センター（二〇〇〇）『三田谷Ⅰ遺跡　Vol.2』
島根大学埋蔵文化財調査研究センター（一九九七）『島根大学構内遺跡第一次調査（橋縄手地区二）』
島根大学埋蔵文化財調査研究センター（一九九八）『島根大学構内遺跡第三次調査（深町地区一）』
島根大学埋蔵文化財調査研究センター（一九九九）『島根大学構内遺跡第二・四・八次調査（諸田地区一・二・三）』
中村唯史（二〇〇六）「山陰中部地域における完新世の海面変化と古地理変遷」第四紀研究、四五、四〇七‐四二〇。
中村唯史・徳岡隆夫（一九九六）「宍道湖ボーリングSB1から発見されたアカホヤ火山灰と完新世の古地理変遷についての再検討」。島根大学地球資源環境学研究報告、一五、三五‐四〇。
福岡　孝・松井整司（二〇〇二）「AT降灰以降の三瓶火山噴出物の層序」。地球科学、五六、一〇五‐一二二。
藤井昭二・成瀬　洋（一九八二）「最終氷期以降の海水準変動とそれをめぐる諸問題」。第四紀研究、二一、二八三‐二八七。
松井整司・井上多津男（一九七一）「三瓶火山の噴出物と層序」地球科学、二五、一四七‐一六三。

隠岐の黒曜石をめぐる昭和の研究史

宍道正年

縄文時代には隠岐で産出した黒曜石が、出雲地方など本土側へ運ばれ、石器の原材料として重宝された。この「隠岐産黒曜石説」は昭和四十年代半ば、X線分析法によって裏付けできた。その後、五十年代に入ると、蛍光X線分析法を用いて、産地の特定も可能となった。またこの頃、黒曜石の供給地として、隠岐に永続的に定住する縄文人についても言及されるようになった。そうした昭和の約三十年間の研究の歩みを振り返ってみたい。

しんじ・まさとし
昭和二十三（一九四八）年、松江市で生まれる。島根大学教育学部卒業。島根県内の小学校教員、島根県教育庁文化財課長、島根県古代文化センター長などを歴任の後、現在は「宍道正年歴史研究所」代表。日本考古学協会会員。
【編著書・論文等】
『島根県の縄文式土器集成Ⅰ』、『島根の考古学アラカルト』、『宮尾横穴群』、『親子で学ぶ堀川遊覧船と国宝松江城』など多数。

はじめに

隠岐の黒曜石については、平成三十（二〇一八）年三月、島根県立古代出雲歴史博物館企画展「隠岐の黒曜石」において、はるか昭和三十年代に遡《さかのぼ》る研究の集大成が、みごとな形でなされたと言っても過言ではない。特に平成に入って、島根県埋蔵文化財調査センター、古代文化センター、広島大学考古学研究室そして島根大学考古学研究室による発掘調査の繰り返しにより、大いに研究が飛躍した。縄文時代以前の旧石器時代の様相や隠岐・島後の原産地での採掘状況まで把握できるようになった。かつて誠に稚拙な微々たる研究であったが、携わっていた一人として、今昔の感がし、またこの上なくうれしく思う。

今さら、今後何の役にも立たないことを、という気もしないではないが、昭和の先学各位の学恩に感謝の意を表する意味で、筆者自身がかかわっていた昭和四十年代から五十年代にかけての研究の足跡を書き残しておきたい。

写真２　黒曜石で作られた隠岐宮尾遺跡の矢じり（弓矢の矢の先）（八雲立つ風土記の丘提供）

写真１　黒曜石原石と剥片（隠岐の島町久見）（八雲立つ風土記の丘提供）

黒曜石は火山によってできた黒色硬質の「火山岩」。天然のガラスと言ってよい。ピカピカの光沢がある。その表面に斜め方向から打撃を加えていくと、厚さ一ミリ～五ミリの薄い石片が次々に剥《は》がれていく。この剥片《はくへん》を縄文人は巧みに加工し、「石ヒ《せきひ》」（現代で言えばカッターナイフ）や弓矢の矢の先に取り付ける「矢じり」を製作した。これらは金属器さながらの威力を発揮する。縄文人にとって日常生活上、必要欠くべからざる道具の原材料であった。しかし、黒曜石の産出地は、ごく限られて

石鏃を取りつけた矢は、
イノシシの骨に突きさ
さる程の威力《いりょく》

（イラスト　高橋秀子）

第１図

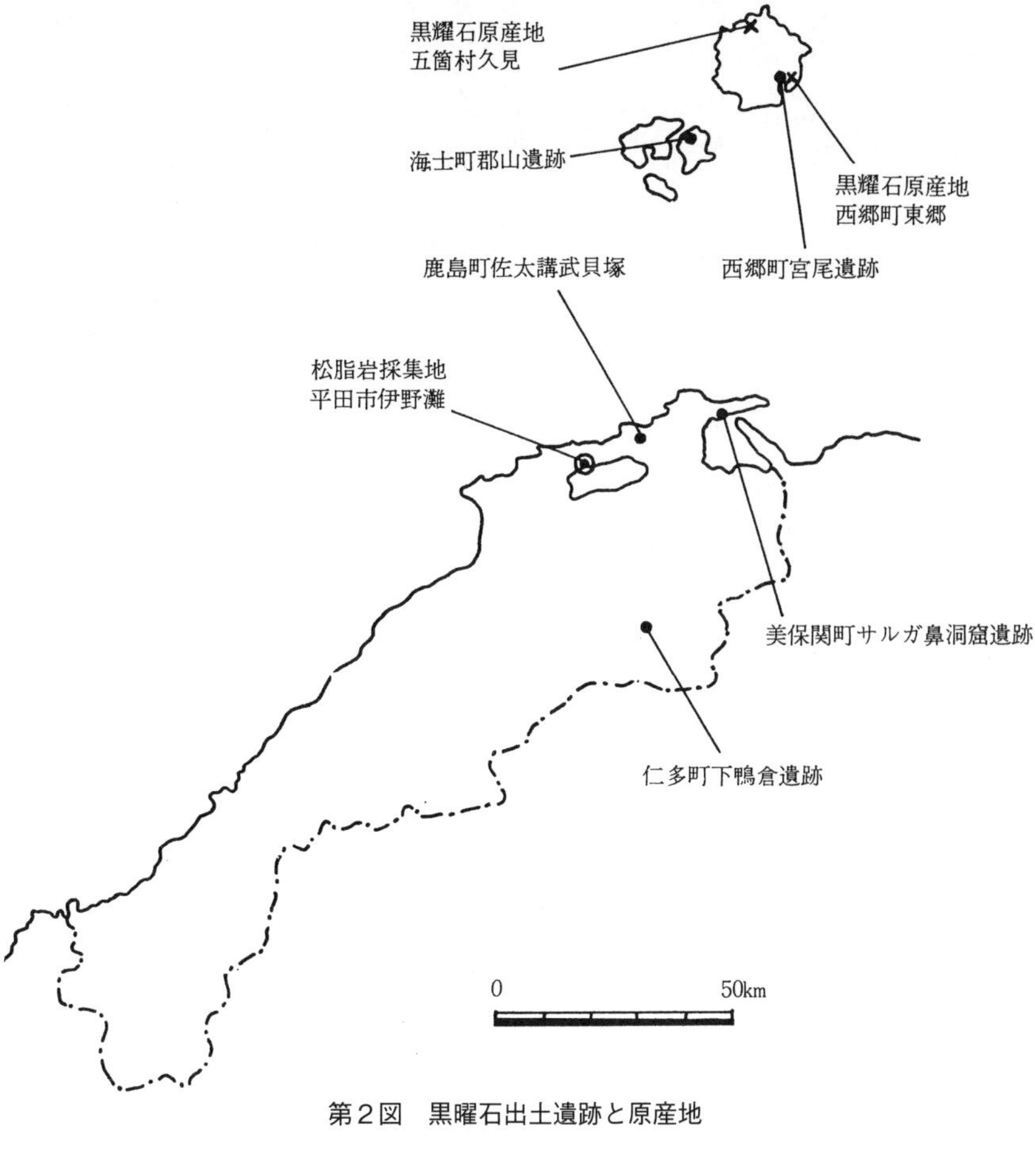

第２図　黒曜石出土遺跡と原産地

おり、出雲地方の縄文人は、はるか海上五十キロ先の隠岐の島に求めざるを得なかったのである。

一　黒曜石と松脂岩《しょうしがん》の区別　～X《エックス》線分析の導入～

　耳を疑われるかもしれないが、六十年前の昭和三十年代においては、島根県東部の縄文時代遺跡から出土した黒曜石が、すべて隠岐産のものかどうか言い切れなかった。それは島根半島の山塊に、肉眼では黒曜石と見まちがえるような岩石が存在していたからであった。その名称は、松脂岩。黒曜石同様、表面に光沢があり、緑色を帯びた黒色。岩石学に疎《うと》い考古学の立場では、隠岐産黒曜石以外に、身近な島根半島産松脂岩も代用していたのではないかと考えられていた。例えば、昭和三十四年刊行の出雲市大社町菱根《ひしね》遺跡発掘調査報告書において、出土品項目中に、黒曜石と松脂岩が併記されている。また、昭和四十一年夏、出雲市美野町伊野灘《いのなだ》で、筆者自身が採集した石片を、当時の研究第一人者、島根大学教授山本清先生は、大学研究室で拡大鏡を手にして細かく観察の上、黒曜石ではなく松脂岩だと判断された。まだ、この頃は肉眼観察に頼るだけで、科学的方法による判定は、少なくとも島根県においては導入されていなかった。

　やがて、その三年後、筆者は島根大学教育学部地学研究室の三浦清教授のご教示を得て、県内初のX《エックス》線分析を試みることになった。同研究室生の土井康正氏の手で実施。その結果は次のようになった。

　試料は①伊野灘で採集した松脂岩の小片②隠岐・島後の隠岐の島町宮尾《みやび》遺跡出土黒曜石製石鏃《せきぞく》、そして③島根半島の縄文遺跡佐太講武《さたこうぶ》貝塚出土黒曜石製石鏃。そのほか④隠岐郡海士《あま》町 郡山《こおりやま》遺跡⑤松江市美保関町サルガ鼻洞窟遺跡、⑥奥出雲町仁多の下鴨倉《しもかもくら》遺跡の石鏃も。

　①にX線を投射すると、グラフAを描いた。これは松脂岩特有の形。ピークがいくつもできている。モルデン沸石《ふっせき》という結晶質の鉱物が含まれているからである。

　それに対し、全く異なった形相となったのは、②のグラフCと③のグラフF。そのほか④⑤⑥のグラフも同様。ピークが一つもない、非晶質つまり黒曜石の特徴を示した。

　このことから、本土の黒曜石製石鏃は、正に黒曜石であり、松脂岩製ではないことが証明された。黒曜石と松脂岩の相違が、理科学的に考古学者を納得させた画期的な実験だった。

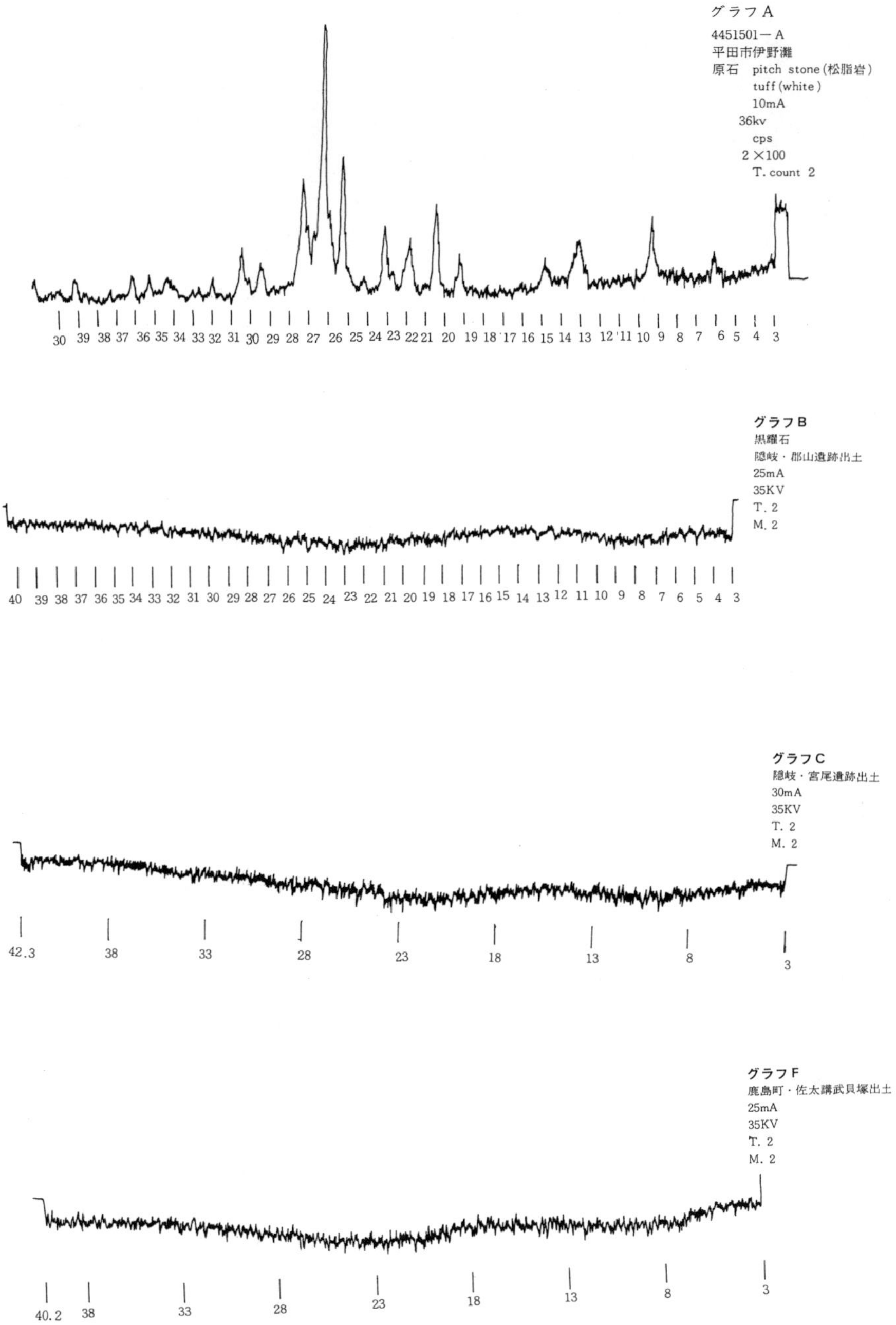

第３図　松脂岩と黒曜石のX線分析

二　黒曜石産出地を特定可能とした蛍光X線分析

前述のX線分析法は石器の原石を隠岐産黒曜石だと結論付けることはできたが、大きな課題は残ったままだった。隠岐の島後には黒曜石産出地が三か所ある。隠岐の島町久見《くみ》（旧五箇《ごか》村）、津井《さい》（旧西郷町東郷）、加茂（旧西郷町）。三か所のうちのどこから輸送されてきたのか、というところまで断定できなかった。

この問題を解決したのは、昭和五十年頃から始まった藁科《わらしな》哲夫・東村武信両氏による「蛍光X《エックス》線分析」の方法であった。島根県でX線分析が試行された頃、すでに国内では、次の研究ステップに移っていた。

黒曜石の主成分は同じでも、不純物として含まれる銅、鉛、鉄などの微量元素は、ちょうど「指紋」のように産地ごとに異なる。そのため蛍光X線を照射すると、産地ごとに異なったグラフを描く。同じ島内であっても、久見、津井、加茂の三か所それぞれの黒曜石の元素比組成パターンのちがいで、明瞭な差異が生じた。

これを「物差し」として、県内各地の遺跡から出土した黒曜石製石器の蛍光X線分析と照らし合わせると、容

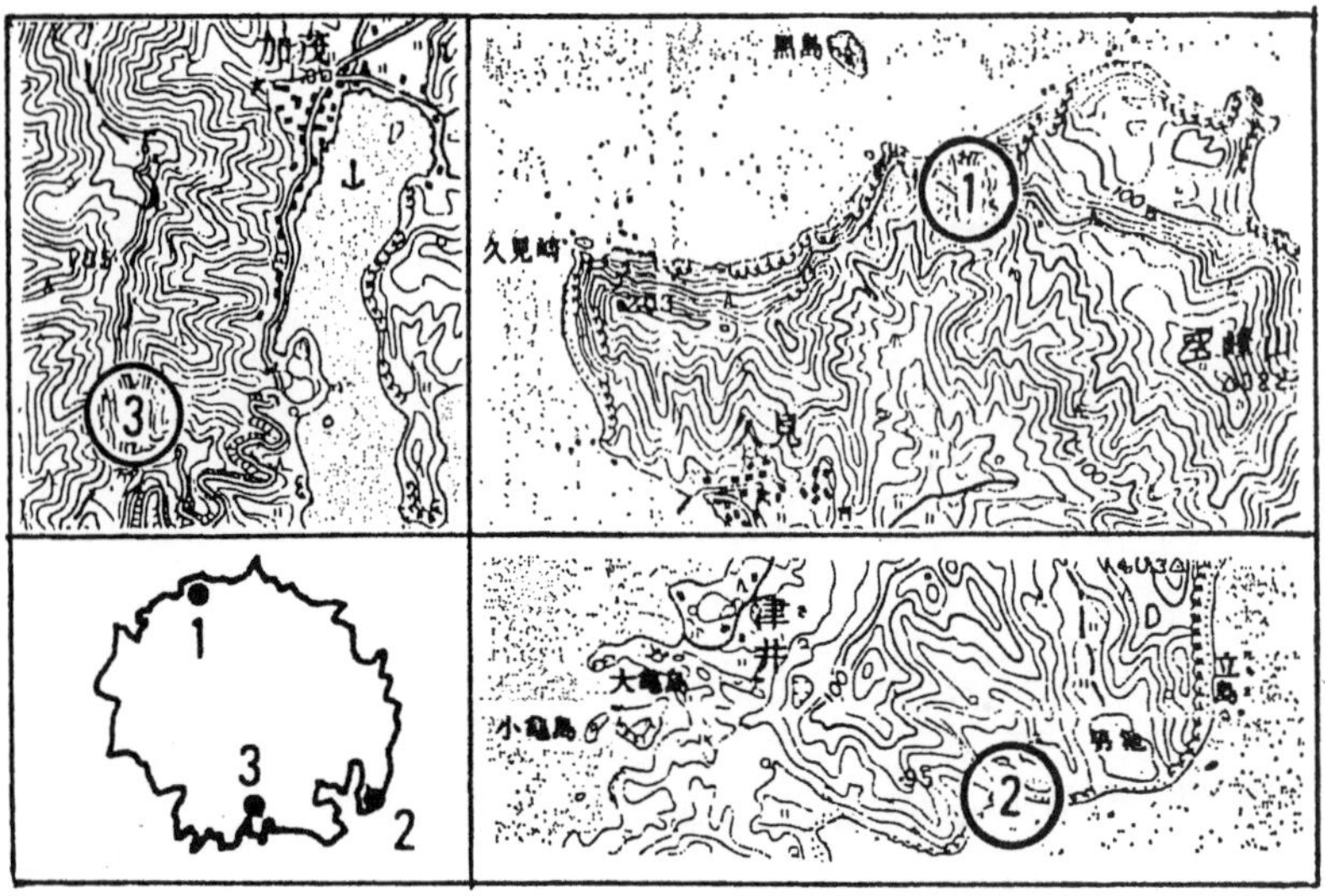

第４図　隠岐黒曜石産出地の位置　１：久見産地、２：津井産地、３：加茂産地

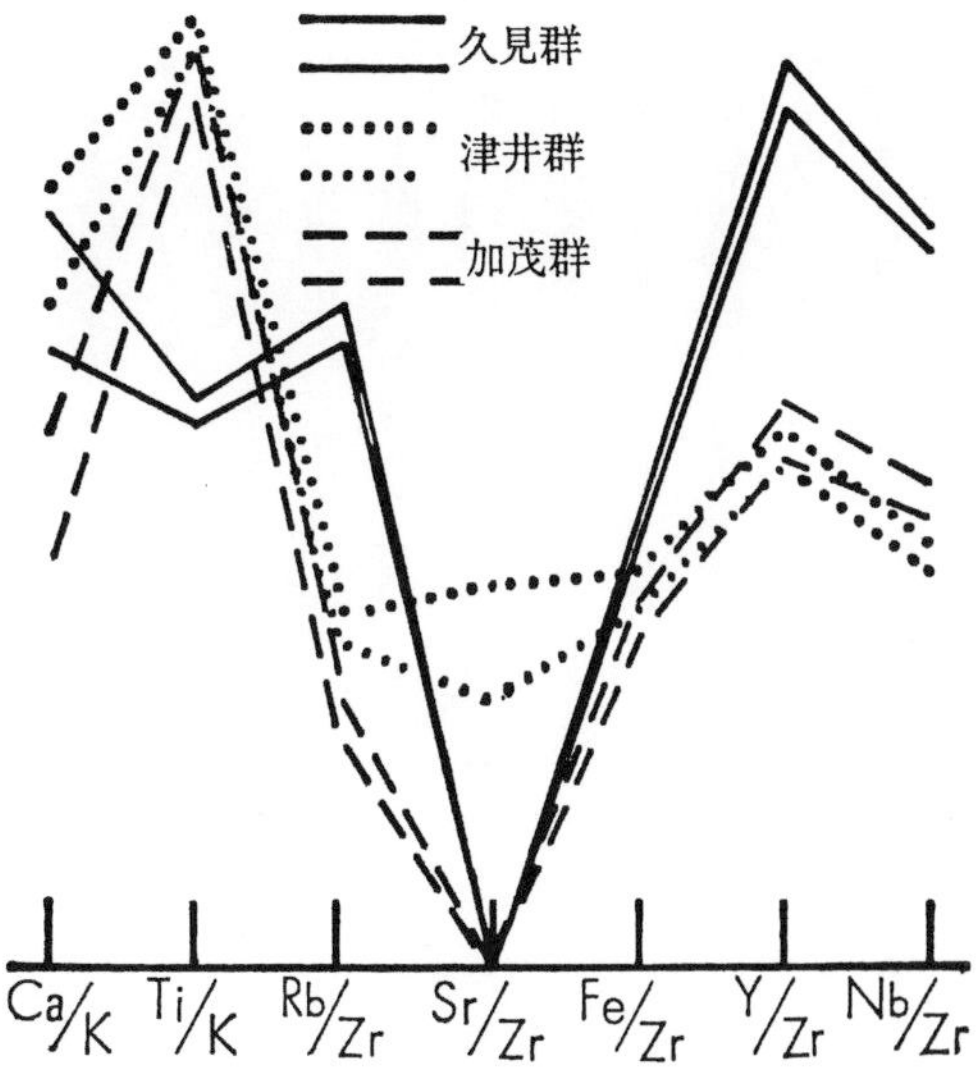

第５図　久見・津井・加茂原産石の元素比組成パターン
横軸は元素比、縦は元素比量、二本線は平均値から標準偏差値をプラス、マイナスした線幅

易に、その原石産地が割り出せるようになった。具体的に隠岐の三か所のうちどこなのか特定できた。同時に、北部九州の大分県姫島産、佐賀県腰岳産黒曜石とも区別できた。この結果、隠岐産黒曜石は、隠岐、出雲、伯耆《ほうき》（鳥取県）、但馬（兵庫県）、丹後（京都府）から中国山地の広島県帝釈峡《たいしゃくきょう》まで、広範囲に分布していることがわかった。

三　黒曜石輸送の実験考古学
～「からむし会」の丸木舟、日本海を渡る～

昭和四十年代には、国内の縄文時代遺跡から丸木舟の出土例がいくつもあり、学界では認知されていた。しかし、一般の方々には理解しがたいことであった。数千年前の科学技術、航海術が未発達の時代に、海洋航海など出来るわけがないという常識だった。初めて歴史を学習する小学校六年の子供達からの、そうした疑問に答える形で、チャレンジした教師グループが誕生し、課題解決をした。

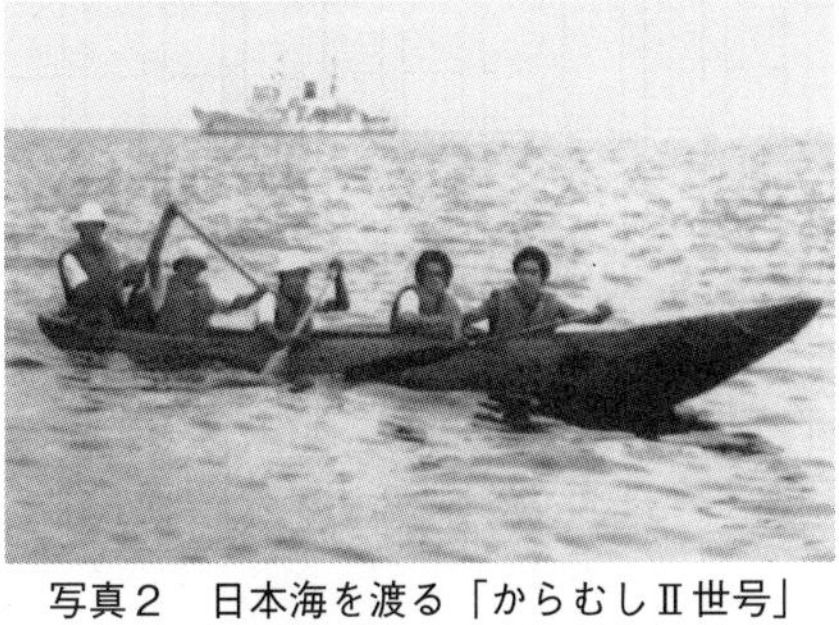

写真２　日本海を渡る「からむしⅡ世号」
（写真提供：からむし会）

昭和五十六年八月、松江市内小学校教師のグループ「からむし会」（約十名）は、電動工具を用いた手製丸木舟「からむしⅡ世号」（アラスカ産モミの木で、全長八・二メートル、幅六十四センチメートル）でもっ

て、隠岐～本土（島根半島海岸）間の航行実験に成功した。四人乗りの丸木舟に、一五キログラムの黒曜石を積み、時速四キロで一二時間かけ、日本海上五〇キロメートルを見事に走破した。学史に残る快挙と言えよう。

四　隠岐産黒曜石の分布図

前記「からむし会」の追体験の直後、同会から筆者に対し、考古学的裏付けをしてほしいと依頼された。そこで、昭和五十六年の時点で把握できていた資料をもとに作成したのが、第6図「石器のなかで黒曜石の占める割合」である。四十年経過した今日でも、概ねこの分布図は通用すると思う。

①まず黒曜石の占める割合が圧倒的に高い地域。産出地隠岐島内の縄文遺跡では、石鏃《せきぞく》をはじめとする石器や製作加工時に生じた石屑《いしくず》の一〇〇％近くが黒曜石である。（Aエリア）

②次に一〇〇％とまではいかないが、八〇％位の高率の遺跡は、距離的に隠岐と近い山陰海岸部に多い。例えば松江市美保関町サルガ鼻洞窟《どうくつ》遺跡では、石鏃の多くは黒曜石で、少量の瀬戸内産サヌカイト（安山岩の一種）。

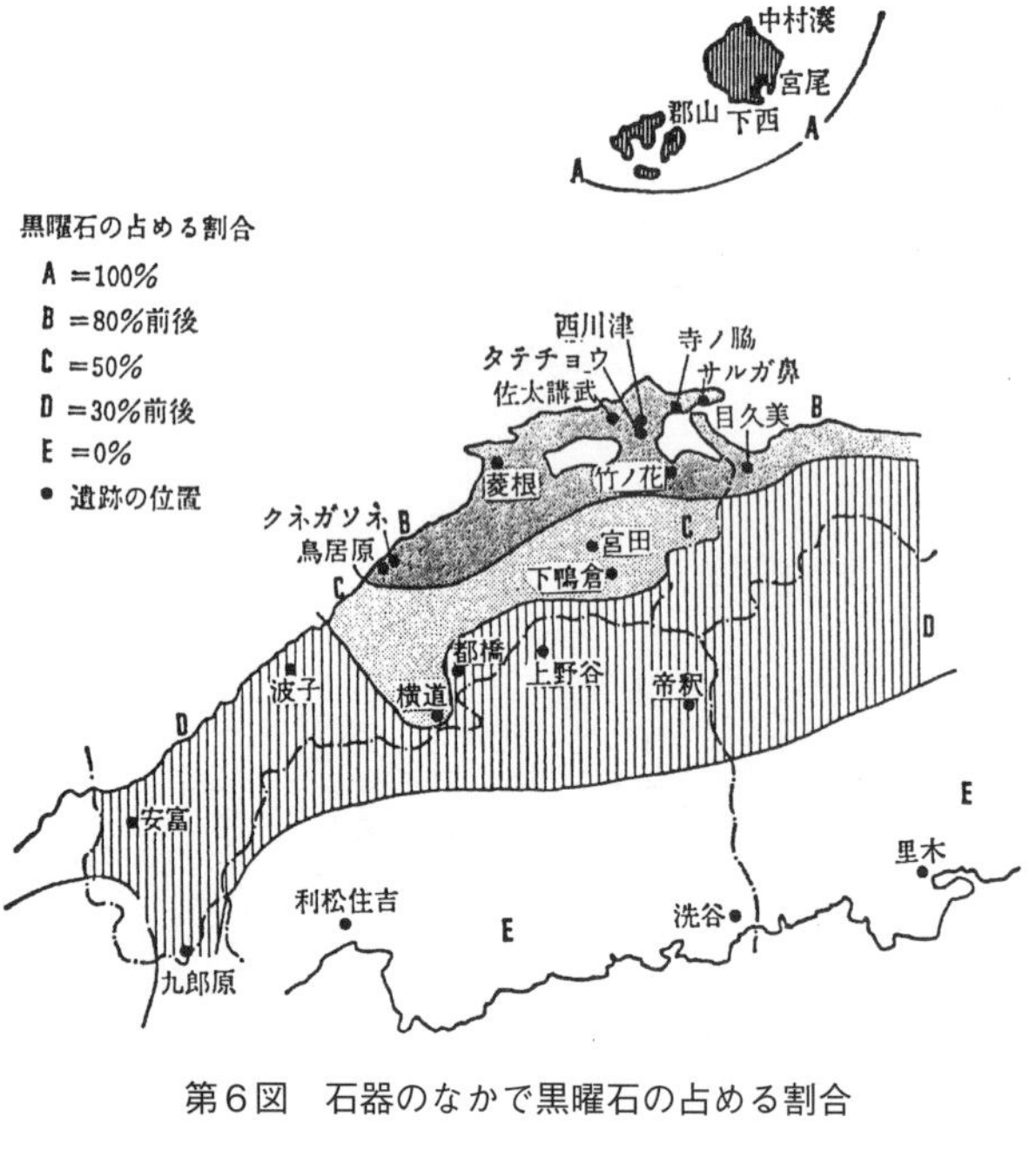

第6図　石器のなかで黒曜石の占める割合

松江市西川津町タテチョウ遺跡では、石鏃一九本のうち一八本が黒曜石で、一本だけが瀬戸内産サヌカイトとなっている。（Bエリア）

③ところが、中国山地に近い出雲奥部や石見中央部の山間地域になると、黒曜石の占める割合は、五割程度に

下がってしまう。例えば奥出雲町仁多の下鴨倉《しもかもくら》遺跡では、石鏃と石ヒ《せきひ》の約半数が黒曜石製。雲南市三刀屋町宮《みや》田《た》遺跡でも、石鏃は黒曜石製と安山岩製が相半ばしている。（Cエリア）

④さらに中国山地帯から県境を越えた広島県北部や石見地方中部以西など、隠岐から一層遠く離れた地域になると、黒曜石の占める割合は極端に低くなる。例えば、広島県帝釈峡《たいしゃくきょう》遺跡群では、石鏃の石材は、黒曜石に比較すると、瀬戸内産安山岩が圧倒的に多い。石見地方中央部の江津市波子《はし》遺跡では、安山岩系がほとんどで、黒曜石は極めて少ない。そして石見西部では、同じ黒曜石であっても、隠岐産ではなく、大分県姫島産あるいは佐賀県腰岳《こしだけ》産も出土する。例えば吉賀町六日市の九郎原Ⅰ《くろうばらいち》遺跡がそうである。（Dエリア）

⑤そして隠岐からはるか離れた山陽地方海岸部に至ると、全くと言ってよいほど、黒曜石は発見されない。例えば、福山市洗谷《あらいだに》貝塚では、石鏃と刃器《じんき》はすべて瀬戸内産の安山岩製である。（Eエリア）

このように、隠岐から遠ざかるほど黒曜石の割合は低くなり、逆に近づくほど高くなる。ちょうどコンパスの針を隠岐に置いた同心円のような五つのエリアが放射状に色分けできた。この図からも黒曜石の供給地は、唯一隠岐、と断言できた。

五　隠岐に定住する縄文人 ～黒曜石をめぐって～

出雲地方を中心とする本土の縄文人にとって貴重な黒曜石を産出する離島隠岐は、まさに「宝の島」であった。その島に縄文人が定住していたのかどうか。この点について、研究史的に振り返ってみたい。

①昭和二十年代、隠岐島在住の藤田一枝氏、田邑二枝氏など郷土史家の努力によって、島内各地で縄文土器や石器の収集がなされた。島後《どうご》では西郷湾に面した宮尾《みやび》遺跡や下西《しもにし》海岸遺跡群そして島の最北端に位置する中村の湊《みなと》遺跡。黒曜石の産出地が認められない島前《どうぜん》の海士《あま》の諏訪湾を臨む郡山《こおりやま》遺跡。それら採集品は、いずれも本土の縄文遺跡出土品と変わらない。朝鮮半島の影響は全く感じられない。本土と同様の縄文人による縄文文化が展開されていたことがわかった。

②昭和三十一年と三十二年、関西大学・島根大学合同調査団による湊遺跡と郡山遺跡での発掘調査が行われた。トレンチを設定した小範囲の発掘ではあったが、両

遺跡とも相当な量の遺物が出土した。出土遺物の種類と多さから、本土の縄文人が一時的に居住していたのではなく、島内の縄文人が、島内各所に定住していたのではないか――という説が確かなものになった。

③その説が一層強固になったのは、昭和四十六年に実施された宮尾遺跡の発掘調査結果からであった。筆者自身も短期間参加させていただいた。隠岐の玄関口西郷港に面した小高い丘の上に営まれた遺跡である。何よりも驚いたのは、グリッドを数か所設定した狭い面積の発掘にもかかわらず、膨大《ぼうだい》な量の土器と石器が出土したことだった。土器は破片ばかりであったが、ミカン箱にして約十箱分、石器と石材はリヤカー一台分。量としては当時、県内ナンバーワン。また黒曜石製石鏃《せきぞく》や未加工の原石のほかに、石器製作過程で生じたと思われる石屑《いしくず》が圧倒的に多かった。調査担当者の近藤正氏（県教育委員会文化財担当）は、この遺跡は、原石から石鏃へ製品化する作業場で、脚下の西郷湾から丸木舟で本土へ搬出する「黒曜石積み出し基地」だと解釈された。そして同氏は、隠岐に定住する「隠岐縄文人」の存在を示唆された。調査終了後、遺物の洗浄作業を委託された筆者は、その終了後、黒曜石以外に、海辺の小石の上下を打ち欠いて作った石錘《せきすい》（定置網の下に吊り下げるためのおもり）が相当量あることに気付いた。宮尾遺跡の縄文人が、久見など島内三か所の産出地から運ばれてきた黒曜石を石器に加工するかたわら、西郷湾内で網漁に精出している姿が浮かんできた。湾内なら冬場でも波静かな日は多く、可能である。（湊遺跡の近くの小学校に昭和四十五年から三年間勤務していた経験から）年間を通して定住することは出来る、と考えた。

では、〝通年定住〟そして〝永続的定住〟を前提とすると、隠岐のみで暮らし、黒曜石にかかわる仕事を主とする縄文人の集団が想定される。ここから黒曜石を交換品とする本土縄文人との交易がクローズアップされてきた。研究史上は、昭和五十六年の「からむしⅡ世号」（丸木舟）の壮挙直後からであった。

六　隠岐縄文人と本土縄文人との交易
～隠岐産黒曜石との交換の品は何か～

鉄のように硬くて、しかも薄く鋭利《えいり》に剥離《はくり》する黒曜石。弓矢の「矢じり」（石鏃）に最適な石材である。山陰の本土では産出しないから、本土の縄文人は何としてでも隠岐産黒曜石を入手したい。では相互に物々交換が成立する上で、隠岐縄文人は本土縄文人に対して何を要求したのだろうか。昭和五十八年頃の筆者の推測を紹介する。

①縄文土器そのもの、あるいは粘土

大田市仁摩《にま》町クネガソネ遺跡、松江市西川津町タテチョウ遺跡および松江市東出雲町竹ノ花《たけのはな》遺跡の三遺跡から出土していた前期前半の轟式《とどろきしき》系統土器が、前述の隠岐の島町宮尾遺跡の発掘調査時に見つかった。器面の文様だけでなく、胎土の中に、俗称「金雲母《きんうんも》」というキラキラ光る砂粒状の鉱物を含む点まで共通していた。本土で作られた土器そのもの、あるいは柔《やわ》らかいままの粘土塊《ねんどかい》が、隠岐へ持ち込まれたとしか考えられない。ある地学の専門家が、「隠岐島には海成の粘土しかない。土器の胎土に適した水成粘土は乏しい。」とおっしゃっていた。確かに隠岐には浜辺はあっても、数キロメートル以上の河川や湖沼がない。岸辺や川底に水性粘土が堆積していなかったかもしれない。したがって隠岐定住の縄文人が欲した交換品だった可能性は高いとみる。

②大型動物の肉~干し肉・薫製《くんせい》肉・塩漬《しおづけ》肉~

現在、隠岐ではイノシシ、シカ、クマ、タヌキ（近年、知夫村へ人為的に持ち込まれたのが元で繁殖し、害獣化）が生息していない。おそらく縄文時代も同じ動物相であっただろう。離島での冬季の厳しい自然環境を考えると、干し魚などの水産加工品だけでなく、十分に動物性タンパク質を補給する保存食糧の確保が重要である。

そこで本土から大型動物、特にイノシシやシカの肉が、冬の到来までに輸送されていたのではなかろうか。これを裏付ける動物の骨や牙《きば》や角《つの》は遺跡から未発見である。それは丸木舟の積載量を減らすために、骨や角を削《そ》ぎ落とした生肉《なまにく》だったからなのか、遺跡の酸性土壌のため消失したのか。長期保存上、「干《ほ》し肉《にく》」「薫製肉《くんせいにく》」「塩《しお》漬肉《づけにく》」を想像する。

③装飾用ないし呪術用《じゅじゅつよう》耳飾（イヤリング）

縄文人が交易に使う品物は、（ア）相手方の生活必需品、（イ）自分達にとっては余剰品、（ウ）双方にとっても貴重品、という三パターンがあったようだ。このうち（ウ）にあてはまる例として挙げたいのは、隠岐の島町下西《しもにし》の岩井津《いわいづ》遺跡で採集された「玦状耳飾《けつじょうみみかざり》」一点。本土側の美保関町サルガ鼻洞窟遺跡でも類似品が、これまた一点見つかっている。「耳飾」自体の出土数は極めて少なく、当時は貴重品であった。特別な人物しか着けな

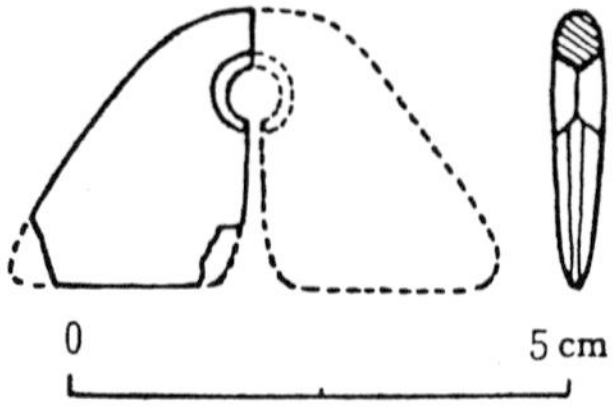

岩井津から出た玦状耳飾

第７図「さんいん古代史の周辺（上）」より

い、装飾を兼ねた呪術品という説もある。縄文時代の関東地方で、交易品として用いられた耳飾の例がある。ひょっとして山陰でも、隠岐でも。

④ヤマトシジミの干し貝

隠岐は「海の幸」に恵まれているが、冬場の漁撈は限られる。そこで思いついたのが、本土からの保存可能なヤマトシジミの干し貝の大量移入である。

例えば鹿島町佐太講武貝塚では、推定四千立法メートルもの莫大な量のヤマトシジミの貝殻が埋蔵されている。縄文時代の「貝塚産業」と言えるほど。ここでは、かなりの余剰分が推測できる。最近の宍道湖産ヤマトシジミは小粒だが、近年の出雲地方各地の縄文から弥生時代にかけての遺跡発掘調査では、アサリかハマグリ並みの大きさのものが、大量出土している。縄文時代の関東地方では、ハマグリの抜身《ぬきみ》を干したものが、交易品となっていることを参考に、出雲地方では、汽水性ヤマトシジミの抜身を煮沸《しゃふつ》した上で天日干し。前述（イ）のパターンとして隠岐へ。

以上①～④はあくまでも憶測の域を出ないが、交易があったとすれば、その主たる「交易基地」は、先述のように西郷湾に面した宮尾遺跡の場所だと考える。

七　隠岐では期間限定の定住だったのか

平成に入って縄文時代研究が急速に進んだことによって、これまでの縄文時代観が大きく変わった。とりわけ縄文人の定住集落あるいは季節性移動という点を見直す面積（表面採集できる遺物の分布範囲）と採集遺物の多さから、長期定住を概ねイメージしていた。島根県では、集落跡の広範囲に及ぶ本格的な発掘調査が行われていなかったし、考古学以外の分野、特に生物学方面からの研究のメスが入っていなかった。

県内の縄文遺跡は昭和四十年代半ばで六十六か所だったのが、平成に入ってからの大規模開発に伴う発掘調査により、その十倍の約六百か所にも急増した。奥出雲の尾原ダム、志津見《しつみ》ダムや隠岐空港の建設予定地内での縄文遺跡調査も相次いで実施された。隠岐では、広島大学と島根大学が、三か所の黒曜石産出地の学術調査を行い、原石採取の状況を明らかにした。ただし、〝集落〟に的《まと》を絞ってみると、前述の県外研究者の指摘項目すべてが納得できるほどの資料はそろっていない。隠岐を含めた県内全域の「縄文集落」調査を一歩進めないと判断できない。しかし、昭和のままの「隠岐縄文人定住説」に胡座《あぐら》をかいていてはいけない。本土から縄文人が黒曜石入手を目的に丸木舟で渡島し、一定期間だけ居住（好季節だけ居住）していたという説を全面否定できなくなった気がする。

おわりに

縄文時代の隠岐の実態解明の研究状況は、隔世の感がする。特に黒曜石については、ここ二十年で加速度的に進んだ。しかしながら、まだまだ未知の部分だらけとも言える。

従来から本土側に比べると、道路、ダム、河川など開発事業が少なく、それに伴う大規模発掘調査の機会が乏しかったことも要因の一つである。将来的には、開発に関係する場合もあろうが、あくまでも学術目的の発掘調査を根気強く継続し、新たな成果を生み出していただきたい。特に集落遺跡の面的な調査に加え、花粒分析や動植物の遺体から探る科学的研究にも力点を置いてほしい。

以上、二十代から三十代の青年期に稚拙な研究レベルで終わった筆者の率直な思いである。

末筆となったが、恩師山本清先生、近藤正先生そして三浦清先生のご指導に感謝するとともに、長年にわたって隠岐島考古学研究と文化財保護行政の両面で尽力され、筆者にも様々な形でご教示いただいた横田登氏（近年ご逝去）の業績に敬意を表したい。

【引用・参考文献】

①西原正夫・清水照夫「島根県菱根遺跡附近の地質と黒曜石について」『同志社大学人文科学研究所紀要第二号　出雲古文化調査団報告書』昭和三十四年
②関西大学・島根大学共同隠岐調査会編『隠岐』昭和四十三年
③宍道正年『島根県の縄文式土器集成Ⅰ』昭和四十九年
④からむし会（門脇節朗会長）『縄文の丸木舟日本海を渡る』昭和五十七年
⑤宍道正年「縄文時代における隠岐と山陰本土との交易

はありえたか」『八雲立つ風土記の丘第五十八号』昭和五十八年

⑥藁科《わらしな》哲男・宍道正年「島根県隠岐黒曜石産出地」『探訪縄文の遺跡西日本編』有斐閣、昭和六十年

⑦平野芳英「隠岐島産の黒曜石」『山本清先生喜寿記念論集山陰考古学の諸問題』昭和六十一年

⑧山田康弘「縄文時代の松江—狩猟・採集・漁撈の生活」『松江市史』平成二十七年

⑨稲田陽介ほか「黒曜石の眠る島」『隠岐の黒曜石』島根県立古代出雲歴史博物館　平成三十年

第2章

農耕の展開と出雲平野のムラムラ

原山（大社町）に生きた人々と出雲平野の開発……坂本豊治

原山遺跡は山陰最古の弥生遺跡である。弥生時代に開花した稲作文化は、朝鮮半島から九州北部を経由し、出雲に伝わった。弥生時代の開始期に開けていない土地を開拓し、原山でムラが作られた。出雲平野では時代が進むにつれ遺跡・遺跡群が増え、人口が増加して行く。弥生時代中期には遺跡・遺跡群の数がほぼピークを迎え、大規模な開発が進んでいる。その背景には、伐採石斧の性能の向上、鉄斧の導入など道具の進化があったと、考えた。弥生時代後期になると、新たなムラの開拓はほぼ終わり、大形の四隅突出型墳丘墓の築造（西谷墳墓群）が始まる。原山遺跡から始まった出雲平野の弥生時代は、今に続く「開発が始まった時代」なのである。

さかもと・とよはる
昭和五十年（一九七五）、島根県益田市生まれ。愛媛大学法文学部文学科卒業。出雲市文化財課埋蔵文化財係で出雲市内の遺跡調査を担当後、出雲弥生の森博物館で学芸員として勤務。
【論文等】
「出雲型広口壺の生産技術の共有と伝達」（二〇二一）
「西谷墳墓群の赤色顔料」（二〇二二）
「古代日本の埋葬儀礼」（二〇一九）ほか

はじめに

原山《はらやま》遺跡は出雲市大社町修理免《しゅうりめん》の原山と呼ばれる砂丘に立地している（図１）。昭和十八年（一九四三）に大社町の大谷従二によって発見され、昭和二十三年（一九四八）には、明治大学の杉原荘介《すぎはらそうすけ》らによる発掘調査が行われた。その結果、山陰で最古の弥生土器が出土し、その成果がすぐさま全国に紹介され、著名な遺跡となった。また、朝鮮半島系の土器や石器なども確認されており、日本海側における弥生時代の始まりの実態を考えるうえで重要な遺跡でもある。

本稿は、原山遺跡の弥生時代前期を中心に、出雲平野の弥生時代開始期の状況を紹介する。次に、その後の出雲平野の遺跡数の推移から弥生時代の開発の様子について触れ、人々の動きを探ることが本稿の目的である。

図１　原山遺跡と周辺の主な遺跡

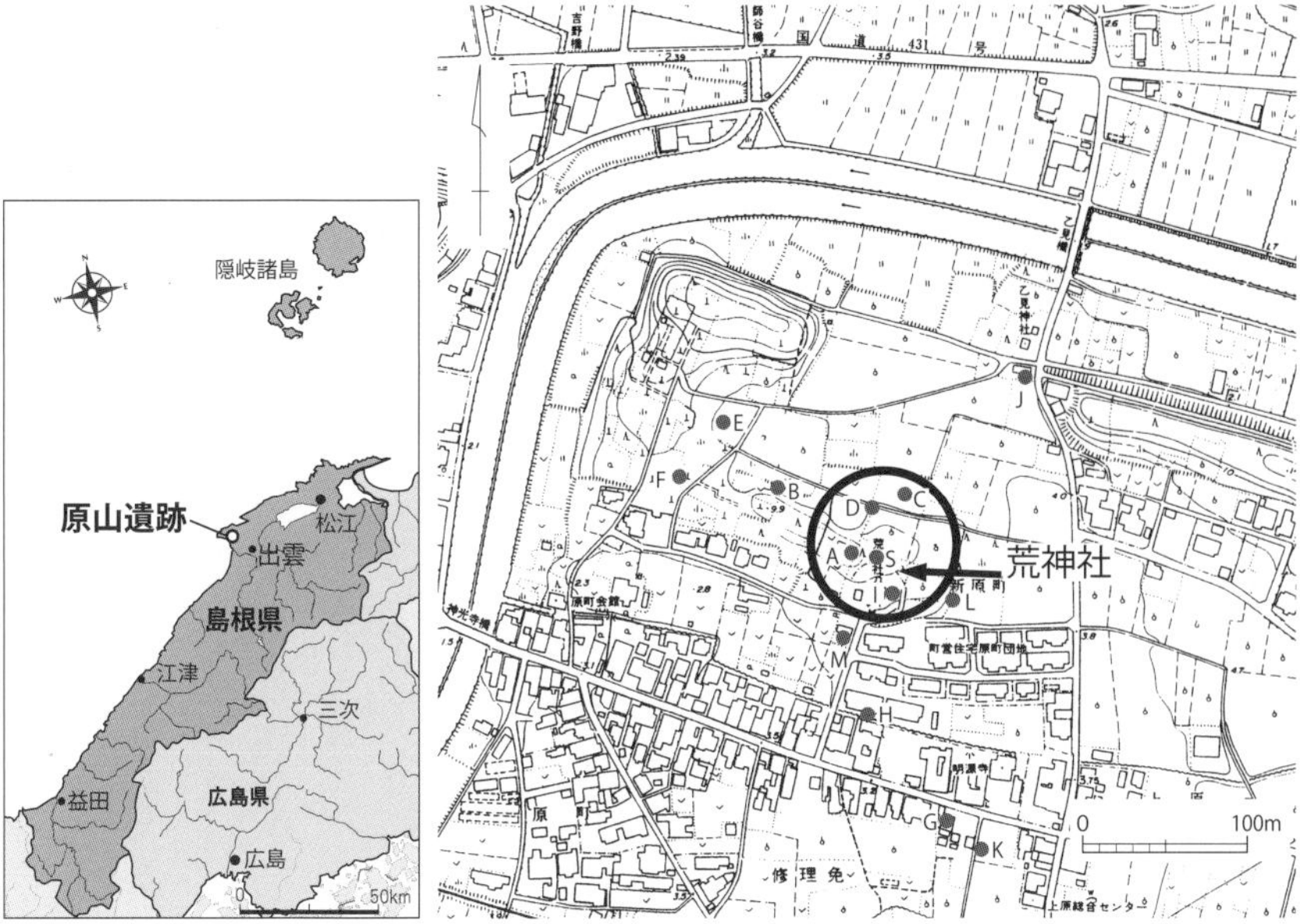

図２　原山遺跡の位置と調査地点

一　原山遺跡の概要

まず、原山遺跡が世に知られた経緯を紹介しよう。戦前、現在の日本人の祖先は、縄文時代までを先住民、弥生時代以降は外地からの渡来民族と考えられていた。その有力な根拠になったのが、『古事記』『日本書紀』（『記紀』）に書かれている「新羅から出雲へのスサノオの渡来」である。考古学者の鳥居龍蔵も『記紀』を根拠に朝鮮半島→出雲→畿内への渡来説を唱えていた。しかし、その後の研究によりこの説は、考古的な根拠に乏しいものだとわかってきた（下條二〇一四）。

昭和二十年（一九四五）八月十五日の敗戦は、考古学をはじめとする歴史学に大きな変化をもたらした。神話を「史実」とした日本史を否定し、科学的な方法により歴史が語られるようになっていく。その象徴が静岡県登《と》呂《ろ》遺跡の発掘調査である。弥生時代後期の水田、住居、倉庫などが発見され、当時の農耕集落の姿が具体的に初めて明らかになった。この調査を主導した一人が明治大学の杉原荘介である。

杉原は、九州と近畿の弥生文化の関係を明らかにするため、その中間の出雲に注目する。彼は、昭和二十三年（一九四八）に大谷従二らと原山遺跡の調査（S地点・荒《こう》神社付近）を行い（図2）、九州北部の弥生前期の土器と同じ特徴をもつ土器を発見した（杉原一九四八）。この発見から稲作文化が九州北部から出雲へ伝わったと考え、考古学的な根拠を持って新たな渡来説を展開した。このニュースは東京の新聞にも載り、遺跡の名は広く知られるようになった。

その後、原山遺跡は平成三年（一九九一）まで計十二回にわたる発掘調査が断続的に行われてきた（図2）。その結果、当遺跡は縄文時代から近世にかけて、人間の活動痕跡があることがわかっている。

二　出雲における弥生時代のはじまり

（一）弥生時代前期の土器

縄文時代の終わり頃、稲作文化は朝鮮半島南部から九州北部に伝わり、その後各地に伝播する。これにより、生活様式が大きく変化した。特に土器は、縄文土器と焼成方法や形、文様などが異なる「弥生土器」が新たに生み出された。

杉原の発掘調査で原山遺跡が注目を集めた理由は、出土した弥生土器が九州北部の弥生前期の土器と、形や文様が似ていたからだ。九州北部の土器の特徴をみると、壺《つぼ》の口縁部《こうえんぶ》と頸部《けいぶ》は段差で区画され、胴部にはヘラで文様が描かれる。甕《かめ》の口縁端部は角張り、そこに刻目《きざみめ》が施されている。原山遺跡の弥生土器も同じ特徴が見られ、九州北部からその技術が伝わったことがわかる。

杉原の研究は、三十一年後にさらに進められている。昭和五十四年（一九七九）に、原山遺跡の出土品を村上勇と川原和人が詳細に報告した。彼らは、土器の型式分類を行って、各土器の時期を明らかにしたのである。そして、これらの中に山陰では他に類例のない弥生開始期の弥生土器が含まれていると指摘し、それらを「出雲原山式土器」と呼んだ。その後、「出雲原山式土器」は弥生時代の開始期の土器として、年代の物差し（編年《へんねん》）に使われている（松本一九九二）。

しかし、これらの土器は長期間の土器が混在していて、また、詳細な出土層位が不明であり、そのままでは編年の基準資料にはならないと考える。同時期に使われた壺と甕を正確に抽出することができないのである。

そこで、当遺跡の土器の時期を決める方法として、矢《や》野《の》遺跡（島根県出雲市）の土器編年に対応させることが最も有効な手段と考えている。以前、私は矢野遺跡の弥生前期土器を矢野一式～三式に分類し、編年を試みた。矢野一式を弥生時代前期前葉《ぜんよう》（九州北部の板付《いたづけ》Ⅰb式～Ⅱa式古、紀元前四五〇年頃）、矢野二式（板付Ⅱa式新、紀元前四〇〇年頃）を前期中葉《ちゅうよう》、矢野三式（板付Ⅱb式、紀元前三五〇年頃）を前期後葉《こうよう》と位置づけた（坂本二〇一〇）。この編年に原山遺跡の土器を対応させると、図3～5に示したように、同じ時期に使われた壺と甕のセットを抽出することができる。こうして土器の詳細な年代がわかれば、時期ごとに使われていた土器の数量が推定できる。原山遺跡では、矢野一式（前期前葉）は少なく、矢野二式（前期中葉）と矢野三式（前期後葉）の土器が最も多く、矢野三式（前期後葉）に続く前期末はごくわずかであることがわかってきた。縄文時代晩期後半の突帯文《とったいもん》土器の出土はないので、弥生時代前期前葉に誰も住んでいない場所に新たに人が住み始め、前期中葉から後葉に人口が増加し、前期末には人が減ったことが推測できる。原山遺跡の人口の推移は、矢野遺跡と似ており、出雲平野の弥生時代の始まりを考える上で、両遺跡が同じ動向を示している点は興味深い。

図３　原山遺跡の弥生時代前期前葉の土器（矢野一式）

図４　原山遺跡の弥生時代前期中葉の土器（矢野二式）

図５　原山遺跡の弥生時代前期後葉の土器（矢野三式）

図6は、山陰の弥生開始期の弥生土器（矢野一式）が出土した遺跡分布図である。分布から弥生土器作りは九州北部から日本海沿岸を経由して伝播したと考える。

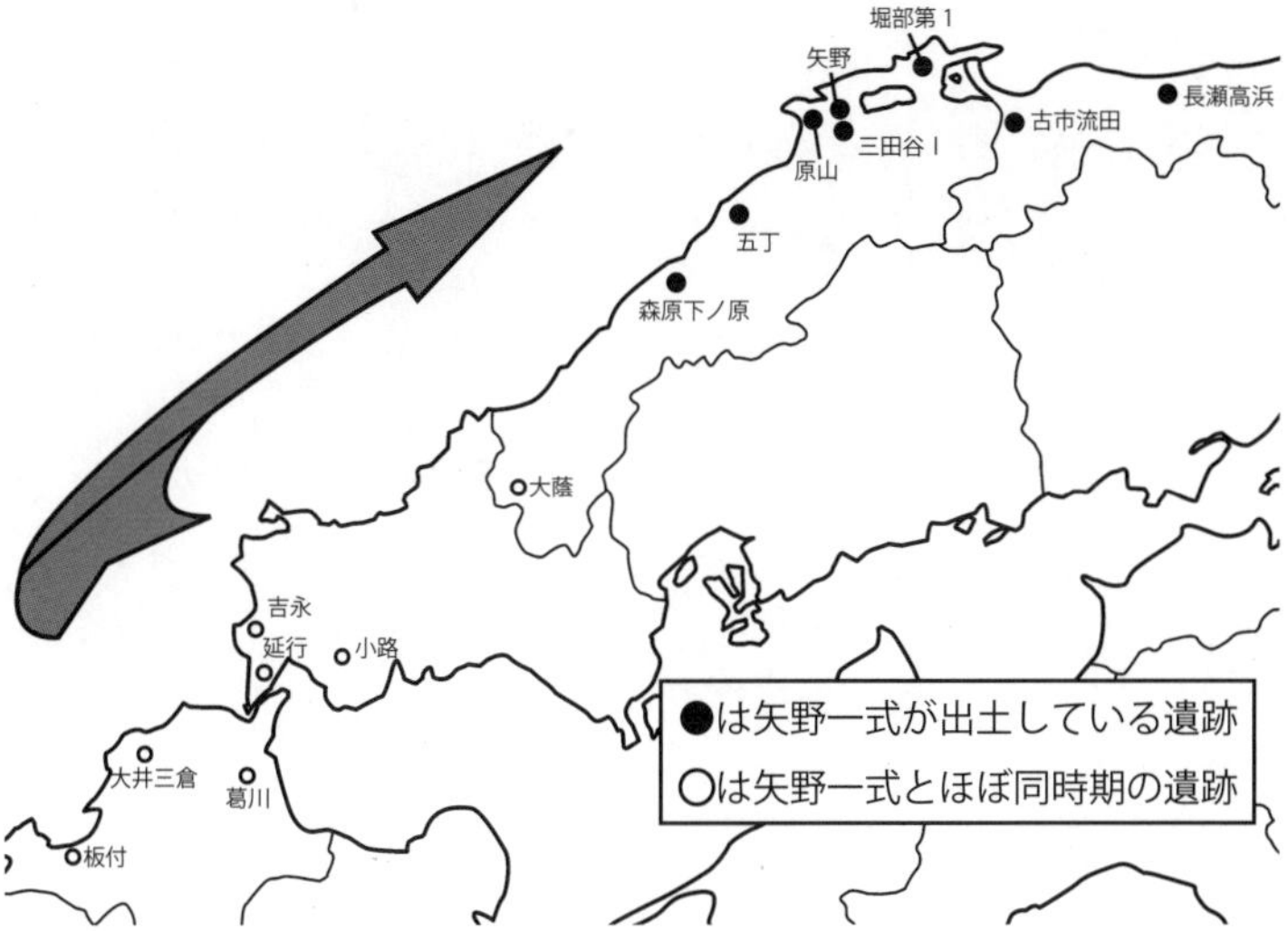

図6　弥生土器作りの出雲平野への伝播

原山遺跡の矢野一式の中でも甕形土器は特に古い特徴をもつ。甕の口縁端部は角張り、その端面いっぱいに刻目が入れられている（図7）。これらは九州北部の最古の弥生土器と共通する。この刻目の特徴は、山陰では原山遺跡以外に大蔭《おおかげ》遺跡（島根県津和野町）でしか確認されていない。出雲平野ではその後も数多くの発掘調査が行われているが、他に出土例が全くない。以上のことから、原山遺跡は、山陰で最も古い弥生遺跡の一つであり、かつ、出雲平野で最初に弥生土器作りが導入された遺跡なのである。杉原らが発掘調査を行ってから七十五年経った今でも、その評価は変わっていない。

図7　原山遺跡の最古の弥生土器
甕形土器の口縁端部いっぱいに刻目

（二）朝鮮半島系の磨製石剣

原山遺跡では、朝鮮半島系の磨製石剣《ませいせっけん》が拾われている。磨製石剣とは金属製の短剣をまねたものである。今から三千〜二千年前（日本の縄文時代晩期から弥生時代中期）に東アジアで盛行し、朝鮮半島ではおよそ千三百点が出土している。日本では弥生時代前期前葉に朝鮮半島から伝わり、対馬《つしま》（長崎県）や九州北部を中心に約八十五点が確認されている。原山遺跡の磨製石剣は、朝鮮半島系で、山陰ではこの一例しか確認されていない。

磨製石剣には刃《は》も柄《え》も石で作るもの（有柄式《ゆうへいしき》）と、刃の部分だけを石で作り、茎《なかご》に木の柄を取り付けるもの（有茎式《ゆうけいしき》）がある。当遺跡のものは後者で、もとは木の柄があったと推測できる。法量は全長十六・四cm、最大厚一・〇cm（図８）を計る。

朝鮮半島と日本の磨製石剣を研究する平郡達哉によると、「原山遺跡の磨製石剣は茎部が未完成の状態であり、底面は斜め方向に折れたような割れ口を見せている。また、石剣全体の厚さが剣身部と茎部が均一な様相を見せる点から、折れた剣身部、それも柄部に近い部分を再加工したもの」、「日本海沿岸地域における唯一の朝鮮半島と関連が深い」ものと評価している（平郡二〇一九）。

図８　原山遺跡の磨製石剣

この磨製石剣は、荒神社境内で遊んでいた小学生によって拾われたものである。当時の新聞記事には、「昭和三十五年（一九六〇）四月十日、荒木小学校六年生大野実君（十三歳）が原山荒神社境内で発見し、遊び道具にしていたのを西橋校長がみて、町公民館付属考古館の大谷従二の鑑定を求めた」（『産業経済新聞』昭和三十七年（一九六二）一月十六日付）と掲載された。

これは採集品のため、伴う土器が不明で使われた時期は不明である。採集地点はI地点とされ（図2）、弥生前期や古墳時代の土器が出土している（村上・川原一九七九）。磨製石器を研究する下條信行によれば、これらの磨製石剣は弥生前期後葉に見られなくなるとされ、平郡もこれを引用し、「東北アジア磨製石剣文化の脈絡の中に原山遺跡で採集された磨製石剣を位置づけると、その時期は弥生時代前期後葉頃」と指摘している。

私は以前、朝鮮半島から伝わった木材の加工道具、扁《へん》平《へい》片刃《かたは》石斧《せきふ》について報告した。それは弥生前期後葉（矢野三式）の矢野遺跡の出土品で、これを出雲最古の大陸系磨製石器とみた（坂本二〇一〇）。これと時を同じくして、大陸系磨製石器の一つである原山遺跡の磨製石剣も、九州北部から出雲に伝わってきたようだ（図9）。

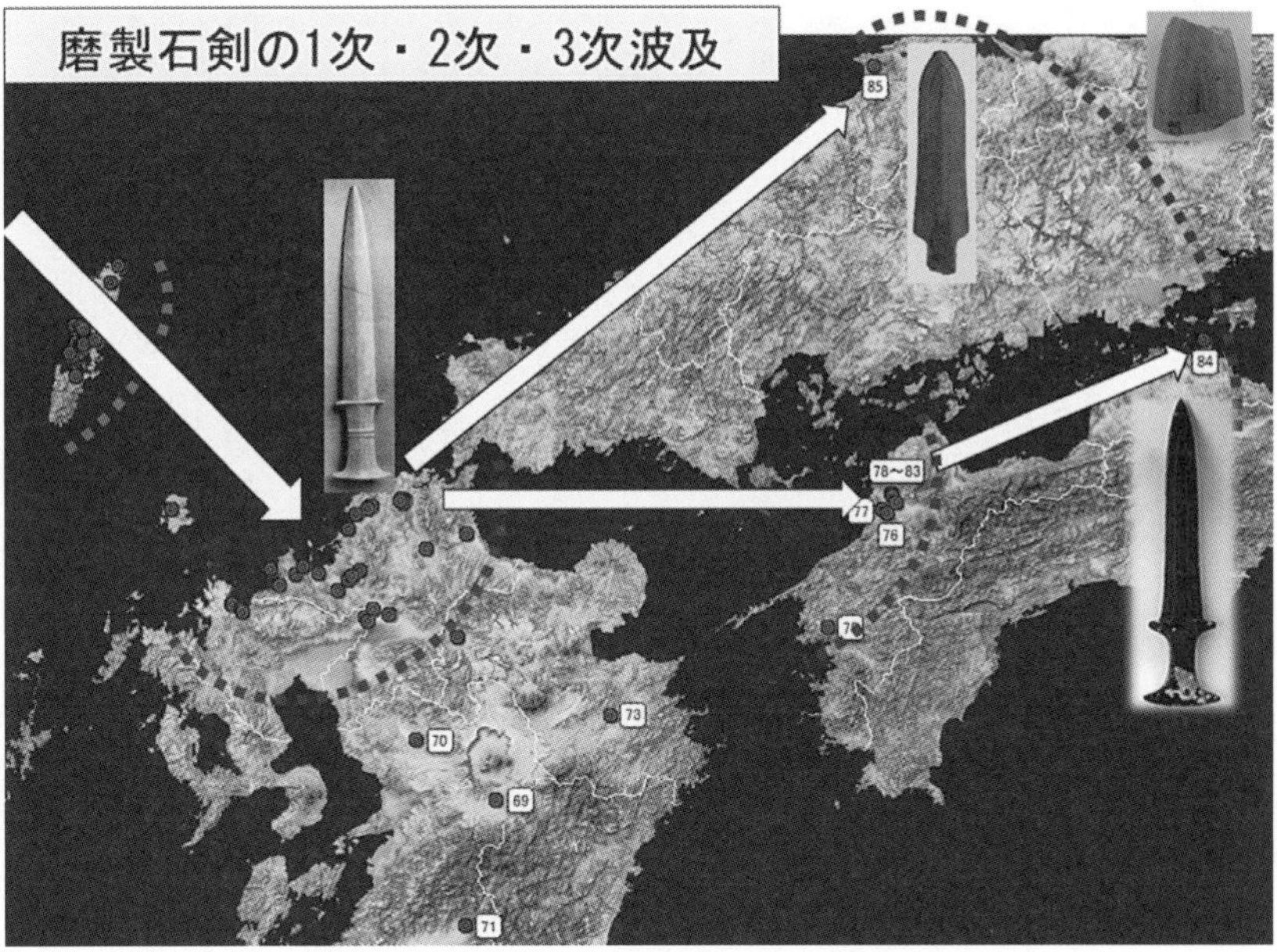

図9　朝鮮半島系の磨製石剣と波及（平郡2020）

（三）朝鮮半島系の円形粘土帯土器

粘土帯《ねんどたい》土器は、朝鮮半島で二四〇〇〜一九〇〇年前頃（日本の弥生時代前期から後期初頭）に作られた土器で、甕の口の外周に粘土の帯が貼り付けられたものである。日本列島でも対馬や九州北部を中心に出土し、山陰でも少数確認され、原山遺跡でも出土している（図10）。出雲平野では粘土の帯が円形（図11-1・2）と、三角形（図11-5）のものがある。前者は弥生前期中葉から後葉、後者は弥生後期初頭で、円形から三角形へ変化する。原山遺跡のものは断面が楕円形で（図11-3）、円形から三角形に変化する過渡期のものと考えている。弥生開始期のものかどうか、再検討が必要である。

図10　原山遺跡の粘土帯土器

出雲市内の粘土帯土器のうち、山持《ざんもち》遺跡の三角形粘土帯土器は朝鮮半島で作られたと推定できるが、その他は九州北部や長門（山口県）あるいは出雲で作られたもので、朝鮮半島からの二次的な伝播と考える。

（四）小結

山陰最古の弥生時代の遺跡である原山遺跡。ここから出土した弥生土器、磨製石剣、粘土帯土器は、朝鮮半島ではなく九州北部や長門との共通性がある。この点から、朝鮮半島から直接ではなく、九州北部から人が出雲へやってきたと推定できる。この九州北部の人々は、すでに朝鮮半島からの渡来人と混血が進み、多くの住民が渡来的弥生人（縄文人よりも長身で面長、渡来人ではない）になったと考えられている（田中・小沢二〇〇一）。したがって、彼ら渡来的弥生人が出雲へ移住してきたと推察することができる。

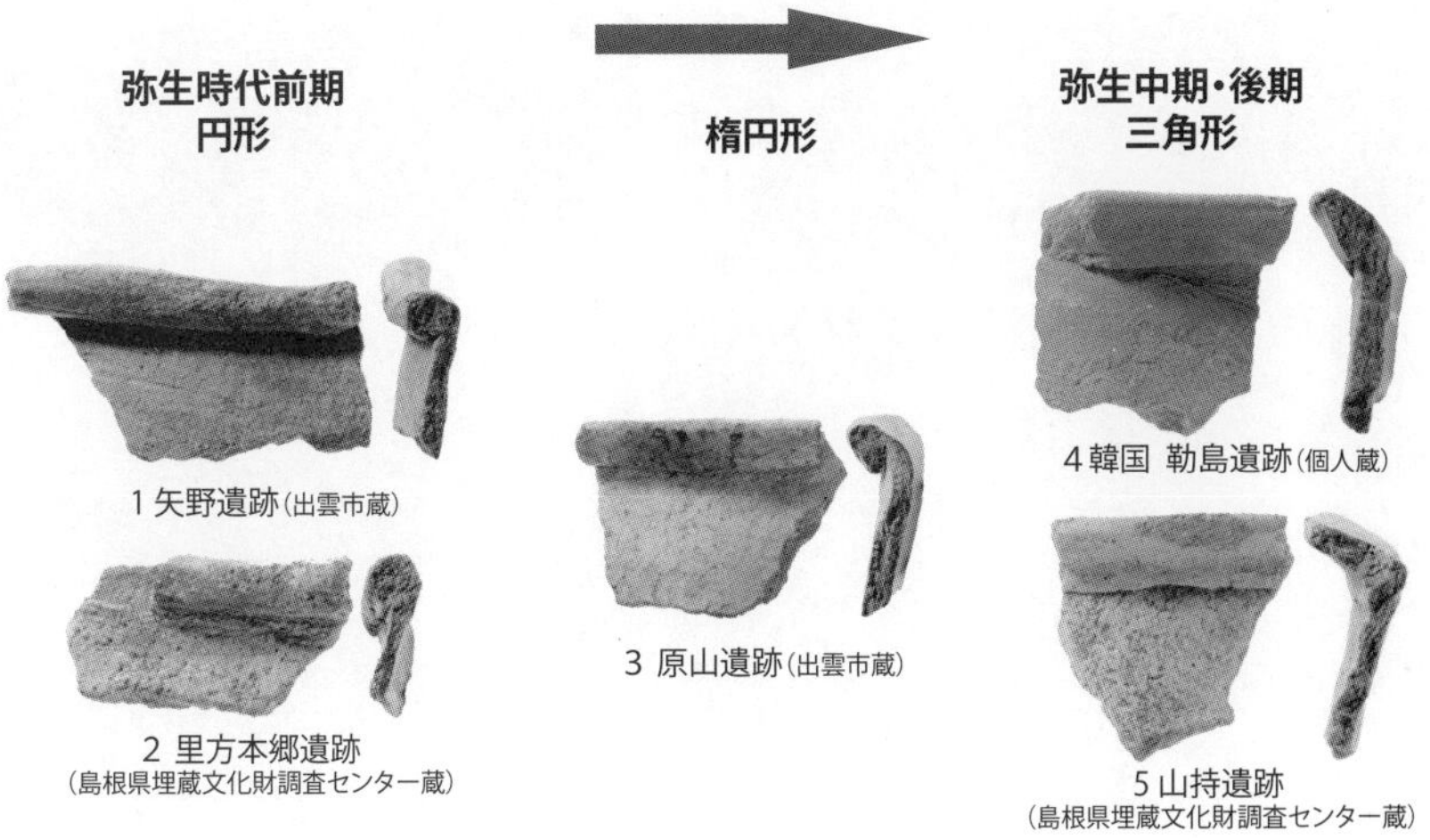

図11　出雲平野の粘土帯土器

三　出雲平野の開発

弥生時代になると、縄文時代には見られなかった溝（水路）が掘削されるようになる。溝によって引かれた水は水田や生活において重要な役目をになった。また、溝は集落を区画する境界にもなった。

　出雲平野の矢野遺跡では弥生時代前期（矢野二〜三式）の幅約二ｍの溝が検出されている（図12）。また、古志《こし》本郷《ほんごう》遺跡（出雲市）や下古志《しもごし》遺跡（同）、小山《おやま》遺跡（同）でも、弥生中期から古墳時代初頭の溝が検出されている。古志本郷遺跡の溝は最大幅約四ｍ、全長百ｍを超える大きなものである（図13）。数回の掘り返しがあり、継続的に管理され、掘削が行われたようだ。これらの掘削には、鍬や鋤《すき》（スコップ）が使用され、実際に、矢野遺跡や天神《てんじん》遺跡ではこれらの掘削道具の製品や未製品が出土する。

　出雲平野では竪穴建物跡や掘立柱建物跡の検出例は少ないが、溝などから大規模な開発が進んだことは想像に難くない。本項では遺跡や遺跡群の増加と開発に使われた道具を検討し、出雲平野の開発状況を紹介しよう。

図12　矢野遺跡の弥生時代前期

図13　古志本郷遺跡の弥生時代中期～古墳時代初頭の溝

（一）出雲平野における遺跡・遺跡群数の推移

出雲平野では、縄文時代晩期後葉に二十遺跡・五遺跡群、弥生時代前期前葉から後葉に二十八遺跡・八遺跡群、弥生時代前期末に三十三遺跡・十遺跡群、弥生時代中期に六十六遺跡・十五遺跡群、弥生時代後期に七十二遺跡・十六遺跡群が確認され（図14～18）、時代が進むにつれ遺跡・遺跡群とも数が増えている。遺跡数の増加は、人口が増加したことを意味し、また、新たな生活拠点を作るため、開発を進めていった結果と考えることができる。特に弥生時代前期末から弥生時代中期には、遺跡数が倍増している。続く弥生時代後期は、微増で弥生時代中期に大規模な開発が進んだと推定できる。

　遺跡群は、地形などによって直径約二kmの範囲にまとまる複数の遺跡のことである。その群の中で日常的に協力しあって生活をしていたと推測する。弥生時代中期や後期の十五・十六の遺跡群は現在の出雲平野の行政区画のコミュニティセンター（公民館）と近い区域を示す。今から二千年以上前の弥生時代中期に現在の出雲平野の基礎となる開発が進められたのである。

　このような大規模な開発を進めるには、農工具が必需品である。その性能について紹介しよう。

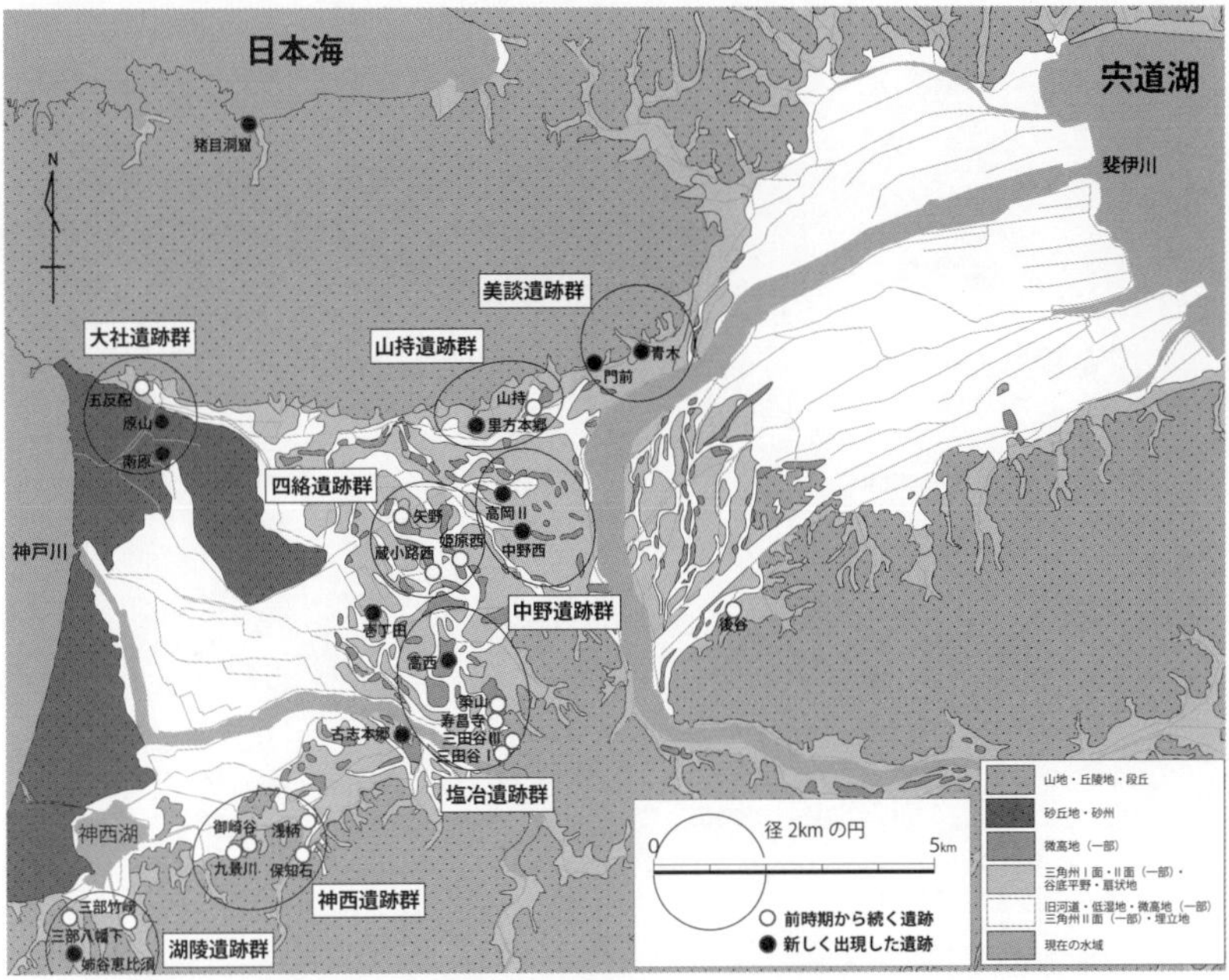

図14　出雲平野の弥生時代前期前葉～後葉の遺跡・遺跡群の分布図

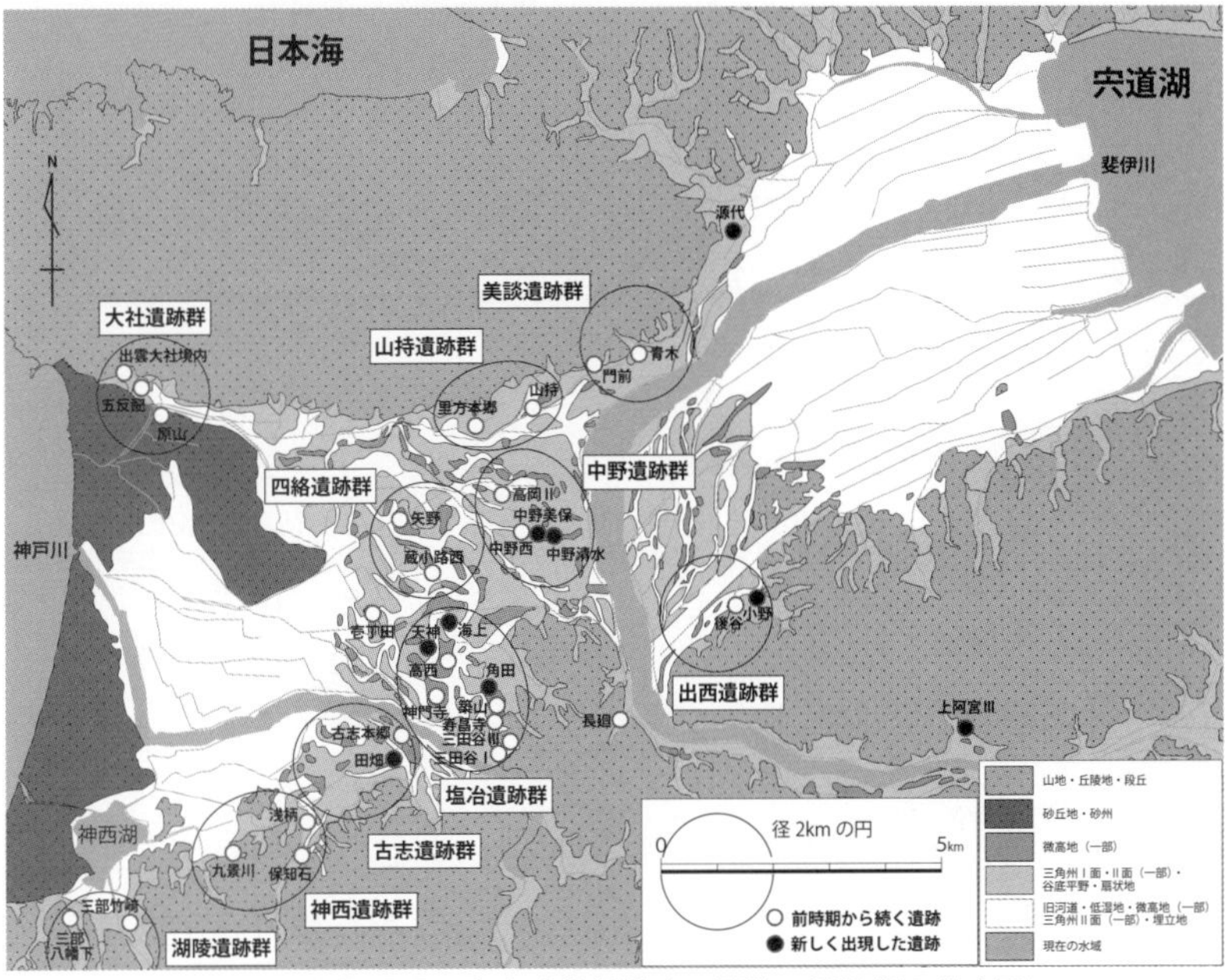

図15　出雲平野の弥生時代前期末の遺跡・遺跡群の分布図

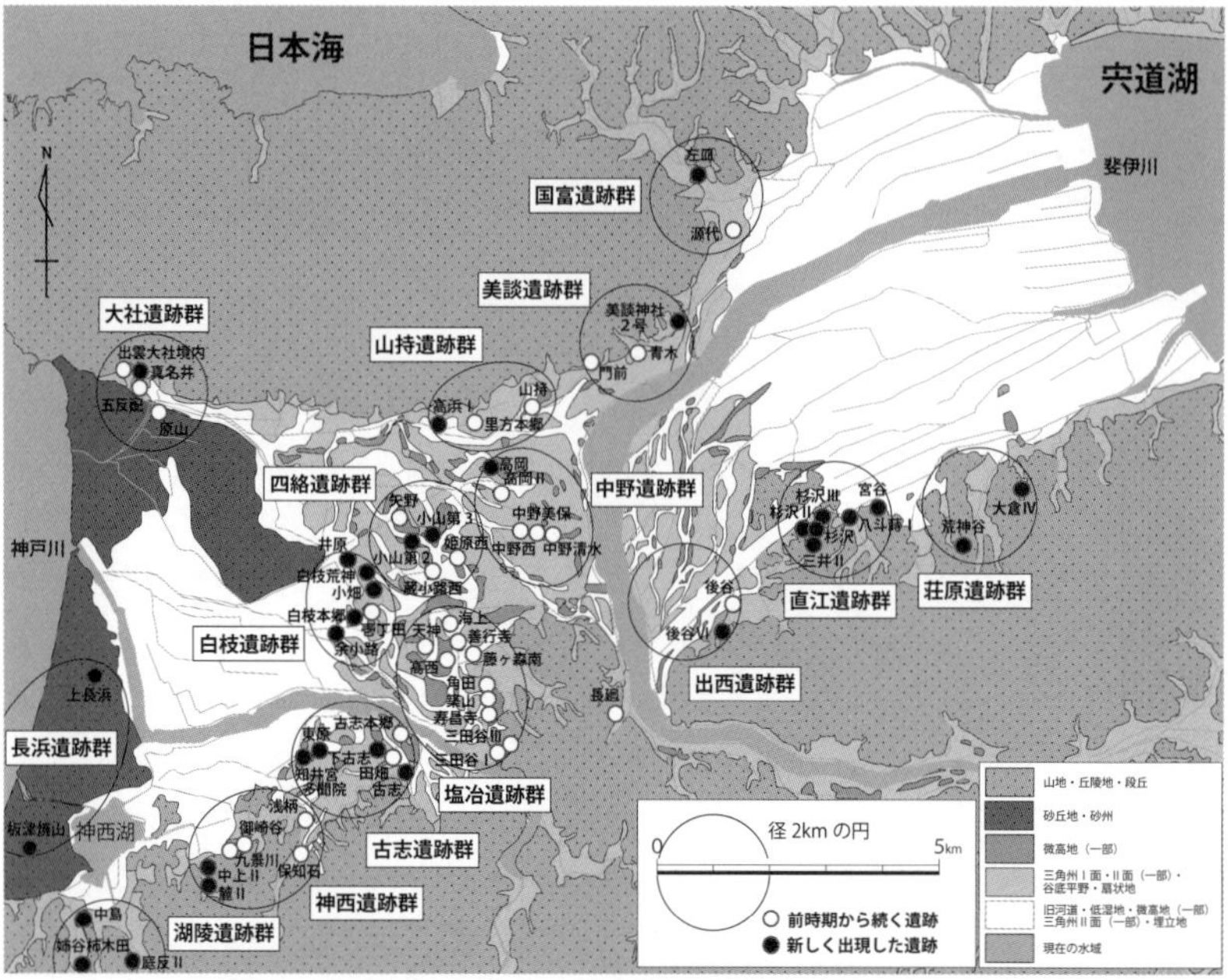

図16　出雲平野の弥生時代中期の遺跡・遺跡群の分布図

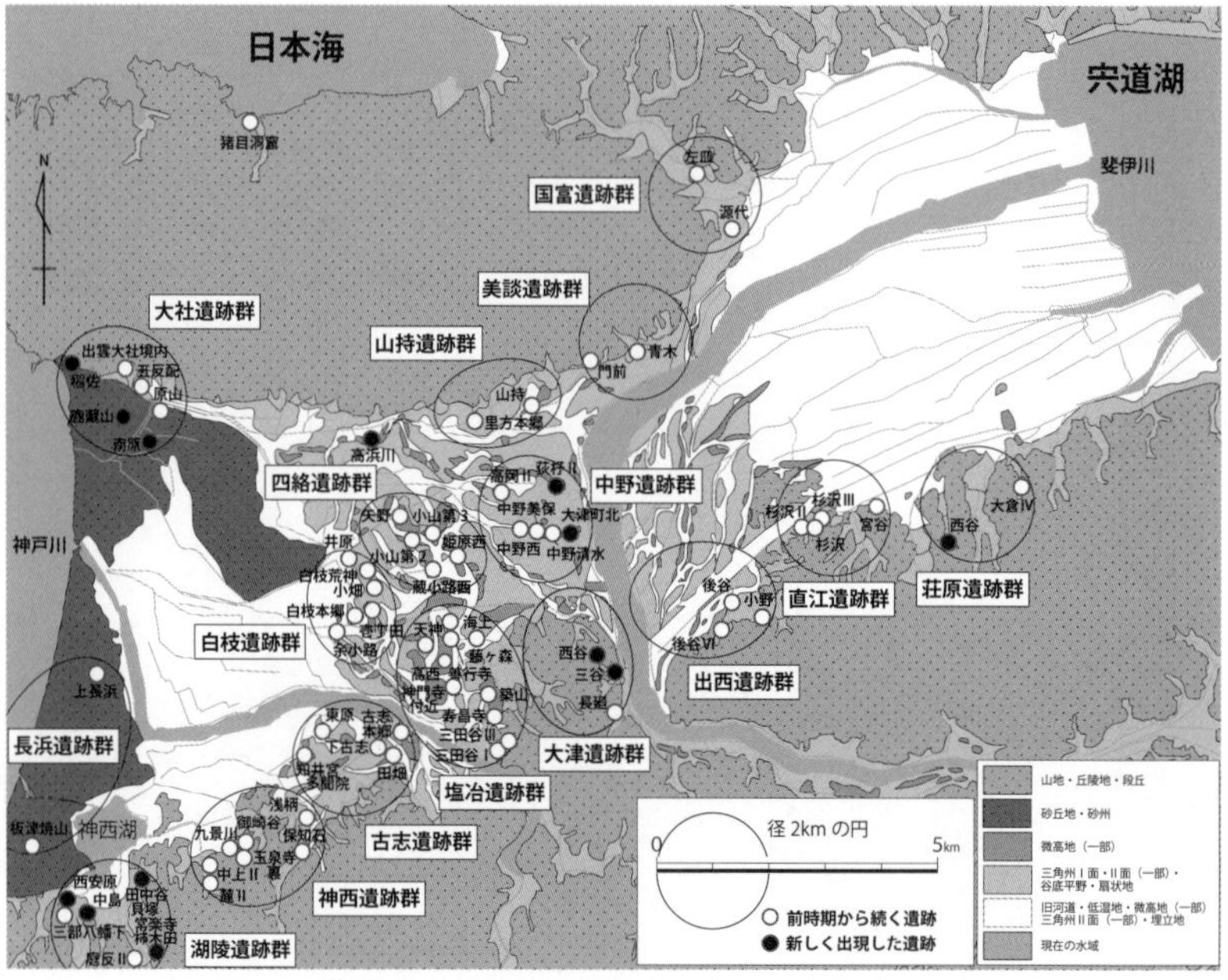

図17　出雲平野の弥生時代後期の遺跡・遺跡群の分布図

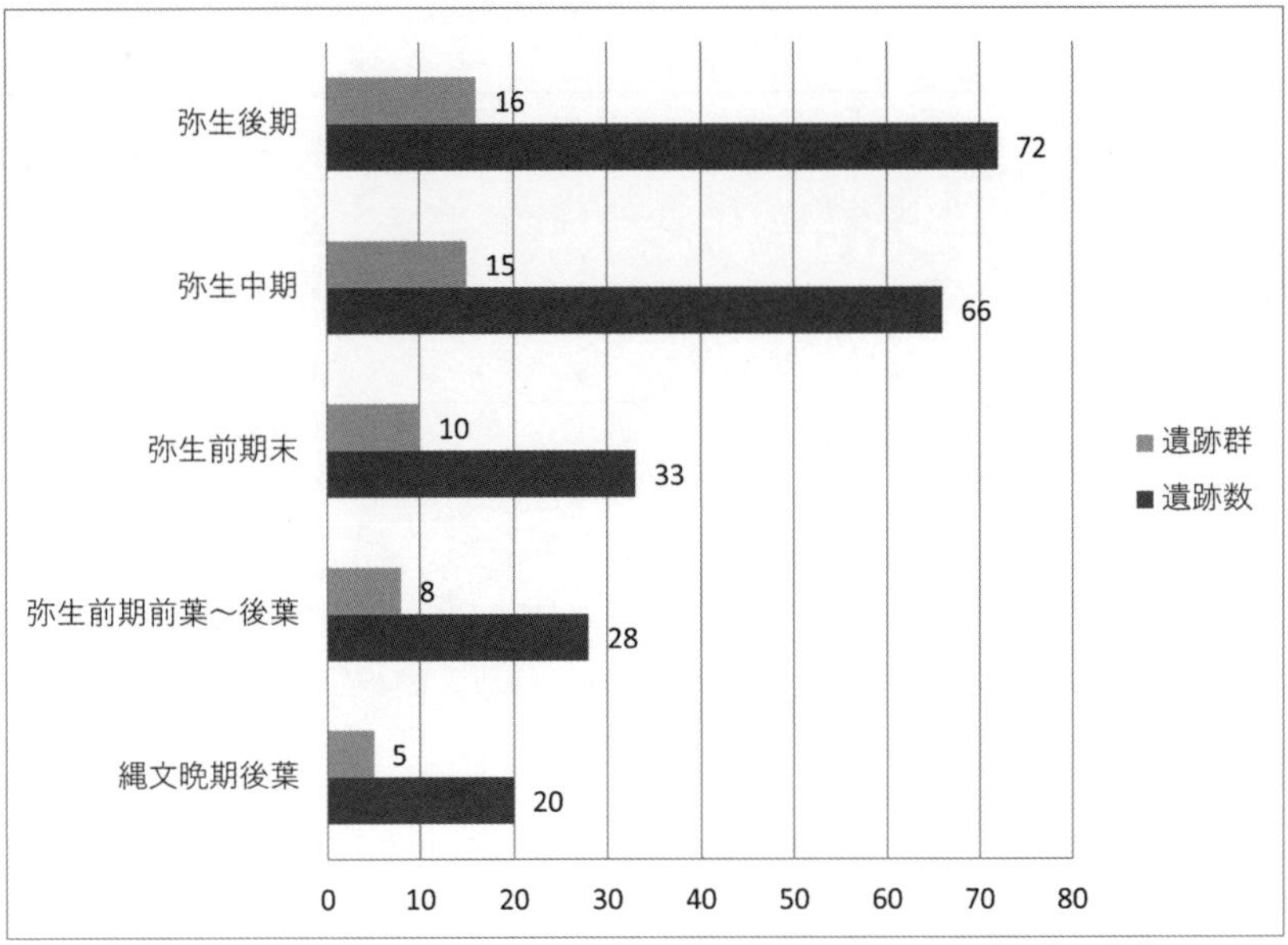

図18　出雲平野の縄文時代晩期後葉～弥生後期の遺跡・遺跡群数の推移

（二）伐採石斧

伐採石斧《ばっさいせきふ》は、立木を切り倒す石製の斧で木製の柄に付けて使う。この石斧は、土地を開墾する際、あるいは木製の建物や道具、容器などを作る時に最初に使う工具である。この性能により開墾や農作業などのスピードが大きく変わる。ここでは島根県内の伐採石斧の能力の変化を紹介しよう。

島根県内では伐採石斧が縄文時代草創期から弥生時代後期まで使われた（図19）。縄文時代の石斧の平面形は、刃部付近に最大幅があり基部が尖っている（1～6）。弥生時代になると基部の幅が広がり、中央部付近の幅が最大となる。横断面形は、縄文時代には扁平な楕円形（1～3・5）が多く、その他に側部に面をもつ定角《じょうかく》石斧（4）や断面が円形に近い乳棒状石斧（6）などもある。弥生時代には、縄文的な形態をしたものもあるが、多くは横断面形が丸みのある楕円形となる。

伐採石斧は、重いほどその能力を発揮する道具である。軽い石斧は小径の木を伐採することはできるが、大木を切り倒すには時間がかかり不向きだ。伐採石斧の性能を測る場合、本来は石斧の全体の重さを比較するべきである。しかし、出土する石斧は使用により、壊れてい

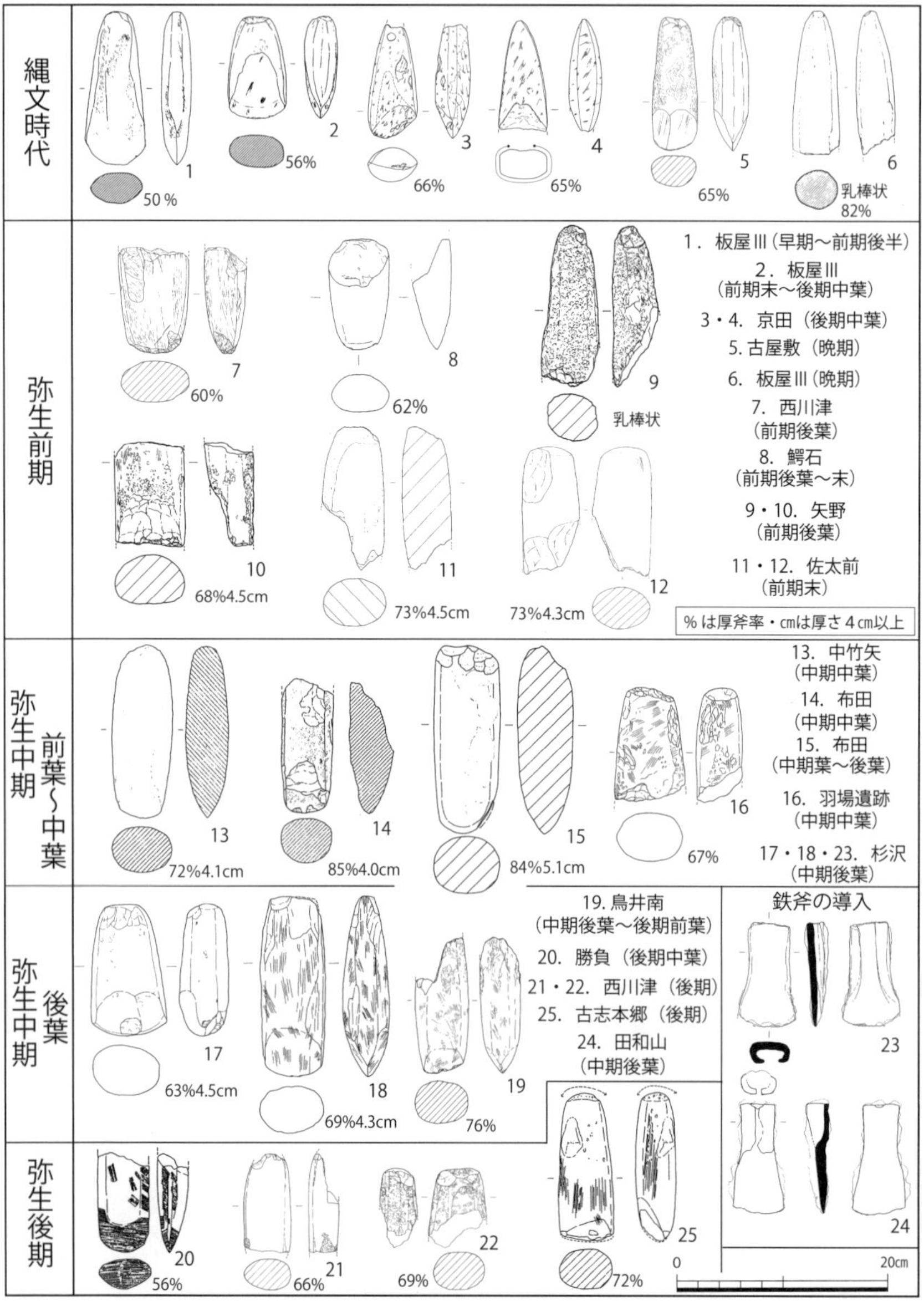

図19　島根県における縄文時代〜弥生時代の伐採斧の変遷

るものがほとんどであり、全重量がわかるものは少ない（図20）。ここでは、壊れていても計測できる石斧の厚さと幅の比率（厚斧率《こうふりつ》）から、石斧の性能を検討する。完形のものは、重量と全長も検討に加えた。

図21は、島根県における伐採石斧の遺跡別厚斧率（平均値）を示したものである。縄文時代から弥生前期後葉までは、厚斧率の平均が四十～六十％台で、厚さ四cm未満、全長は約十cm前後、重さは約二百～五百gの薄い軽量の斧ばかりである。縄文後期の京田《きょうでん》遺跡から弥生前期の矢野遺跡にかけて厚斧率六十％台で変化がほとんどないことがわかる。弥生時代前期末葉から中期中葉は厚斧率七十～八十％台のものが多く（西川津《にしかわつ》遺跡・田和山《たわやま》遺跡・布田《ぬのでん》遺跡など）、厚さは四cmを超え、全長は十～十五cm、重さは約五百～千gを超える重量のある厚斧化した石斧が増えている。弥生中期後葉になると、再び六十％台に低下するものがあり（杉沢《すぎさわ》遺跡、図19‐17・18）、弥生後期には厚さ四cm、重さ千gを超えるものはなくなる（図19‐20～22・25）。

以上のような特徴から、島根県内の伐採石斧は、縄文時代は早期から後期にかけて徐々に性能を上げ、その後一旦停滞し、弥生前期末から中期中葉に再び上がり、完成度の高い厚斧化《こうふか》した伐採石斧が作られたと推定する。厚斧化した時期に、暮らしを支える生産力が高くなったと考える。特に弥生中期中葉頃には、厚斧率八十％、厚さ五cmを超えるものも作られている（布田遺跡、図19‐15）。中期後葉になると、石より性能が高い鉄斧《てっぷ》（杉沢遺跡・田和山遺跡、図19‐23・24）が導入される。ただし、杉沢遺跡（出雲市）のように、石斧と鉄斧が併用されている。すべて石から鉄に転換

図20　原山遺跡の伐採石斧の刃部（壊れて基部が欠けている）

されたわけではない（図22）。

以上のことから、出雲平野で弥生時代中期に開発が進んだ理由の一つは、伐採石斧の性能が上がり、かつ鉄斧の導入による生産力の向上があったと結論付けることができる。つまり、伐採用の斧が進化したのである。その後、伐採石斧の性能が少しづつ低下し、古墳時代には使用されなくなった。

（三）小結

弥生開始期の出雲では、縄文時代から続く道具を使い、性能が高い大陸系磨製石器（朝鮮半島系の磨製石器）は、すぐには導入されなかったことがわかっている（坂本二〇一〇）。これらの最先端の道具は弥生時代前期後葉（矢野三式）から弥生前期末にかけて、時間をかけて整っている。本項で紹介した伐採石斧も同じ弥生時代前期末に性能が上がっている。出雲平野に弥生土器が導入されてから、約百五十年以上遅れてからのことだ。そして、性能があがった道具を使い、弥生時代中期に大規模開発がピークを迎え、現在の出雲平野の基礎が造られたと考える。

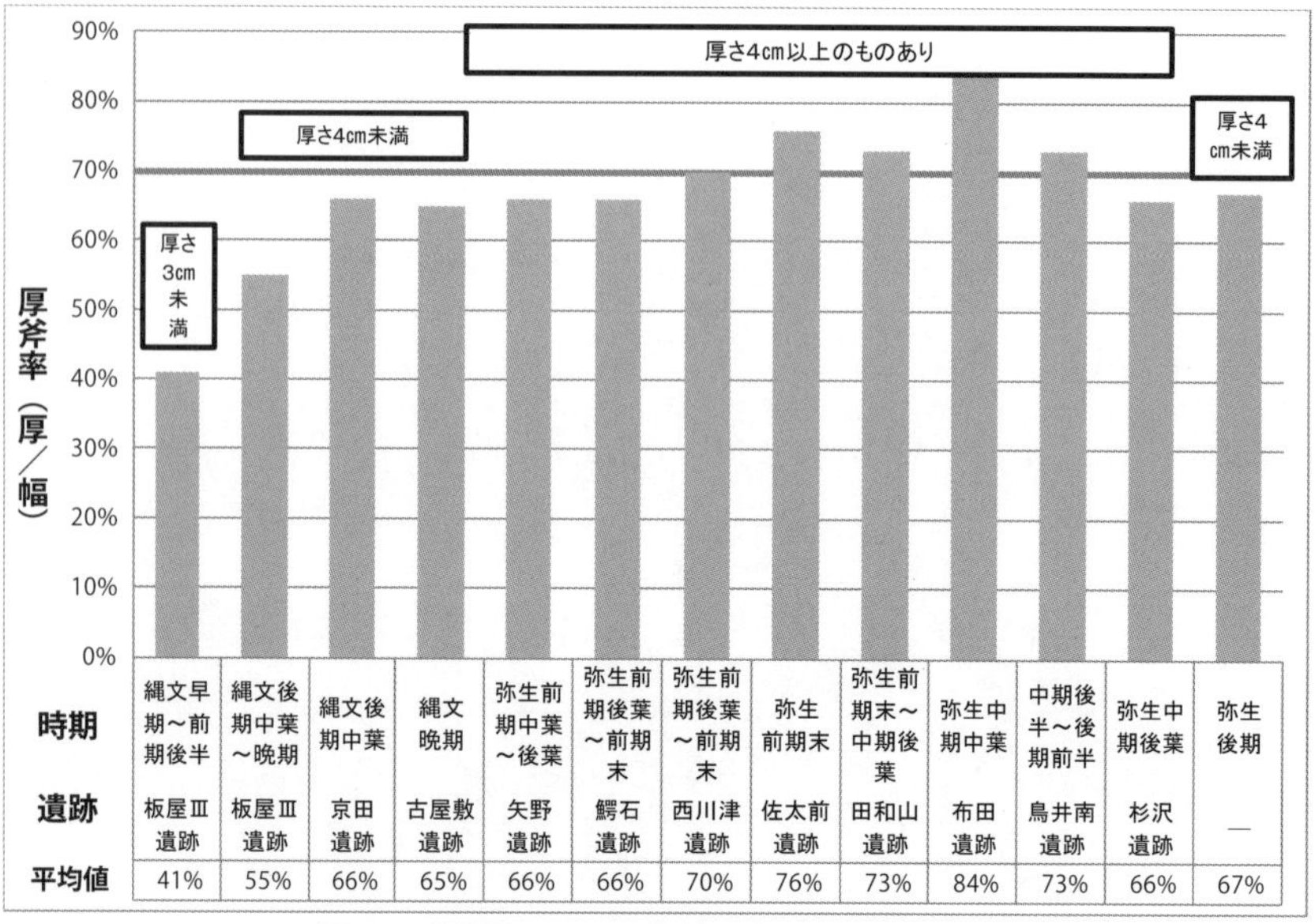

時期	縄文早期～前期後半	縄文後期中葉～晩期	縄文後期中葉	縄文晩期	弥生前期中葉～後葉	弥生前期後葉～前期末	弥生前期後葉～前期末	弥生前期末	弥生前期末～中期後葉	弥生中期中葉	中期後半～後期前半	弥生中期後葉	弥生後期
遺跡	板屋Ⅲ遺跡	板屋Ⅲ遺跡	京田遺跡	古屋敷遺跡	矢野遺跡	鰐石遺跡	西川津遺跡	佐太前遺跡	田和山遺跡	布田遺跡	鳥井南遺跡	杉沢遺跡	―
平均値	41%	55%	66%	65%	66%	66%	70%	76%	73%	84%	73%	66%	67%

図21　島根県における伐採石斧の厚斧率の変遷

図22　杉沢遺跡の鉄と石の道具（弥生時代中期後葉）

おわりに

原山遺跡は戦後の発掘調査によって、山陰地域で最古の弥生土器が出土する遺跡としてその名が知られていた。その評価は七十五年経った今も変わらない。そして、朝鮮半島系の磨製石剣や粘土帯土器は、朝鮮半島から直接もたらされたものではなく、対馬・九州北部を経由して出雲へ伝わったものであることを紹介した。つまり、出雲の縄文人に弥生文化を伝えたのは、混血が進んだ九州北部などの住人と考えることができる。

また、出雲平野では弥生時代前期末に伐採石斧の厚斧化が始まり、大陸系磨製石器も整備され農工具の性能が高まっていくことを紹介した。その結果、出雲平野の大規模開発が進み、弥生時代中期に遺跡・遺跡群数がピークを迎えたのである。

このような大規模開発が進んだ中で、弥生時代中期後葉から後期前半には、出雲ならではと言えるモノがある。荒神谷《こうじんだに》遺跡（出雲市）や加茂岩倉《かもいわくら》遺跡（雲南市）の多量の青銅器、高度な技術で作られた海上《かいじょう》遺跡（出雲市）の木製容器（図23）、出雲平野を中心に分布する出雲型広口壺（図24）などである。これらは、大規模開発が進み、遺跡群間で協力しあう社会ができあがったからこそ生み出されたものであろう（坂本二〇二一）。

続く弥生時代後期になると遺跡・遺跡群数は微増する程度である。これは、新たなムラの開拓がほぼ終わり、大形の四隅突出型墳丘墓の築造（西谷《にしだに》墳墓群）に力を注いだ結果と推測する。丘陵上での広範囲の森林の伐採、切土や盛土、貼石の運搬などこれまで経験したことがない開発である。この王墓の築造には、出雲平野の多くの遺跡群の住人が動員されたことであろう。

原山遺跡から始まった出雲平野の弥生時代は、常に森林の伐採や地面の掘削が行われていたと推測する。弥生時代は今に続く「開発が始まった時代」なのである。

【参考文献】

出雲弥生の博物館二〇一七『最古の弥生遺跡―原山遺跡は何を語るか―』ギャラリー展パンフレット
坂本豊治二〇一〇「出雲における稲作文化の伝播過程―矢野遺跡の弥生前期土器・石器・木器から―」『矢野遺跡』出雲市教育委員会
坂本豊治二〇二〇「原山遺跡から弥生時代のはじまりを

図23　海上遺跡の木製容器：脚付合子（弥生時代中期後葉）
写真：奈良県立橿原考古学研究所附属博物館撮影

図24　出雲平野の出雲型広口壺（弥生時代中期後葉）

考える」『大社の史話』第二〇二号　大社史話会

坂本豊治二〇二一「出雲型広口壺の生産技術の共有と伝達」田﨑博之・大久保徹也編『土器生産技術は、いかに共有化され、維持・伝達されていたか』　愛媛大学

下條信行監修・古代学協会編二〇一四『列島初期稲作の担い手は誰か』すいれん舎

杉原荘介一九四八「出雲原山遺跡調査概報」『考古学集刊』第一冊　東京考古学会

田中良之・小沢佳憲二〇〇一「渡来人をめぐる諸問題」『弥生時代における九州・韓半島の交流史』平成十二年度韓国国際交流財団助成事業共同研究プロジェクト研究報告書

平郡達哉二〇一九「出雲市原山遺跡採集の磨製石剣について」『出雲弥生の森博物館研究紀要』第七集

平郡達哉二〇二〇「弥生開始期の墓制」『新・日韓交渉の考古学―弥生時代―（最終報告書　論考編）』

村上勇・川原和人一九七九「出雲・原山遺跡の再検討―前期弥生土器を中心にして―」『島根県立博物館調査報告書』第二冊

三重の環濠をもつ田和山遺跡の謎

松本岩雄

田和山遺跡は、三重の環濠・土塁の外側に住居を配した、全国に例のない構造の集落遺跡。山頂には周辺集落の象徴的な施設があったと考えられるが、弥生後期には突然使用されなくなってしまう。その頃、出雲で大量に使用されていた青銅器が埋納され、一方では四隅突出墓が造営される。それらは連動した動きとみられ、そこに出雲弥生社会の大きな変質をみることができる。

まつもと・いわお
昭和二七（一九五二）年、島根県に生まれる。國學院大學文学部史学科卒業。島根考古学会会長。島根県立八雲立つ風土記の丘顧問。
【編著書・論文等】
『大社町史』上巻　一九九一年。「弥生青銅器の生産と流通」（『古代文化』五三巻四号　二〇〇一年）。『出雲大社　日本の神祭りの源流』（編著　柊風舎　二〇一三年）。『松江市史』通史編Ⅰ　自然環境・原始・古代（松江市　二〇一五年）。「考古資料から読み解く古代の出雲」『出雲と大和』（島根県・奈良県　二〇二〇年）など

はじめに

松江市の「田和山町《たわやまちょう》」といえば、近年スーパーや書店・グルメ好みの飲食店などがあり、市民にとっては馴染み深い地名ではなかろうか。この「田和山町」という地名は古くからあったものではなく、二〇〇三年七月一日に命名された地名。このあたりは元々、乃木福富町と浜乃木町が接するあたりの水田であったが、区画整理事業により商業地区とされ、「田和山町」と改名されたのである。

その商業地区の南側に「田和山史跡公園」という小高い独立丘陵がある。標高約四五mの小山で、松江城天守最上階の高さとほぼ同じである。山頂からは、東側に茶臼山（『出雲国風土記』の神名樋野《かんなびぬ》）や大山《だいせん》、北東方向には松江市街地を介して嵩山《だけさん》や島根半島の山並、北から

写真１　田和山史跡公園の北西側を望む

北西にかけては宍道湖・島根半島を望むことができ、眺望がとても素晴らしい所である。この丘陵は、乃白《のしら》町と乃木福富町と浜乃木町が接するところにあたるが、通称「田和山」と呼ばれていた。その山で、古墳が確認されていたことから「田和山古墳群」と呼ばれていたが、松江市立病院の移転候補地に選定され、一九九七年から松江市教育委員会によって発掘調査が行われた。調査の結果、全国的にみて学術的価値が高い遺跡であることが分かり、二〇〇一年に国指定史跡になった。土地区画整理事業地の南側に、この国史跡「田和山」を望むことができることから、「田和山町」と命名されたわけである。

田和山遺跡は、旧石器時代・縄文時代・弥生時代・古墳時代・奈良時代におよぶ複合遺跡であるが、なかでも弥生時代の三重環濠とその外側に分布する住居跡は、全国に例の無い構造の集落遺跡として注目されている。

文化庁によれば、

「弥生時代の環濠集落といえば、軍事的・防御的性格や拠点的性格をもった集落だと考えられてきた。（中略）しかし、田和山遺跡は環濠をもつ集落であっても、これまで発見された環濠集落とは違う性格であったとみられ、弥生時代の集落研究、とりわけ集落の構造や性格を知る上で学術的価値はきわめて高い」ということで、国指定史跡になっている。

そこで、弥生時代の特異な構造をもつとされる田和山遺跡について、①何が特異なのか、②出雲の弥生社会でどのような意味をもっていたのか、③東アジア世界のなかで、どのように位置づけられるのか、といった点について、考古資料をもとに考えてみたい。

一　弥生時代はどのような時代か

教科書にも載っている縄文時代と弥生時代は、どのように違うのか。これまでの歴史構図では、縄文時代は食料採集の段階であり、弥生時代は食料生産の段階とされていた。ところが近年、土器の表面に残された種子の圧痕をシリコン樹脂によって型取り、走査型電子顕微鏡で観察することによって、種子を同定する方法が登場した。その結果、縄文土器に認められた圧痕からダイズ・アズキ・エゴマなどが確認され、在来野生種から栽培種化されつつあったことが判明した。ただし、こうした縄文時代の農耕様式は、多角的な生業形態の一つであり、社会構造の変化を引き起こした証拠はみられない。

これに対して、灌漑《かんがい》水田稲作の持つシステムは、やがては階級を発生させ初期国家への道を歩ませることになる点において「まったく異質の世界を持っていた」といえる。したがって、灌漑水田稲作の導入をもって、弥生時代の開始とみている。

水田稲作の導入はいつごろかというと、様々な見解がある。一九七八年に福岡県板付遺跡で、縄文時代晩期後半とされていた土器を伴う水田がみつかり、それまでの常識をくつがえすことになった。そこで、縄文晩期後半としていた段階を「弥生早期」とする見解が提示された。しかし、縄文晩期後半すなわち弥生早期の段階で、灌漑水田稲作が認められる北部九州、弥生時代前期とされていた遠賀川式土器が分布しない関東など、列島全体を画一的に時代区分を行うことは困難な状況である。したがって、北部九州で水田稲作が始まっても列島各地の文化を一律に弥生文化とは呼ばないこととし、地域差を重視する立場をとりたい。今のところ、山陰地域では縄文晩期後半すなわち弥生早期の段階では、灌漑水田施設

表１　時代区分と年代

暦年代		時期区分		松江市域の遺跡	できごと	中国王朝
紀元前		縄文晩期			・BC494　越の滅亡	春秋
	400	弥生前期				403
			前葉	・西川津遺跡 ・古浦砂丘遺跡		戦国
	300		中葉	・北講武氏元遺跡 ・堀部第１遺跡	・BC312～279　燕の東方進出	
			後葉			
			末葉	・佐太前遺跡 ・寺床遺跡 ・布田遺跡	・BC221秦の始皇帝が中国を統一	221 秦
	200	弥生中期	前葉	・磯近遺跡	・BC202　漢高祖劉邦、帝位につく	202 前
	100		中葉	・田和山遺跡 ・友田遺跡 ・三成墳墓群	・BC108　前漢武帝、朝鮮半島に楽浪・真番・臨屯・玄菟の四郡設置	漢
			後葉	・志谷奥遺跡		
紀元後	1				・AD8　新がおこり、前漢滅ぶ	8 新 25
		弥生後期	前葉	・田中谷遺跡	・AD57　倭の奴国王、後漢に朝貢し、印綬を受ける	
	100		中葉	・清水谷２号墓 ・野津原Ⅱ遺跡 ・的場遺跡	・AD107　倭国王師升、後漢に生口160人を献ずる	後漢
			後葉	・平所遺跡 ・上野Ⅱ遺跡	・この頃、倭国乱	
	200		末葉	・南講武草田遺跡 ・間内越墳墓群	・AD239　女王卑弥呼、帯方郡に使いを遣わし、魏明帝に朝献を求める	220 三国
		古墳前期				

を伴う水田が未確認であることから、従来の弥生前期の段階をこの地域の弥生時代の始まりとしておく。

その実年代については近年、ＡＭＳによる炭素14年代測定によると、従来の年代観より数百年遡るとされている。ただし、現在様々な議論が行われている最中であり、今後の研究により明確になるものと期待されるが、ここでは、従来の考古学的な年代観に基づいて、弥生前期を紀元前四～五世紀として話を進める。

弥生時代は、水田稲作をはじめ青銅器や鉄器といった金属器の文化や、コメ作りに関わる新たな祭りの形態など、様々な人・物・情報が海を越えて到来した時代といえる。そしてなによりも生産形態の大きな変化に伴い、列島で戦争が繰り広げられることになったことは、その後の列島の歴史に多大な影響をもたらすことになった。

戦いの「考古学的証拠」として、佐原真氏は次の六つをあげている。

一、武器（人をあやめるための専用の道具と、身を守る防具）

二、守りの施設（堀・土塁・壁や見張り台・のろし台など）

三、武器によって殺されたり、傷つけられた人の遺骸

四、武器をそなえた墓

五、武器崇拝（武器を飾り立てたり拝む対象とする）

六、戦いをあらわした芸術作品

戦争とは、個人の攻撃行為とは別次元の「社会的な集団が一つの意思と目的をもって行う」もの。日本列島では縄文時代には明確な集団間の戦いはまず確認できないが、弥生時代に水田稲作が始まると、農耕に伴う水利権や土地争いなど、さまざまな問題が発生し、戦争の痕跡（防御機能を持つ環濠集落など）が一気に増加する。人をあやめる道具である剣・矛・戈などの武器も弥生時代から出現する。

それでは、弥生時代の終わりはどのように考えるかであるが、古墳の出現を基準にしている。前方後円墳に代表される定型的な墳丘をもち、埋葬施設として竪穴式石槨に割竹形木棺を納め、三角縁神獣鏡や鉄製品をはじめとする副葬品をもつ墳墓の出現を古墳時代の始まりとし、弥生時代の終焉とする。

筆者は、山陰の弥生時代を土器型式により、前期・中期・後期に大別し、さらに前葉・中葉・後葉・末葉と細分しているので、その時期区分によって話を進める。

二　田和山遺跡の構成

田和山遺跡は、松江市の中心部から南へ約三キロの郊外、松江市立病院の隣接丘陵にある。元々、乃白町・乃木福富町・浜乃木町にまたがる地であったが、二〇〇六年三月に乃白町三二一―三（地目：公園）に変更された。面積は約一・六haである。南から北西方向に流れて宍道湖に注ぐ忌部川下流域に乃木平野が開けており、遺跡は平野の東側にある独立丘陵の北半部に所在している。

弥生時代遺構の空間構造は、①山頂部の柱穴群と建物（山頂部エリア）、②丘陵斜面の環濠・土塁（斜面エリア）、③環濠外側の集落群（環濠外側エリア）に分かれている（図2）。時期は大きく弥生前期末葉～中期前葉（田和山Ⅰ期）と弥生中期中葉～中期後葉（田和山Ⅱ期）に分けることができ、弥生後期の遺構・遺物がないことが特徴である。

山頂部エリアの遺構　山頂部は狭隘《きょうあい》で東西一〇～一四m、南北約三〇mの細長い平坦部になっている。田和山Ⅰ期の遺構として、五本柱遺構と三日月状加工段が確認されている。加工段の西側で焼土が検出され、前期末葉～中期前葉の土器や石器が出土している。

田和山Ⅱ期の遺構として、九本柱遺構と柵になると考えられる柱穴群が検出されている。九本柱遺構は、二間（四・三m）×二間（三・二m）で中央に柱穴を有することから掘立柱建物跡の可能性もある。

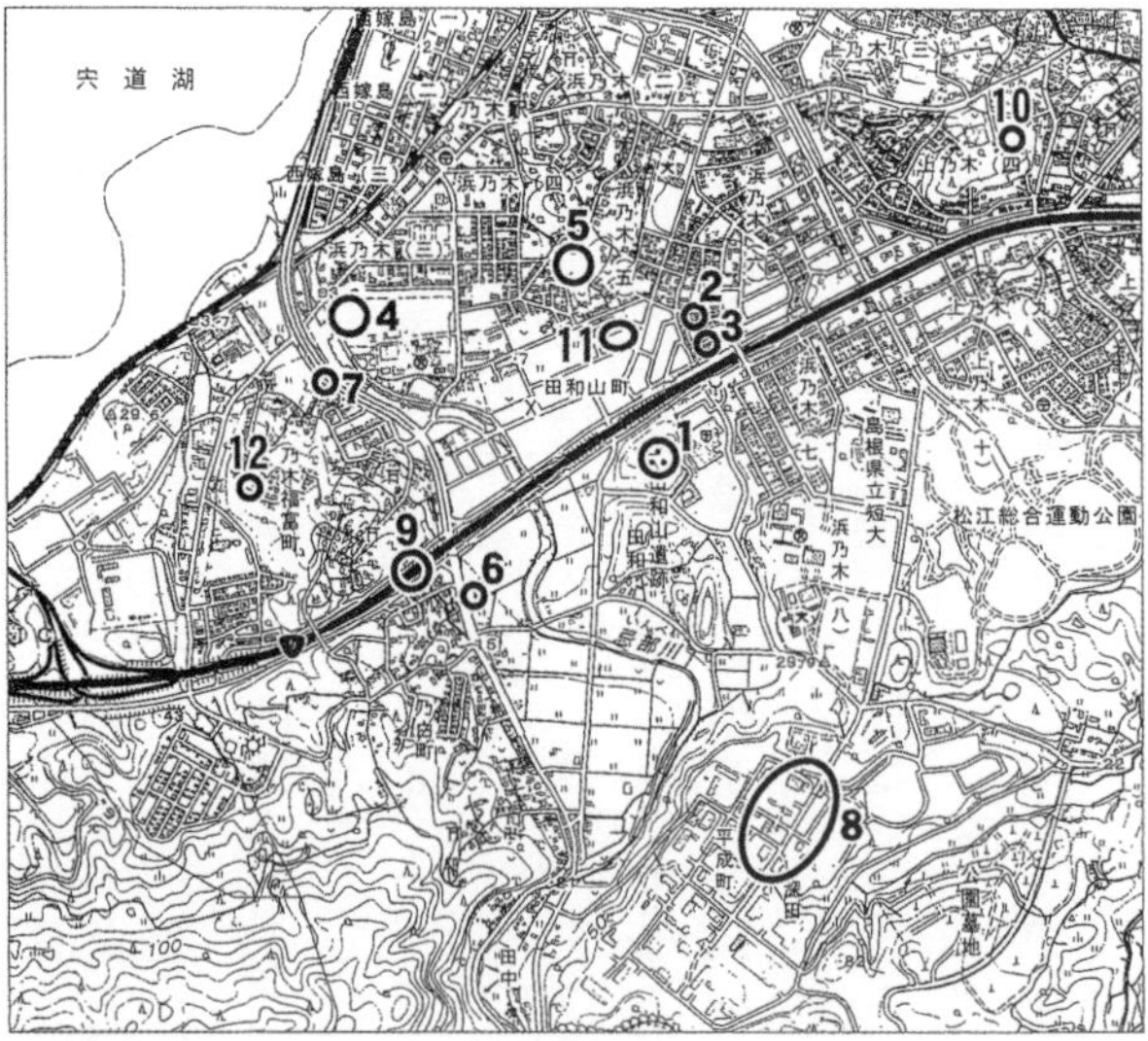

遺跡の位置図（1：25000）
1．田和山遺跡　2．友田遺跡　3．南友田遺跡
4．欠田遺跡　5．神後田遺跡　6．雲垣遺跡　7．門田遺跡　8．袋尻遺跡
9．福富Ⅰ遺跡　10．乃木西廻遺跡　11．二ツ縄手遺跡　12．廻田遺跡

図１　田和山遺跡と周辺遺跡の位置

山頂部では前期末～中期後葉の土器、土玉、打製石斧、蛤刃石斧、石包丁、黒曜石原石、川原石（つぶて石）が出土している。また、山頂部から第一環濠にかけての斜面で磨製石剣、大型石包丁、蛤刃石斧、槌石が出土している。

丘陵斜面エリアの遺構　田和山遺跡の大きな特徴は、丘陵斜面に鉢巻き状に巡らされた三重の環濠。三重の環濠は、山頂に近い方から第一環濠・第二環濠・第三環濠と呼ばれているが、当初から三重に巡らされていたわけではなく、三段階に変化させながら造られていた。

最古段階の環濠は、山頂を巡る斜面のうち谷状を呈する東部・南西部・北西部の三ヶ所のみで検出されてお

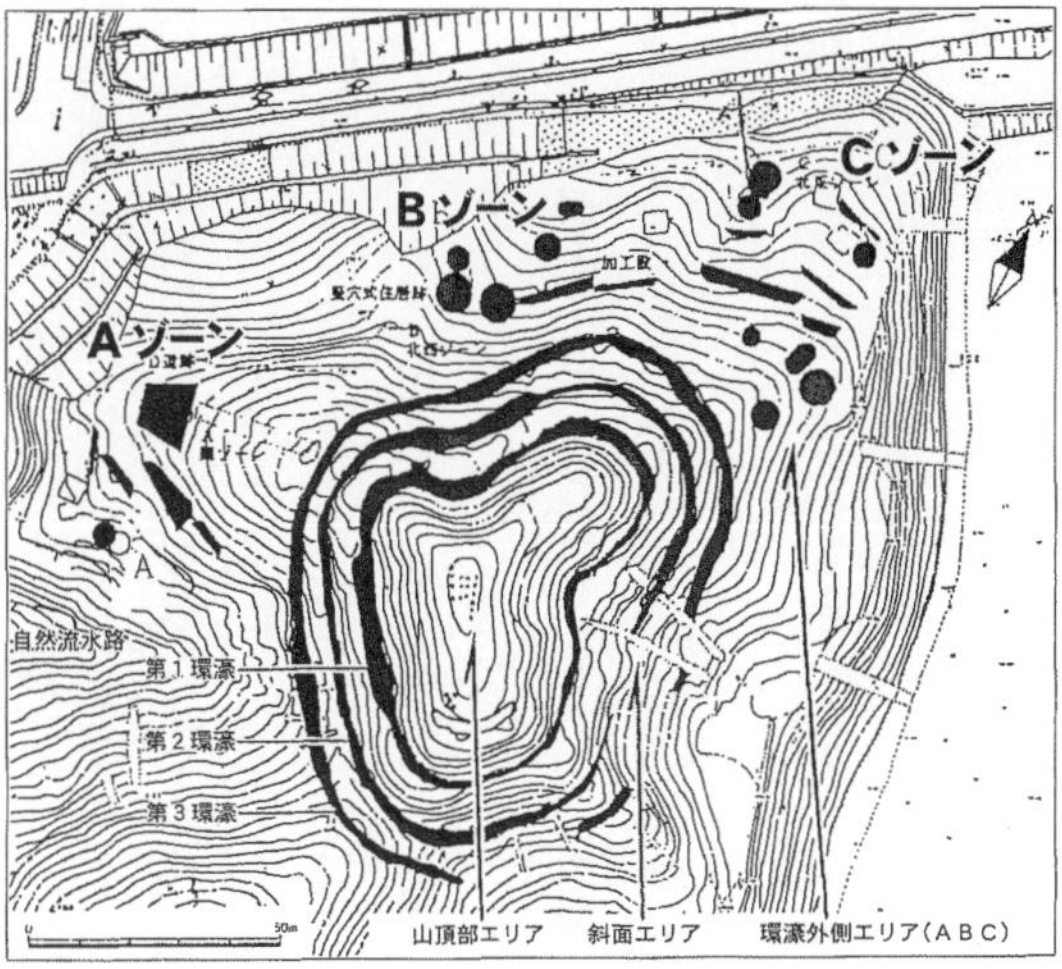

図２　田和山遺跡の空間構造

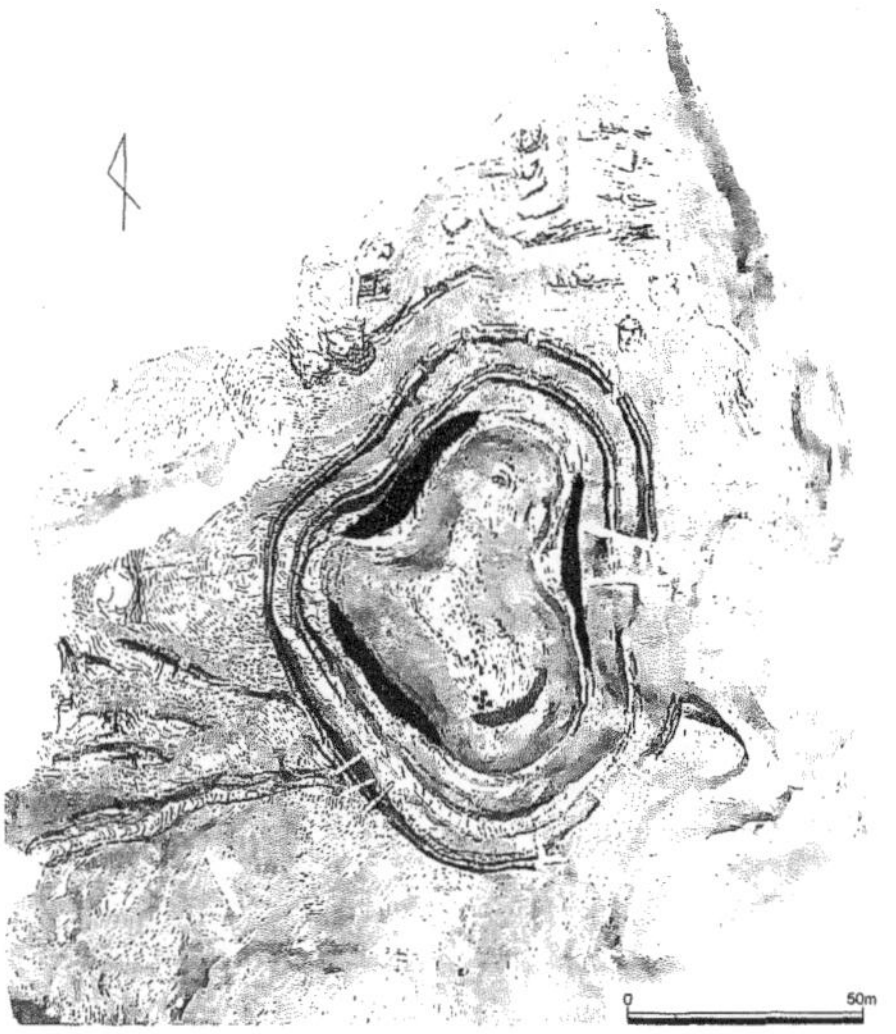

谷地形の東部・南西部・北西部のみに濠を施す。
山頂は、南～南東側に「５本柱遺構」と「三日月状加工段」がある。

図３　田和山Ⅰ期（前期末葉～中期前葉）の遺構

り、一-a環濠と呼ばれている。次の段階の環濠は、ほぼ同じ場所でわずかに山頂寄りに造り直されたもので、一-b環濠とされており、この段階までが田和山Ⅰ期にあたる。濠の外側には盛土（土塁）が認められた。

最終段階の環濠は、田和山Ⅱ期のもので、それまでの環濠とは形態を大きく変貌させ、斜面を一周させるもので、一-c環濠とされている。この段階でさらに斜面の下方に二本の環濠が巡らされることから、山頂部側から第一環濠（一-c環濠）、第二環濠、第三環濠と呼ばれている。

第一環濠の総延長は約二〇九mになり、断面は逆台形を呈し、外側に土塁が設けられている。濠内から、土器（壺・甕・高坏・台形土器）、土玉、石包丁、蛤刃石斧、扁平片刃石斧、砥石、槌石、銅剣形磨製石剣、鉄剣形磨製石剣、環状石斧、板石硯、石鏃（黒曜石製、サヌカイト製）、つぶて石（二〇〇〇個以上）が出土している。

第二環濠は、総延長約二四〇mで、谷部の外側に土塁状の盛土がある。遺物は、土器、土玉、環状石斧、石鏃、石包丁、蛤刃石斧、砥石、つぶて石（約六〇〇個）などが出土している。ほかに、注目すべき遺物として第一環濠と第二環濠の中間斜面で鉄斧が出土している。

第三環濠は、総延長二四三m（地滑り部は含まない）で、断面V字状に掘削されている。谷部の外側には盛土（土塁）が施されていた。遺物は、土器、土玉、石鏃、石包丁、蛤刃石斧、柱状片刃石斧、敲石、砥石、つぶて

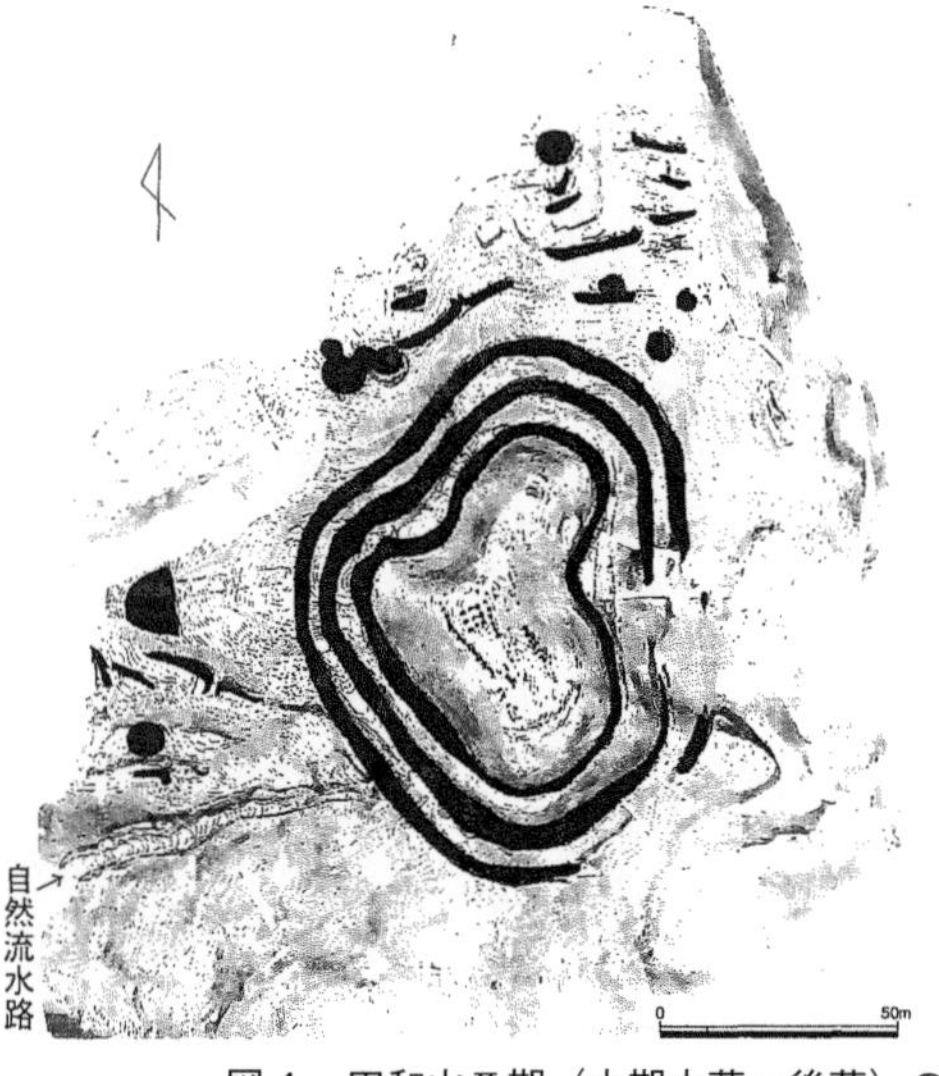

山頂周囲の斜面が三重の環濠と土塁で囲まれている。
山頂に「9本柱遺構」と柵列、環濠の外側に竪穴建物と掘立柱建物が配置されている。

図4　田和山Ⅱ期（中期中葉〜後葉）の遺構

石（一〇〇個以上）などが出土している。

環濠外側エリアの遺構　環濠の外側で検出された遺構は、竪穴建物跡九棟、掘立柱建物跡一六棟のほか、平坦加工面一か所、小ピット群二か所である。これらの遺構は、頂上部から見て西側（Ａゾーン）・北西側（Ｂゾーン）・北東側（Ｃゾーン）の三つの地域に分布している。環濠の外側の遺構は、すべて田和山Ⅱ期（中期中葉〜中期後葉）に属するものであった。

写真２　復元された２号掘立柱建物

西（Ａ）ゾーンでは竪穴建物跡一棟、掘立柱建物跡五棟が確認されている。竪穴建物跡は、八×六・六ｍの楕円形のもので、田和山遺跡で最も大きな規模である。二号掘立柱建物跡は、長さ一五ｍ、幅五ｍ以上の造成地に建てられた梁間《はりま》二間（三・五五ｍ）×桁行《けたゆき》六間（九・八五ｍ）の大型建物である（写真２）。

北西（Ｂ）ゾーンでは、竪穴建物跡四棟、掘立柱建物跡三棟が確認されている。径五ｍの三号竪穴建物跡では、打製石斧、石包丁、石鏃のほか、黒曜石を割った接合資料が出土しており、石器製作が行われていた。

写真３　復元された土屋根の９号竪穴建物

北東（Ｃ）ゾーンでは、竪穴建物跡四棟、掘立柱建物跡八棟が確認されている。九号竪穴建物跡は、焼失した状況を示していた。垂木《たるき》とみられる炭化物、茅のような植物繊維質、焼土が遺されており、土屋根であったことが判明した（写真３）。

三　田和山周辺の弥生遺跡

田和山遺跡は、単独で成立していたわけではなく、周辺から良く見える独立丘陵に立地していること、三重の環濠と土塁を築くという大土木事業を実施していることから、周辺の集落と密接に関わって存在していたと考えられる。周辺には、欠田《かけた》遺跡・門田遺跡・福富Ⅰ遺跡・雲垣《くもがき》遺跡・袋尻《ふくろじり》遺跡・神後田《じごで》遺跡など一〇遺跡あまりの弥生集落が存在している。また、田和山遺跡の北北東約三〇〇mにある友田遺跡では、二四基の集団墓（前期末葉）と六基の方形貼石墓（中期中葉～後葉）が調査されている（図５）。

　周辺の遺跡がどのように変遷しているかといえば、田和山Ⅰ期段階の集落としては、欠田遺跡・神後田遺跡・南友田遺跡・雲垣遺跡・袋尻遺跡が存在し、墳墓遺跡としては友田遺跡がある。おそらく、欠田・神後田・南友田あたりに暮らしていた集団が中心となって、田和山の濠と土塁を築き、集落から仰ぎ見ることのできる山頂において何らかの行為を行っていたものと思われる。これらの集落の人々の墓が、友田に造られたと考えられる。友田遺跡の集団墓（土壙墓《どこうぼ》）の中には石鏃が出土した土壙墓が六基あり、うち二二号墓は三四点もの石鏃が方向をまちまちにした状態で出土しており、戦士を埋葬した墓とされている。忌部川下流域においては、これまで弥生前期前葉・中葉・後葉の遺物・遺構は未確認であるが、前期末葉になると遺跡が急増するとともに、田和山の山頂に掘立柱の施設、斜面に濠と土塁が築かれる。

　田和山Ⅱ期段階になると、周辺の集落として、欠田遺跡・袋尻遺跡・雲垣遺跡・門田遺跡などがあり、墳墓として友田遺跡が存在する。この段階で田和山の山麓に初めて集落が形成され、これまでの景観とは大きく変わる。とりわけ、山頂の最高所には「九本柱遺構」

表２　田和山周辺遺跡の変遷

	弥生前期				弥生中期			弥生後期				古墳時代
	前葉	中葉	後葉	末葉	前葉	中葉	後葉	前葉	中葉	後葉	末葉	
田和山				●	◎	●	●					◎
友田				●	○	◎	●	◎	○			
南友田				◎								
欠田				●	○	○	◎	○	○	○	○	●
神後田				●	○			○	●			
雲垣				○	○	○	●					
門田					○	◎	●	○	○			
袋尻				○			◎		◎	○	◎	○
福富Ⅰ							○	○	●	○		
乃木西廻								◎	●			◎

遺物の量　多い ●…◎…○ 少ない

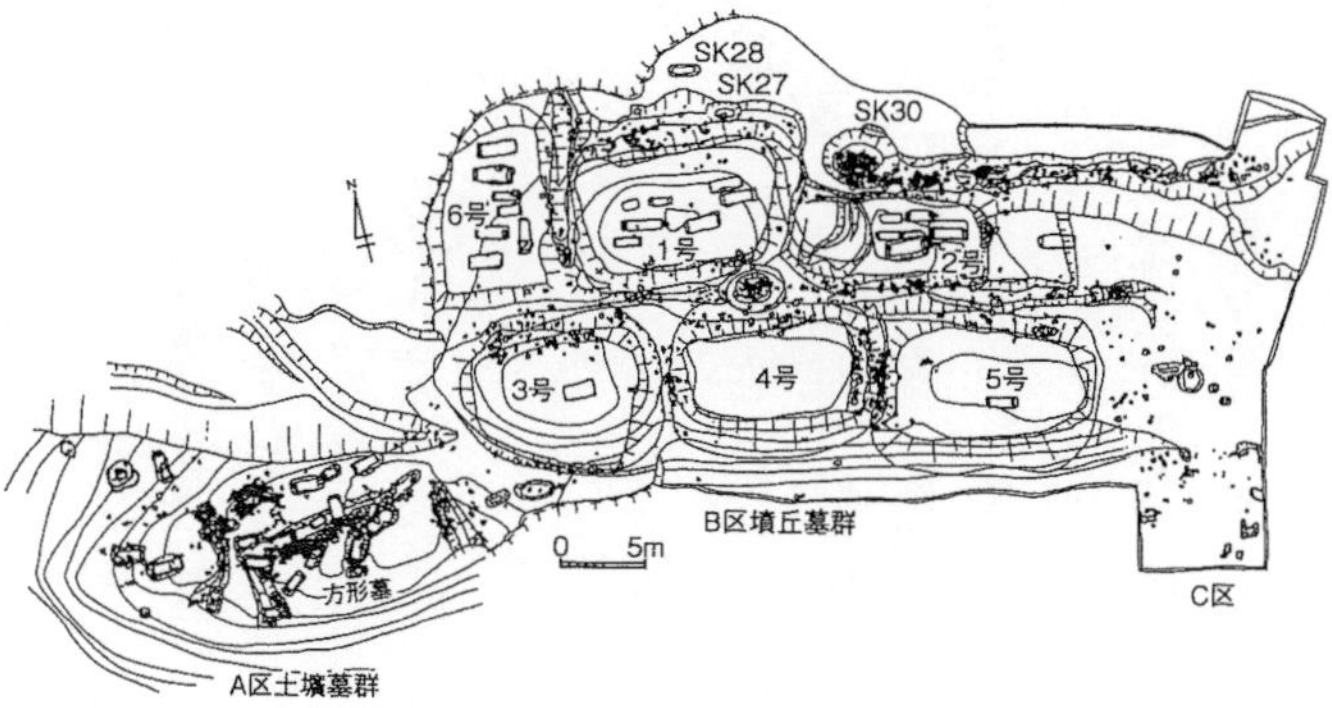

図5　友田遺跡全体図

が設けられ、周囲に柵列が巡らされ、丘陵斜面には三重の環濠・土塁が築かれることにより、荘厳な景観へと整えられ、田和山の発展期となる。そして、各集団の墓域として友田が継続して選定されるが、墳丘を持つ方形貼石墓の築造へと変貌する。

四　三重の環濠は何を守っていたのか

環濠集落とは集落の周囲に濠（壕）を巡らした集落形態で、日本列島の歴史においては弥生時代と中世にみられる特異な形態とされている。弥生時代の環濠集落は全国で五〇〇例以上知られ、九州から関東にいたるまで広い地域におよんでいる。環濠の内側に竪穴建物（住居）、貯蔵穴や高床倉庫が配されることが一般的で、さらに大型建物、金属工房などを含む場合もある。そうしたことから、環濠集落は多数の人口をかかえた集団の住居域、物資の集散地、宗教センターなど、社会を構成する様々な性格を網羅的に有する地域社会の中核と理解されてきた。

ところが、このような解釈では理解できない特異な環濠遺跡、それが田和山だった。

環濠集落における濠については

①害獣の侵入を防ぐ（人と自然との分離）
②敵対する集団あるいは階級の異なる人の侵入を防ぐ（人と人との区分）
③内なる世界と外なる世界を区画する（精神的な区

分）

④土地の境界を区画する

⑤水・廃棄物を処理する

など様々な用途を想定できる。

田和山遺跡では、三重の濠で囲まれた狭い丘陵頂部に存在したのは「五本柱」と「九本柱」の建物跡もしくは柱列、そして柵状の柱列だけだった。さらに人々が居住する集落は、いずれも濠の外側に配置されており、これが他に類例のない最大の特色であった。

山陰で環濠を持つ遺跡は、二〇例以上確認されており、濱田竜彦氏によれば大まかに三つのタイプに分けられている。一つは、住居施設・建物を取り囲む環濠で、後中尾《うしろなかお》（倉吉市）・尾高浅山《おだかあざやま》（米子市）・古八幡《ふるはちまん》付近《ふきん》（江津市）・下古志《しもこし》（出雲市）遺跡などで、一般的な環濠集落である。二つ目のタイプは、貯蔵施設のみを囲む環濠で、清水谷遺跡（南部町）・経塚鼻《きょうづかはな》遺跡（安来市）で確認されており、いずれも前期末葉～中期前葉のもの。三つ目は、日常的な住居空間ではない空閑地を囲む環濠で、田和山遺跡の調査で明らかになったものである。その後の検討により、妻木晩田《むきばんだ》（米子市）・天王原《てんのうばら》（南部町）・要害《ようがい》（雲南市）遺跡も類似の遺跡と想定されるようになった。古くから知られていた兵庫県北部（朝来市）にある大盛山遺跡も同類とみられる。このタイプのものは、今のところ山陰以外ではあまり見られない特異な形態の環濠遺跡といえる。

それでは、田和山における環濠で区画された意図は、何であろうか。

出土遺物をみると、土器・石器などは通常の集落から出土する組成とほぼ同じであるが、土玉・磨製石剣・環状石斧・打製石鏃が多いことや「つぶて石」とみられる礫が多量にあることが特徴といえる。刃を研ぎ出していない石剣や土玉などは祭祀・儀礼的な性格、環状石斧・打製石鏃・つぶて石などは戦闘的性格を示し、濠と土塁や柵は防御的性格を示していると考えられる。

頂上部の建物あるいは柱列は、三重の環濠・土塁という膨大な労働力を費やしてまでも厳重に守護すべき特別な性格を備えていたと考えられる。つまり、軍事施設とか資産を納める倉庫といった個別の機能を持つ建物（柱列）というより、あらゆるものから集落を守護し、安寧へと導く象徴的・宗教的施設ではなかったかと推測される。

打製石鏃
黒曜石製・サヌカイト製のものがあり、190点以上出土した。

つぶて石
3000個以上出土。約60％は田和山にある玄武岩。約20％の安山岩と約10％の花崗岩は１～５㎞上流の忌部川西岸に分布。

銅剣形石剣・鉄剣形石剣・
大型石包丁・環状石斧・石戈

土製の丸玉
径２㎝前後の球形で、紐通しの孔が貫通する。紐を通して連ね、祭祀の道具として用いたとされる。

分銅形土製品

弥生時代前期の壷（左）と甕（右）

弥生時代中期の高坏・甕・壷・台形土器

写真４　田和山遺跡の出土品

五　「まつり」がムラを結ぶ

田和山遺跡は精神的に重視された宗教的施設と推測されたわけであるが、弥生時代にはどのような「まつり」が行われていたのであろうか。

弥生時代に水田稲作農耕が始まったといっても、ただちに生活が安定したわけではない。春に種をまき、秋に収穫するまでには、風水害や日照り、病害虫など、絶えず自然の脅威にさらされていたに違いない。また、農耕に伴う水利権や土地争いなど、様々な問題が発生した際にも、集団を守るための祈りが行われたと考えられる。そうした人々の心の内や、具体的な祭祀の対象・祭祀の仕方を知ることは容易ではない。

「まつり」に使用されたとみられる考古資料として、青銅器（銅鐸・銅矛・銅剣・銅戈など）、土製品（土笛・分銅形土製品・銅鐸形土製品など）、木製品（鳥形木製品など）のほか、卜骨、ヒョウタンなどが知られている。弥生時代の特色の一つに金属器の使用があるが、中でも祭器として使用されたとみられる青銅器を巡る諸問題は、弥生社会を考えるうえで大きなウェイトを占めており、古くから研究されてきた。一九三九年に出版された『日本古代文化』（和辻哲郎）の中で、青銅器分布を基に北部九州を中心とした銅剣・銅矛文化圏と近畿を中心とした銅鐸文化圏が対峙する構図が示された。この対立は戦後も長く教科書で取り上げられたことから、広く知られることとなり、そこでは出雲地域は、銅鐸分布の中心地からみても、銅剣・銅矛分布の中心地からみても一番遠い地域、いわば辺境の地ということになっていた。

ところが、一九八四～八五年に出雲市斐川町荒神谷遺跡で、銅剣三五八本・銅矛一六本・銅鐸六個が出土、さ

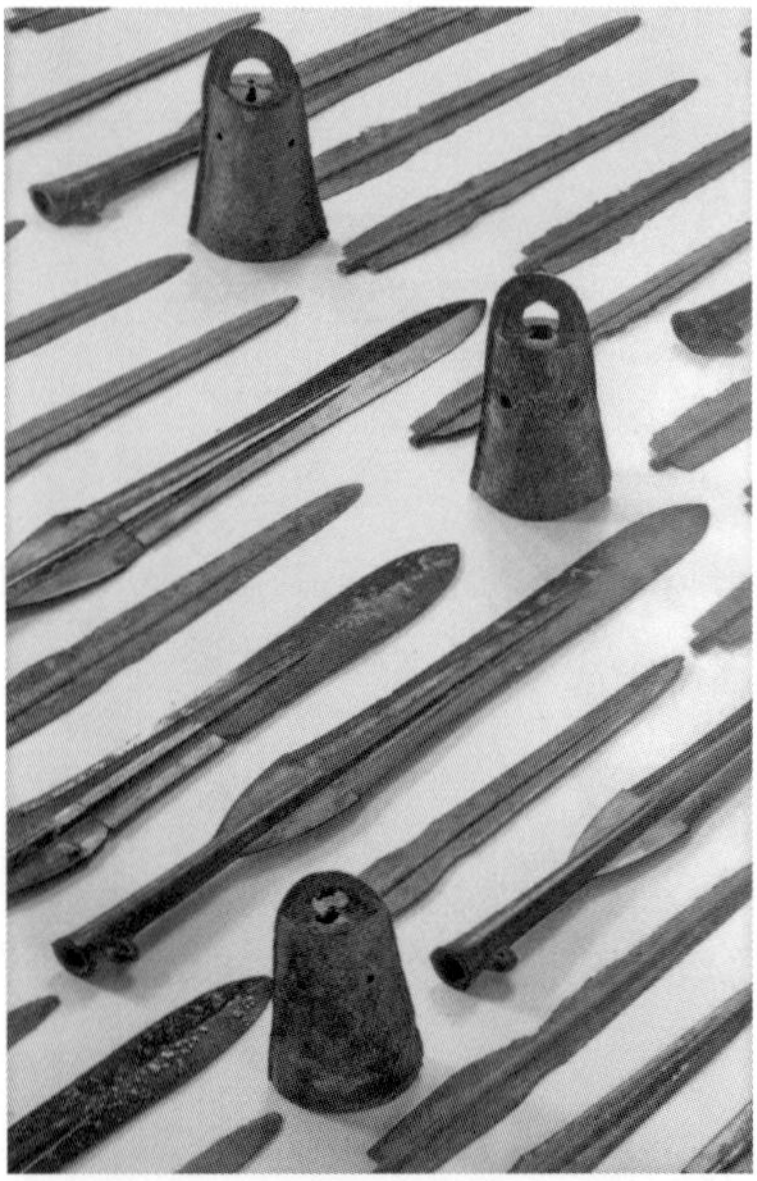

写真５　荒神谷遺跡の銅剣・銅矛・銅鐸
国（文化庁保管）写真提供は島根県教育委員会

らに一九九六年は雲南市加茂岩倉遺跡から史上最多の銅鐸三九個が出土し、日本列島の青銅器分布は大きく塗り替えられた。

出雲にある大量の青銅器は、弥生後期に製作されたものをほとんど含まないことから、弥生中期末から後期前葉頃にはすべて埋納されたと考えられる。その頃出雲では、四隅突出墓という大きな墳墓が築造されるようになる。青銅器が埋納される時期と前後して大規模な墳墓が造られるということは、その頃大きな社会的変化があったことを想起させる。

当時、きわめて貴重であった青銅器が、なぜ土中に埋められてしまうのか。一般的には、銅鐸などの青銅器は、農耕祭祀に使用された共同体共有の祭器であるという説が、有力である。しかし、生業に関わる豊穣を祈願するような共同体にとって重要な祭器であれば、社会が大きく変わっても簡単になくならないのではなかろうか。政治的な規制によって、青銅器使用を禁止したとしても、密かに使用する集団が存在し、古墳時代以降にも青銅器使用の痕跡を留めていてもよさそうであるが、それがない。

弥生青銅器を用いた祭祀は多様であり、時代と共に変質したと考えられる。埋納される頃の主目的は、農耕祭祀のウェイトは低くなり、ムラに災いをもたらす悪霊や外敵などを退散させるための祭器、あるいは集団をまとめて団結力を強めるとか、共同体の存亡を決する際に「まつり」を行う主要な祭器になっていたと推測される。そして、青銅器の管理・所有も限られた階層の人が掌握する状況になっていたと思われる。

田和山遺跡は、弥生前期末葉から中期後葉まで、ちょうど出雲で青銅器が使用されていた頃に存在した環濠をもつ遺跡である。地域一帯のランドマーク的な存在で、人々から聖地として意識され、山頂の施設は集落統合の象徴的な存在であったとみられる。田和山遺跡から青銅器は出土していないが、磨製石剣が出土している（図

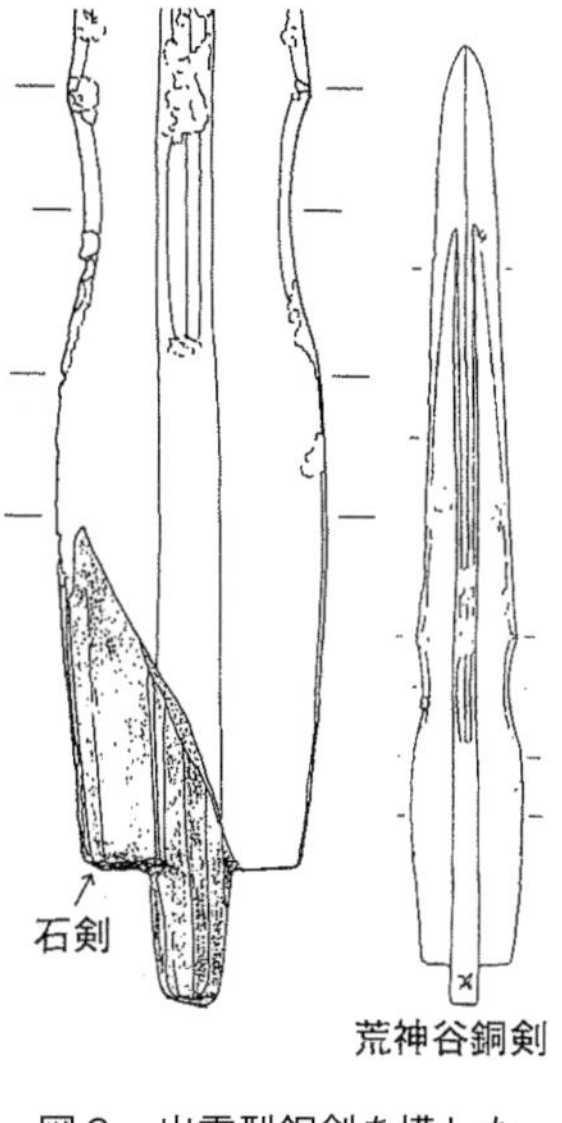

図６　出雲型銅剣を模した
田和山出土の磨製石剣

6）。銅剣を模倣したもので、「出雲型銅剣」ともいわれる中細形銅剣c類がモデルになっているもの。島根半島産とみられる黒色頁岩《けつがん》製で、地元生産のものとみられることから、田和山やその周辺集落に暮らす人々は、青銅器を見ていたに違いない。出雲地域最大級の拠点集落とされる西川津遺跡（松江市）では銅剣形磨製石剣・銅鐸形土製品と銅鐸が二個出土しており、両者は重層的に使用されていた。したがって、田和山遺跡において青銅器が使用されていた蓋然性が高い

田和山の山頂で、銅鐸の音色の中、黄金色に輝く銅剣を用いた祭祀が行われていたことが想像される。憶測を重ねれば、田和山の聖地で長らく青銅器を用いた祭祀が行われていたが、出雲の弥生中期後半から後期前葉の頃、集団の存亡を左右する大きな危機が訪れた。そこで首長自らが管理保有する貴重な祭器（青銅器）を大地の神に捧げてまでも集団を守ろうとする決意を示すとともに、祭器を埋納することによって、司祭者（首長）自身の力・求心力を高めたのではなかろうか。

六　東アジアと古代出雲

田和山遺跡出土品のなかで、特に注目される遺物として板石硯《いたいしすずり》とされるものがある。第Ⅰ環濠の弥生中期の層から、これまで見たことのない石製の板状品が二点出土した（写真6）。石の質や加工の仕方から、楽浪の硯に近いと推測されるものであった。中国漢代の硯は、墨丸《ぼくがん》と呼ばれる粒状の墨を石製の板の上に乗せ、取手を付けた方形の「研石《けんせき》」ですり潰していた。田和山出土の板石硯は、国内唯一の例で、どのように出雲地域にもたらされ、どのように使用されたのか、長い間宙に浮いた存在であった。

ところが、二〇一六年に福岡県糸島市の三雲遺跡番上地区で硯の破片が二点出土した。そこは「魏志倭人伝《ぎしわじんでん》」に登場する「伊都国《いとこく》」にあたる地で、楽浪《らくろう》土器も集中して出土していることから、渡来人の滞在も想定されている所。楽浪――北部九州――出雲のルートが資料を通してつながった。

三雲遺跡での発見を機に、それまで「砥石」とされていた遺物の再検討が行われた結果、「板石硯」と「石研」

写真6　田和山から出土した
「板石硯」とされる石製品

の可能性があるものとして全国で約二〇〇個体が抽出された。田和山遺跡出品も再調査され、合計一〇点が「板石硯」「研石」とされた。

　弥生時代中期以降は、中国楽浪郡や朝鮮半島などとの長距離交易が行われていたとみられる考古資料が、山陰でも多く見つかっている。例えば、三稜鏃《さんりょうぞく》・鋳造鉄斧・朝鮮半島産の鉄素材のほか無文土器・楽浪土器・三韓土器などである。『漢書』によれば、紀元前一世紀頃には、列島（倭）に住む人と中国との交渉が始まっていた時代である。板石硯は外交や交易にかかわる記録が行われる際に用いられた可能性も考慮される。

　交易品には様々なものがあるが、代表的なものとして鉄製品がある。弥生時代は日本列島では鉄生産が行われていないので、中国や朝鮮半島から鉄製品や鉄素材を入手していた。実際、鳥取県青谷上寺地《あおやかみじち》遺跡では前期末から鉄器が出土している。中期には島根県でも様々な遺跡から鉄器が出土するようになるが、中国の製品そのものが入ってくる段階である。後期になると朝鮮半島の鉄素材をもとにこの地でも鉄製品を作るようになり、この地域独自の形態の鉄器も出現する。

　弥生時代は日本列島の住民が自らの意志によって、東

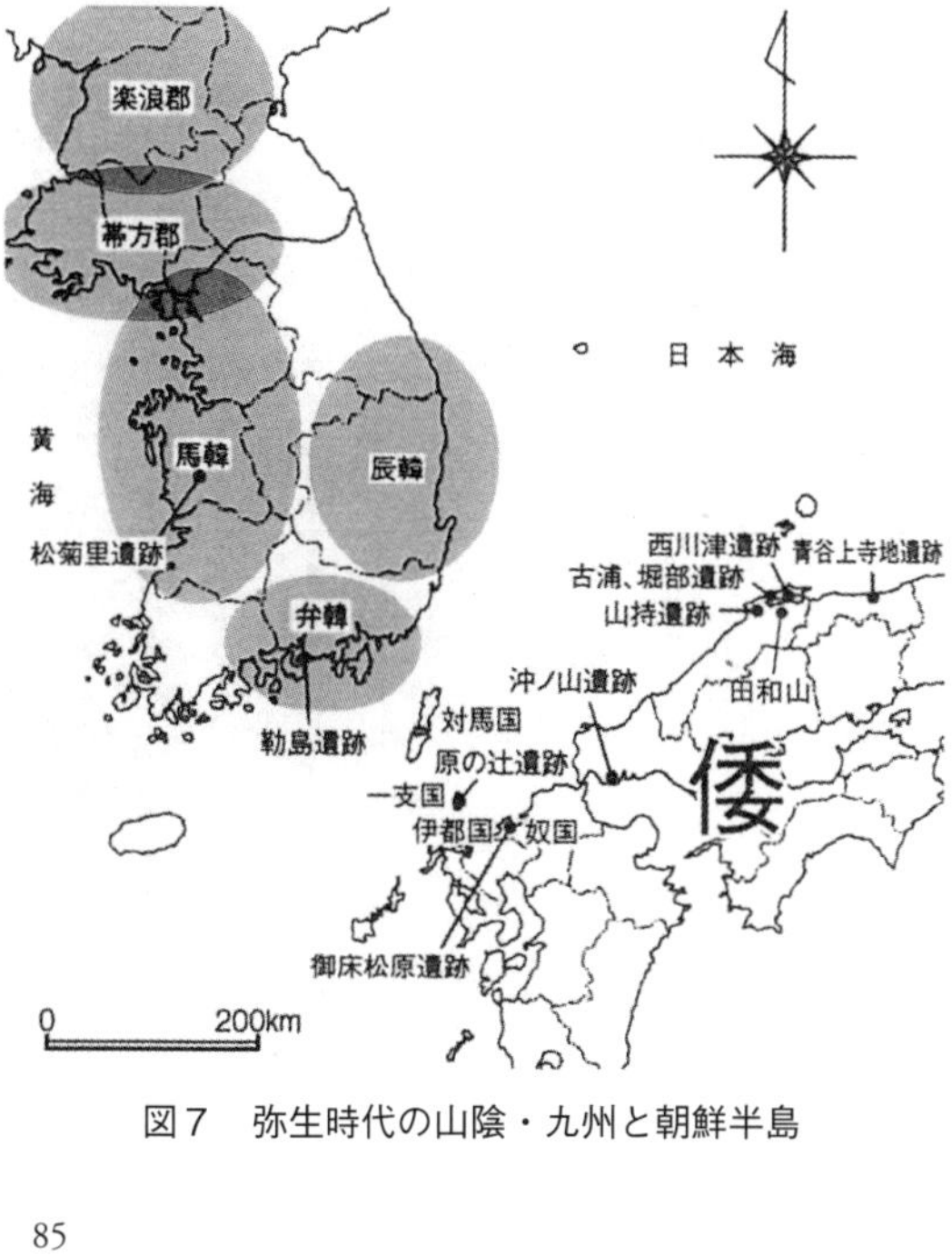

図7　弥生時代の山陰・九州と朝鮮半島

アジアの人々と交渉を持つようになった時代である。そのことを証明する資料が、この田和山遺跡からも出土しているということである。

七　弥生時代墓制の展開と田和山遺跡

社会の変化を知るうえで、重要な手掛かりとなる墓制の変遷を概観しておくことにする。

写真７　四隅突出墓（西谷２号墓）

出雲の弥生墓制は、友田遺跡で紹介したように、前期末には集団墓が造られ、中期中葉以降には一定の区画を有する方形貼石墓が確認されている。中期後半以降から後期には、四隅突出墓という特異な形態の墳墓が多数築造される。現在までに一三〇例あまり確認されており、主に山陰から北陸地域の日本海沿岸部に分布している。後期後葉から末葉になると、出雲市西谷墳墓群・出雲市斐川町宇屋《うや》神庭《かんば》丘上《きゅうじょう》墳墓・安来市荒島墳墓群などでみられるように三〇m以上の墳丘をもつ四隅突出墓が築造される。大型の墳墓には、この地域を治めていた「王」とも呼ばれるような人物が葬られた可能性が高い。

弥生後期の社会は、生産や生存のための基本的な道具として、鉄の価値が一段と高まった時代で、鉄を入手するためには、外部から長い海路や多くの人々を介して調達する必要があった。外部との交渉を円滑かつ有利に進めるためには、地域のリーダーが果たす役割が大きい。首長は鉄などを入手するために、地域社会のなかでの「力」を加速度的に強めていったのが、弥生時代後期といえよう。そうした政治的役割を担った人物が、出雲地域では大型の四隅突出墓に葬られたと考えられる。

まとめ

田和山が使用されていた期間は、大きく二つの時期（田和山Ⅰ期・Ⅱ期）に分けられる。

田和山Ⅰ期とした時期は、弥生前期末葉～中期前葉で、紀元前三世紀から紀元前二世紀頃のこと。出雲地域ではそれより古い前期前葉から水田稲作が行われているが、前期末葉になると出雲地域の遺跡数が一気に増加し、乃木平野周辺でも多くの遺跡（欠田・神後田・友田・南友田遺跡など）が出現する。それに伴い、複数の集落が合同で祭儀を行う場として選定されたのが、各集落から望むことができる「田和山」の山頂だったとみられる。

田和山Ⅱ期の中期中葉になると、生産力の向上による人口増、あるいは風水害による飢饉などにより、他集団との軋轢《あつれき》・いさかい等が一段と多くなったと考えられる。聖地「田和山」での祭儀は、当初は農耕儀礼を主体としていたが、集落の安寧・存続を祈願し、集団鎮護の祭儀を行うことも次第に増加していったと思われる。

敵対集団から聖地「田和山」を奪取されないように厳重に防衛する必要性が高まったことから、中期中葉になると山頂部に象徴的な「九本柱遺構」を設置するとともに、その周囲を柵列で囲み、丘陵斜面に三重環濠と土塁を整備することになったと理解される。さらには、環濠の外側に集落を配置し、防御機能を一層高めた可能性もある。

ところが、田和山遺跡は後期にはまったく機能を失ってしまう。これまで膨大な労力を費やして築き、丁重に管理してきた聖地「田和山」が使用されなくなってしまう。一世紀初頭頃のことと考えられる。出雲地域では弥生中期中葉から後葉にかけて、大量の青銅器が使用されていたが、後期初頭頃には山中に埋納されてしまう。墳墓についても、中期中葉から後葉にかけて方形貼石墓が造られていたが、中期後葉から四隅突出墓が出現し、後期後葉には王墓ともいわれるような大型の墳墓が造営される。

写真８　三重の防御施設を備えた田和山遺跡
（日本列島の戦争の始まりを物語る）

田和山遺跡の終焉は、青銅器の埋納や四隅突出墓の造営と密接に連動した動きであったと考えられ、そこには出雲の弥生社会が大きく変質していったことを窺うことができる。聖地「田和山」は、周囲の複数集団のいわば公益的な儀礼の場として存在していたと思われるが、首長権力が強化されるとともに次第に個人の権力へと収斂《しゅうれん》され、ついには重要な儀礼を私的な空間において行うようになった。そして田和山は使用されなくなったと推量される。

弥生後期から古墳時代の首長は、穀霊と交信する権限を手中におさめ、穀霊と融合した祖霊——首長霊を代々継承していくことによって、農耕儀礼主催者としての性格や政治的権力を強めていったのではなかろうか。

田和山遺跡は、出雲における水田稲作文化の定着と展開過程を具体的に示す重要な遺跡といえる。水田稲作の導入により、ある意味では安定的な生産が確保され、そのことによって人口増も促した。しかし、一方では他集団との軋轢が深刻化し、集団と集団の戦いが頻繁に発生するようになった。田和山遺跡にみられた大量の武器（石鏃・つぶて石など）や防御施設（柵列・環濠・土塁など）が当時の戦乱状況をよく示している。田和山遺跡は、出雲地域さらには日本列島における戦争の始まりを物語る遺跡であることも認識しておく必要がある。

ところで、田和山遺跡の西方約一八キロ、荒神谷遺跡の隣接地に「大社基地遺跡群」（出雲市斐川町）と呼ばれる戦争遺跡がある。この遺跡は、アジア太平洋戦争末期の一九四五年三月から六月にかけて突貫工事でつくられた海軍航空基地で、当時、西日本最大の爆撃・雷撃の拠点であった。〝飛行機の戦争〟であった第二次世界大戦を象徴する主滑走路が大規模に残る国内でも稀な航空基地遺跡群（国内に約二五〇カ所あったとされるが、他に兵庫県鶉《うずら》野《の》飛行場のみ現存）であること、本土決戦を想定し、地元住民や学童まで動員して急速に造られた基地で、掩体《えんたい》・爆弾庫・魚雷庫などの関連施設も良好に残されていることなど、わが国の近現代史を理解する上で欠かせな

写真９　大社基地遺跡群の滑走路
（日本列島の戦争の終わりを物語る）

い遺跡といえる。

この旧海軍大社基地が使用されなくなった敗戦から七七年、幸いにも日本では戦争は行われていない。出雲ひいては日本列島において、田和山遺跡は戦争の始まりを、大社基地遺跡群は戦争の終わりを物語っている。今なお世界の各地で軍事侵攻や戦争が行われており、人類の歴史の中で、戦争がいつ始まり、なぜ現代社会でも行われているのかを考えることは、将来にとって大切なことである。戦争は一部の為政者のみによって引き起こされ、実施されるものではなく、多くの一般市民の無意識な同調や無関心さから生ずるのではなかろうか。田和山遺跡や大社基地遺跡群などのような戦争の記憶を証明するモノ（遺跡＝文化財）をとおして、私たち一人ひとりが過去の戦争の痕跡から目を背けることなく、平和について考え続けることが大切ではなかろうか。

【参考文献】

佐原　真「日本・世界の戦争の起源」『人類にとって戦いとは1　戦いの進化と国家の起源』東洋書林　一九九九年
濱田竜彦「伯耆の国の環濠―妻木晩田遺跡の環濠と地域的特性―」『日本海をのぞむ弥生の国々』鳥取県教育委員会　二〇〇二年
正岡睦夫・松本岩雄編『弥生土器の様式と編年　山陰・山陽編』木耳社　一九九二年
松木武彦『人はなぜ戦うのか　考古学からみた戦争』講談社　二〇〇一年
松本岩雄『田和山遺跡が語る出雲の弥生社会』松江市歴史まちづくり部史料調査課　二〇二一年

【写真提供】

松江市：写真1、写真3、写真4の「つぶて石」「前期の土器」「中期の土器」
島根県古代文化センター：写真4の「石鏃」「土製丸玉」「分銅形土製品」「石剣・石包丁ほか」
文化庁、島根県教育委員会：写真5
右記以外は筆者

第3章

出雲の青銅器文化の展開

荒神谷遺跡の埋納の在り方について
～青銅器の埋納坑から考える～

……宍道年弘

荒神谷遺跡から大量の青銅器が発見されて三十八年が経つが、未だに多くの謎が未解明のままである。本稿ではいま一度原点に返って、荒神谷遺跡をはじめ、同じく青銅器が複数埋納された加茂岩倉遺跡や志谷奥遺跡の埋納の在り方や埋納坑の分析をとおして、丁寧な埋納坑から粗雑な埋納坑への変化や繰り返し埋納を行うことの意義、青銅器埋納の一定のルールがあったことなどについて考察する。

しんじ・としひろ
荒神谷博物館企画監
昭和三十二（一九五七）年、島根県松江市に生まれる。奈良大学文学部史学科卒業。斐川町教育委員会や合併後の出雲市文化財課で、長年、文化財保護行政に携わる。専門は考古学で、近年は古代山陰道、中世山城、近現代の戦争遺跡にも関心をもつ。
【報告書・論文等】
『後谷Ｖ遺跡』（斐川町教育委員会、一九九六）・「島根県杉沢遺跡―『出雲国風土記』の正西道―」（佐々木虔一他編『日本古代の輸送と道路』、八木書店、二〇一九）ほか。

はじめに

荒神谷遺跡は昭和五十八（一九八三）年に簸川地区南部広域農道（一般に出雲ロマン街道という）計画地内において、島根県教育委員会と旧斐川町教育委員会が合同で遺跡の分布調査を行ったところ、田の畦ぎわで一片の古墳時代の須恵器（甕片）を拾ったことで発見された遺跡である。これをきっかけに翌昭和五十九（一九八四）年、県教育委員会が二十ヶ所の試掘調査を実施したところ、偶然にも一ヶ所のトレンチで弥生時代の銅剣が発見されたのである。

調査担当者は古墳時代の掘立柱建物か横穴墓を想定してトレンチを設定したと云うが、作家の松本清張（松本編一九八七）は後のシンポジウムで「何かインスピレーションが働いたのか」と偶然ではない予感を担当者が持っていたのではないかと想念する。いずれにしても、昭和六十（一九八五）年に銅矛と銅鐸の同時出土という前代未聞の出来事を含め、考古学・日本古代史学はもとより、市井の歴史・郷土史研究者や教育学界など幅広い分野で大きな衝撃を与えることとなった（写真①・②）。

写真①　銅剣出土状況

写真②　銅矛・銅鐸出土状況

また、「古代出雲は存在したのか」という未だ解明されていない謎にも大きな影響を与えた。記紀神話のなかで三分の一を出雲神話が占め、大和朝廷が「出雲」は特別な地であると認めるが、その実態はこれまで不確実であった。それだけに荒神谷遺跡の発見、その後の加茂岩倉遺跡の発見は、弥生時代の実相に迫るであろう大発見であった。

旧斐川町では、平成元（一九八九）年から十年間かけて古代出雲の謎に迫る「謎解き論文・アイデア」募集を行った。一回目は「なぜ埋められたのか」、二回目は「誰が埋めたのか」、三回目は「どこで作られたのか」など十回のテーマを設け、合計一,二八〇通の応募があり、一四一編の入選作品がブックレットに所収されている。

表①　荒神谷遺跡
「謎解き論文・アイデア」
開催年とテーマ

回数	開催年	テーマ
1	1989	なぜ埋められたのか
2	1990	だれが埋めたのか
3	1991	銅剣358本はどこで作られたのか
4	1992	荒神谷遺跡と神話
5	1993	荒神谷遺跡と邪馬台国
6	1994	荒神谷遺跡と環日本海（東海）
7	1995	荒神谷遺跡発見の意義
8	1996	荒神谷遺跡と加茂岩倉遺跡
9	1997	出雲で発見された青銅器をめぐって
10	1998	荒神谷遺跡とまちづくり

表①のように十回の謎解きを市井に問うたのであるが、三十八年経った今でもそれぞれの謎は依然として解明されていないのが実情だ。

本稿では、この機会にいま一度原点に立ち返って、発掘調査の報告書（以下、報文という）や論文、講演資料をもとに、複数の青銅器をそれぞれ複数埋納された荒神谷遺跡の銅剣、銅矛、銅鐸および単種の青銅器を複数埋納された雲南市加茂町の加茂岩倉遺跡や複数の青銅器を複数埋納された松江市鹿島町の志谷奥遺跡を取り上げ、青銅器の埋納坑を中心に埋納の在り方について考えてみたい。

一　三度にわたり埋納された荒神谷青銅器群

1．埋納地周辺の環境

一九八四年に出雲市斐川町神庭の西谷《さいだに》という一つの細長い谷の最深部の、さらに谷奥で荒神谷遺跡は発見された。今から約二、〇〇〇年前、荒神谷遺跡の北側にある出雲平野は、宍道湖が現在より西に広く、湖面か湿地帯という自然環境であったと思われる。荒神谷遺跡からこの宍道湖畔（湿地帯）まではおよそ二km弱の距離があり、それほど離れてはいないが、遺跡は山の中という印象で、平野に開けた谷の奥というイメージであろうか。周辺に弥生時代の顕著な遺跡が見当たらないため、集落からは遠く離れた見晴らしのあまり良くない丘陵斜面という地理的環境であった。

荒神谷遺跡という名称は、近くの別の谷奥に荒神さんが祀られていることからこの谷の小字荒神谷から名付けられた（註①）。ちなみに、遺跡がある谷の小字畑の奥では遺跡のイメージにあわない。

銅剣出土地の標高は約二十二m、すぐ上の丘陵筋は二十八mであるから、尾根からすぐに斜面に下ったところという距離感である。また、これは二年後の第三次発掘調査（島根県教委一九八七）で分かったことだが、谷底は現在より約二mの深さで地山が見つかった。弥生時代においては出土地から谷底までは五m以上の高低差がある。しかも、斜面の傾斜角は約三五度～四〇度であるから非常に急峻な斜面を選んで埋めたということになろうか。

荒神谷博物館では荒神谷展示室で発掘の経過を映像で再現した「発掘ドキュメント」を放映している。この中で、銅剣埋納の再現を地元の方に出演していただいた映像がある。ここでは銅剣を埋納坑と平行する斜面左手から運んで現地に埋納した形を想定している。谷底が今より五m近くも深く急峻であることから、重たい青銅器を三八〇個体も持ち上がることは梯子をかけても無理があると考えたからである。

2. 銅剣埋納坑の検討

三五八本が出土した銅剣の調査では、銅剣を埋め納めた埋納坑とその斜面上方一mで加工段が検出されている。上段加工段の平坦面は、長さ六m、幅〇・六〜一・二mの大きさで、平坦面には一・五m間隔で三つの穴が検出された。報文（島根県教委一九九六）によると、この長さを銅剣の長さ（五〇cm／一本）で分割すると、埋納坑の東西両端に各一本分（各五〇cm）の空間を設けた枠の中に収まる形となり、埋納坑覆土上にも西側に二穴、東側に二穴が検出されたことから、上段加工段および柱状遺構と銅剣埋納部とは一体をなし、二間×二間の覆屋《おおいや》の存在を想定している（図①）。

また、埋納坑覆土の　黄褐色粘質土（報文の土層図では15層）が加工段の平坦面まで達していることから、銅剣を埋納した時にはすでに上段加工段が存在していたのは間違いなく、上記の柱穴列の配置から同時に存在していたと考えるのが妥当であるとしている。

この上段加工段と埋納坑との同時性については、上段加工段から埋納坑にかかる土層の検討から、水野正好氏（水野一九八六）は別の結論を導きだしている。まず、上段加工段は15層の土砂を地山と共に掘削し、その

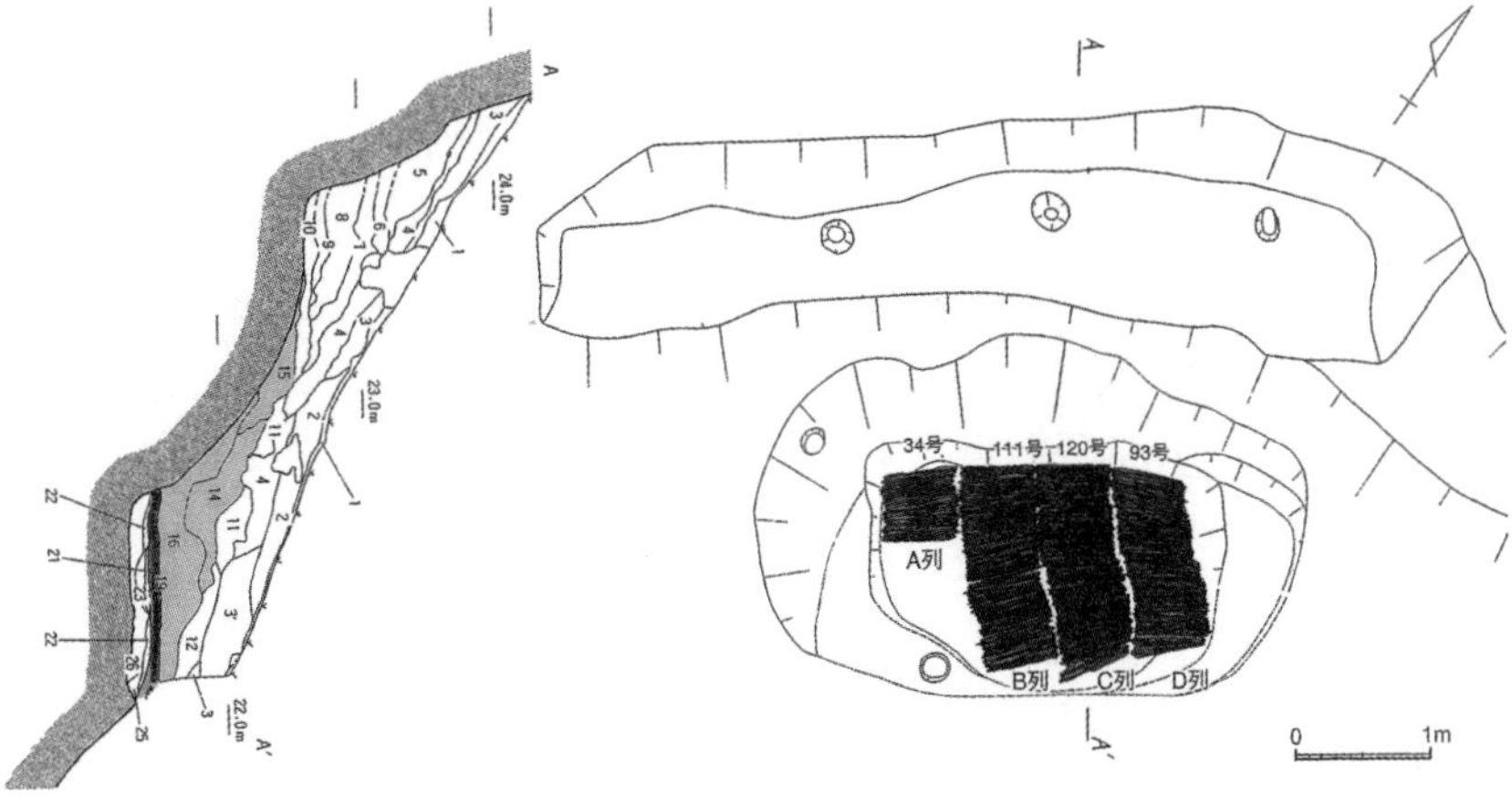

図①　銅剣埋納坑と土層図

後に、濁暗褐色土（10層）が堆積したとみるのである。15層の上面は東西断面共にやや水平に堆積しており、上段加工段がやや谷側にも広がりその幅約一・二ｍにも及ぶことが想定できる。その上に堆積する10層も当然底部は水平ぎみとなる。その時期は、上段加工段上面の10層から出土した焼土の熱残留磁気測定の結果、六世紀後半（古墳時代後期）が想定される。これは、暗褐色土（４層）から出土した古墳時代後期から奈良時代頃の須恵器、土師器から見ても矛盾しないとする。

したがって、下段の埋納坑には、青銅器埋納後、黄白色粘質土（16層、地山の風化土を多く含む）で盛り土し、その後、時間の経過とともに黄白色粘質土（14層）、15層が自然堆積する。上段加工段は15層を掘削して設けられている。16層は銅剣を埋納した上に、おそらくドーム状に丁寧に盛り土して銅剣埋納坑が完成したと考えるのである。

銅剣埋納坑は、平面形はやや歪な隅丸長方形を呈し、東西長さ二・六ｍ、幅一・五ｍの大きさである。銅剣は四列あり、Ａ列三四本、Ｂ列一一一本、Ｃ列一二〇本、Ｄ列九三本であった。埋納坑底には淡赤黄色土（26層）を敷きつめ、中央部に楕円形土坑が穿たれてあった。土坑内には指頭大のブロックが入り、すき間が見られたが、腐植土の流入はなかった。

楕円形土坑については平野芳英氏（平野二〇一六）の見解がある。氏は「銅剣埋納をおこなう前の神饌を供える場」とし、土坑上が浅く窪んでいるのは、儀式の際に「野菜や果物、魚介類など」有機質のものを供えたからだとしている。それが腐食してわずかに沈下したのだということである。銅剣埋納に際し、丁寧に儀式を行った一つの証拠といえるであろう（図②）。

銅剣は一本約五〇㎝の長さで揃う。これを四列に並べると、当然のことながらその長さは約二ｍとなる。銅剣の並べ方は、Ａ列が切先と茎を交互に、Ｂ列は谷側４本は切先を西側にし、他の銅剣は切先と茎《なかご》を交互に配置している。それに対し、Ｃ列とＤ列は切先をいずれも東側に向け置かれている。銅剣は銅剣相互の密接具合からＡ列からＤ列のどの列も同時に奥壁から置かれ、Ａ列の奥壁の一本目の西側とＤ列の奥壁の一本目の東側は手前に傾いた状態で置かれている。したがって、埋納坑の形状は奥壁側は直線的ではなく、両端が内側に向いた形状となっている。銅剣は極めて丁寧に、四隅が丸くなる隅丸長方形に近い埋納坑に埋め納められたとみるのである。

また、埋納した後の銅剣上には、布状の物質で覆われていたことを想像させる厚さ〇・五mの暗黄白色土（19層）が認められた。これは埋納後、丁寧に薄い布状のもので覆われていたためであろう。その後、16層でドーム状に盛り上げたものである。銅剣はA列とB列の間、B列とC列の間、C列とD列の間とそれぞれ交差するか、接するため例えば箱のようなものに納めてはいなかった。また、銅剣を置く順としては、奥壁からと思われるが、のちにはD列を一番先に置き終えたと思われる。これは、D列のD列54・55あたりで、東に山なりになる置き方がしてあり、これにC列もB列も沿うように同じような箇所が山なりになっている所から言えるのである（図③）。

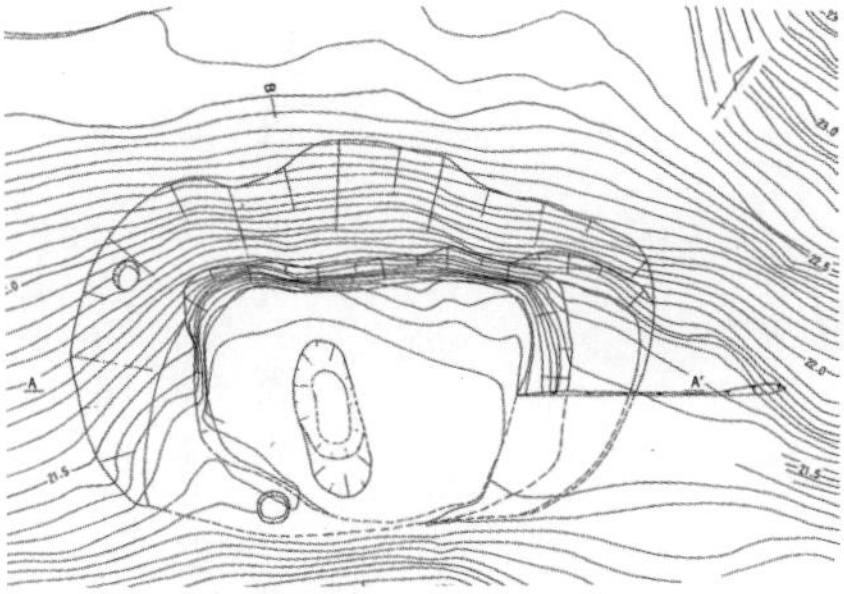

図②　楕円形土坑検出状況

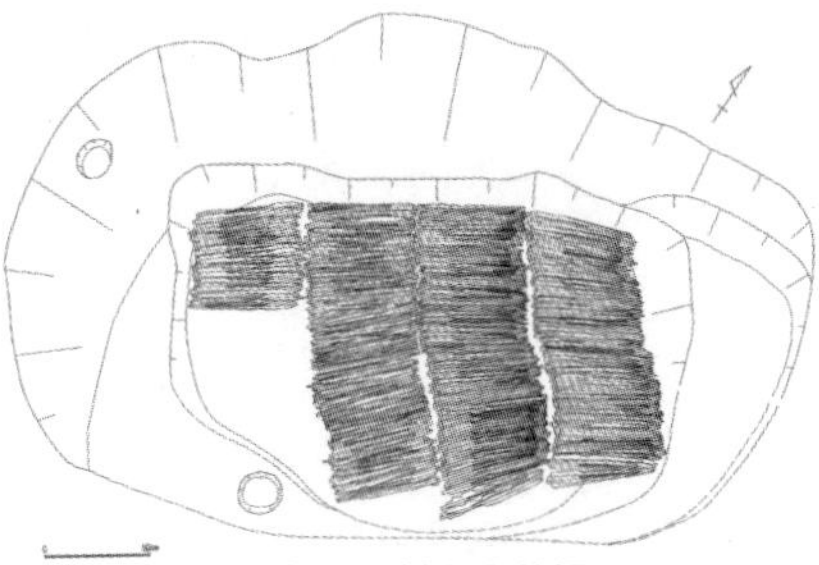

図③　銅剣出土状況

3. 銅矛、銅鐸埋納坑の検討

銅矛・銅鐸埋納坑は、銅剣埋納坑の谷奥約七mの位置で発見された。報文では、銅矛十六本と銅鐸六個はひとつの埋納坑に納められた状態で出土したとしている。また、調査前の地表面は、目だった標識はないが、ごくわずかな高まりが確認でき、これは青銅器を覆った土が地形に反映したもと考えられている。

埋納された斜面は約四〇度の急傾斜地で、埋納坑底の標高は約二一・八m、銅剣埋納坑とほぼ同じ高さであった。東西約二・六m、南北約一・八mの範囲で埋土が確認され、これは埋納坑の規模よりやや広い。青銅器を埋納する前には、床面に長さ約一・四m、幅約〇・五mの範囲で粘土を貼り、面積を広く確保している。青銅器を埋納した上には硬く締まった明黄色粘質土（18層）が四〇cmの厚さで丁寧に盛り土されていて、これが地表面の高まりに影響を与えたとみられる（図④）。

　銅矛・銅鐸の埋納坑は、東西二・一m、南北一・五mの範囲で、平面形は不整楕円形を呈している。そして、銅矛は埋納坑の東側に、銅鐸は中央に、そして西側には何も埋納されない空白地が存在する。

　埋納坑の床面から立ち上がりをみると、銅矛は坑底を水平にした上に奥側から丁寧に置かれている。16号銅矛、15号銅矛はもともと置かれた状態であったであろう、鋒《きっさき》と袋部を起こした状態がみられる。銅矛の埋納坑は奥壁がコの字型となり、東西一m、南北〇・六五mとなる。それに対し、銅鐸埋納坑は坑底が傾斜している。東西一・五五m、南北〇・三五mの範囲に銅鐸を谷側に三個、山側に三個を置くが、谷側三個は鰭《ひれ》上面を平行にするためか、下側の鰭が地面に埋まる形に、山側の三個はそのまま傾斜なりに置かれている（図⑤）。埋納した銅矛が方形に近い隅丸長方形を呈すれば、銅鐸の方は楕円形に近い形状を呈している。

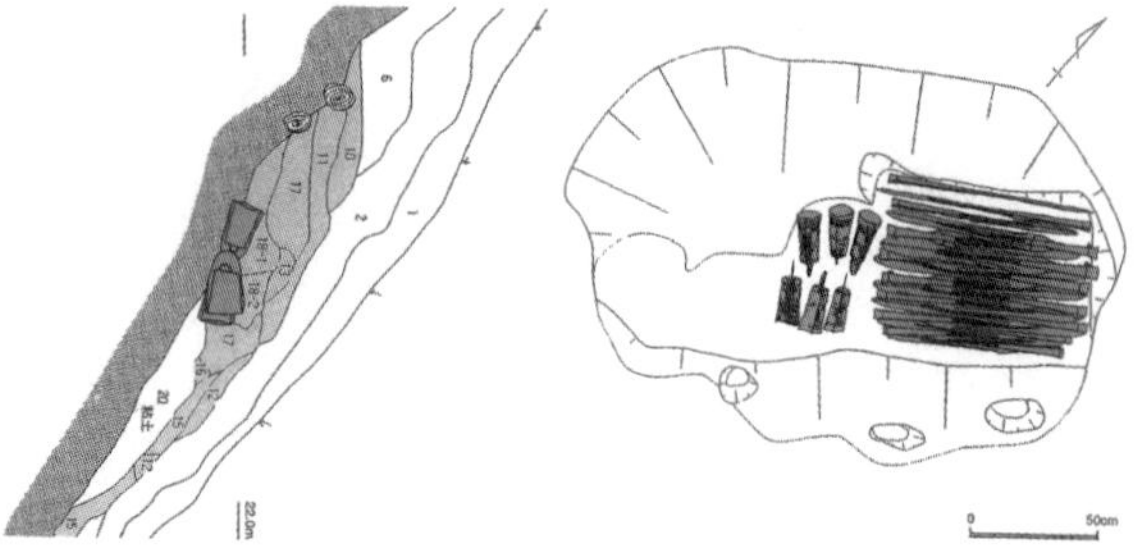

図④　銅矛・銅鐸埋納坑と土層図

　水野氏も指摘するように埋納坑の平面形を比較すれば、両者は別々の穴を構築したのではないかと想定するのである。報文の断面図から想定すると、銅矛を埋めた明黄色粘質土（18－3層、白色礫多く含む）の西側の銅鐸上面には18－1層（粘性強く小礫含む）、18－2層（やや明るい）、暗黄褐色土（17層）などの形状から、銅矛埋納坑を掘り返してその後埋めた土を思わせる土層が見られる。また、15号銅矛と6号銅鐸の位置関係から銅矛埋納坑と銅鐸埋納坑は別の穴で、切り合い関係が認められる。銅鐸の1号と2号の上だけに炭化物を含む黒色土（14層）が観察されたのは、もともと埋納坑の構築時期が異なるからではないかとみる。

　このように、銅矛・銅鐸埋納坑は報文とは異なり、平面形が方形に近い隅丸長方形を呈する銅矛埋納坑が先に構築され、次いで平面形が楕円形の銅鐸埋納坑が遅れて構築されたと考えるのである。

　さて、銅鐸埋納坑の西側には何も埋納されていない空白地がある。埋納坑自体は東西約二・六ｍの大きな穴であるが、その西側は他の青銅器を埋納する予定なのか、既に埋納していた青銅器を掘り出したのか、埋納坑底が浅く、掘り込みも明瞭ではなかったこともあり、どの場合が考えられるか判然としない。他の武器形青銅器埋納遺跡（島根県教委外二〇〇六）の状況から掘り起こした事例がわずかではあるが認められることから、一度埋めた青銅器を再び掘りかえした可能性も考えておく必要があろう（図⑥）。

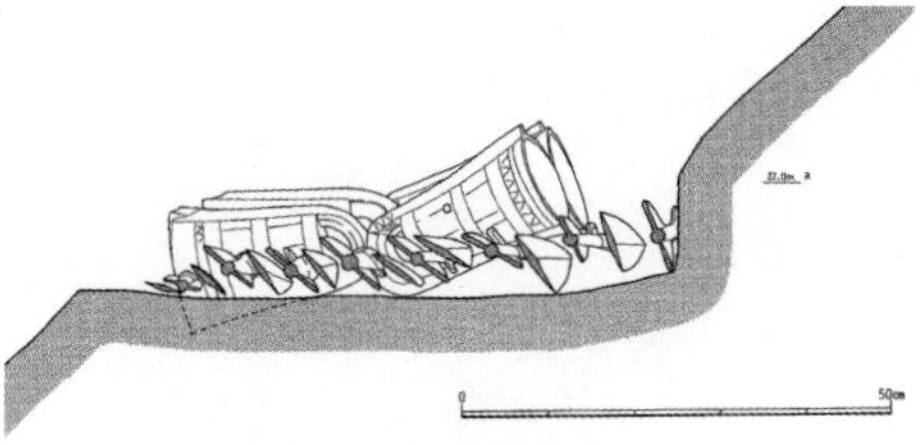

図⑤　銅矛・銅鐸見通図

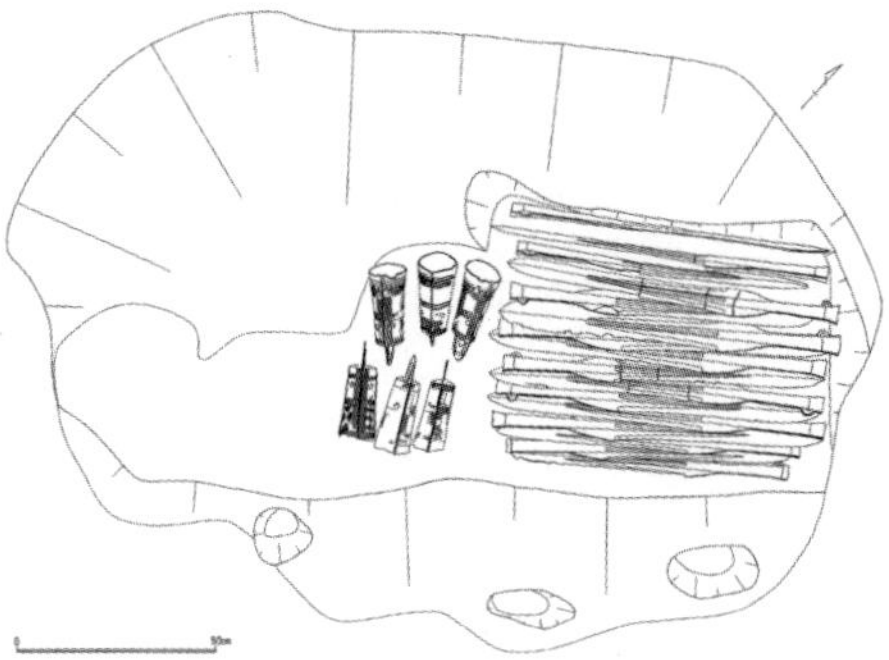

図⑥　銅矛・銅鐸出土状況

二　丁寧な埋納を繰り返しおこなった加茂岩倉青銅器群

加茂岩倉遺跡は平成八（一九九六）年に雲南市加茂町岩倉本郷地内に所在し、農道工事中に偶然発見された。現地は斐伊川の支流赤川にそそぐ猪尾川をさかのぼり、さらに岩倉本郷を流れる岩倉川を一・七km入った狭長な谷の最奥部に存在している。銅鐸が発見された場所は、標高一三七・五ｍの丘陵が南側へ弧状に張り出したやや平坦部にあたり、周囲は見通しが利かない集落から離れた場所という印象である。谷底からの比高差は約十八ｍである。なお、北西方向には直線距離で約三・四km離れたところに荒神谷遺跡がある。

報文（島根県・加茂町教委　二〇〇二）によると、三十九個の銅鐸が出土した銅鐸埋納坑（ＳＫ１）と約二・五ｍ離れた地点に2号土坑（ＳＫ２）が検出された（図⑦）。

銅鐸埋納坑は坑底で推定長さ二ｍ、幅一ｍで隅丸長方形を呈している。底面は凹凸が著しい粗雑な仕上げである。埋納坑内には、各々入れ子になった29（30）号鐸、31（39）号鐸の計四鐸が原位置を保っていた。銅鐸は29

写真③　銅鐸出土状況

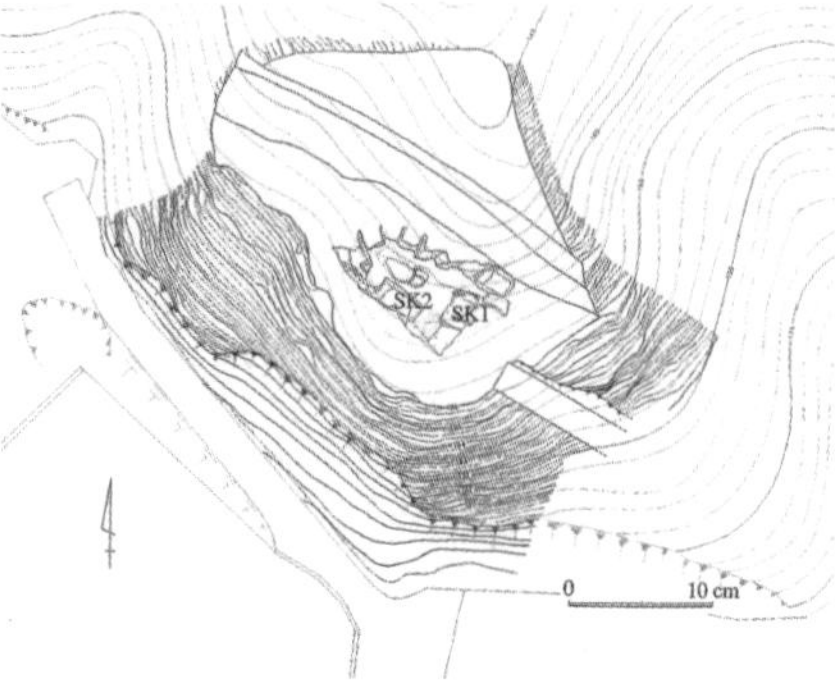

図⑦　遺構配置図

号鐸と31号鐸とも身を横たえて鰭を立てた状態で互いに裾を接する状態で残されていた。このほかに1号~3号の銅鐸圧痕が確認されている（写真③）。

埋納坑で特徴的なのは、西壁の29号鐸付近で、壁面が直線状に立ちあがりわずかに内湾し、北西隅から2号圧痕にかけて壁面がオーバーハングしていた点である。西壁を一旦掘削した後、31号鐸を配置する段階で拡張した可能性が考えられている。さらに、埋納坑内の埋土には、二次的な掘り返しや銅鐸を被覆する構造物の痕跡は認められず、暗褐色粘質土と黄褐色砂質土が互層状に堆積していた。互層状埋土は全体として、壁から銅鐸に向かって下がるように堆積している（図⑧）。

2号土坑の平面は不整形な隅丸長方形を呈し、坑底は長さ三m、幅一・六mを測る。ここでも土坑の壁面をオーバーハングさせ、北側で〇・四m、北西部で〇・八m程度横掘りし、土坑上面より底面が広い袋状をなしている。土坑内には、赤褐色粘質土と黄褐色砂質土が互層状にほぼ水平に堆積していた。出土品は皆無であり、掘り返しを受けた痕跡はみられなかった（図⑨）。

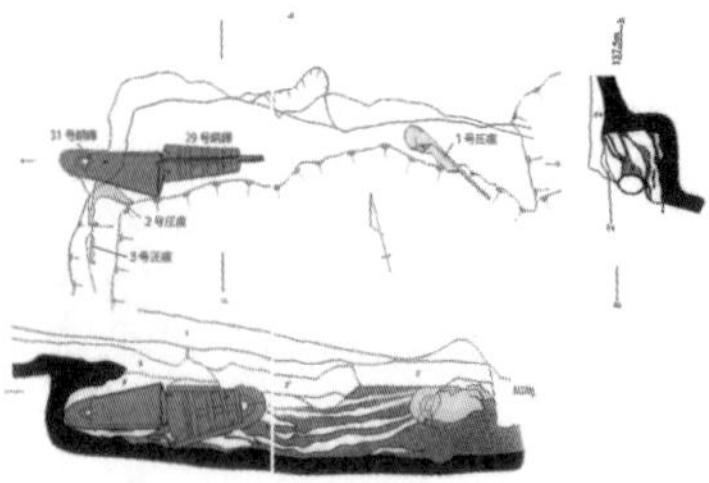

図⑧　銅鐸埋納坑実測図

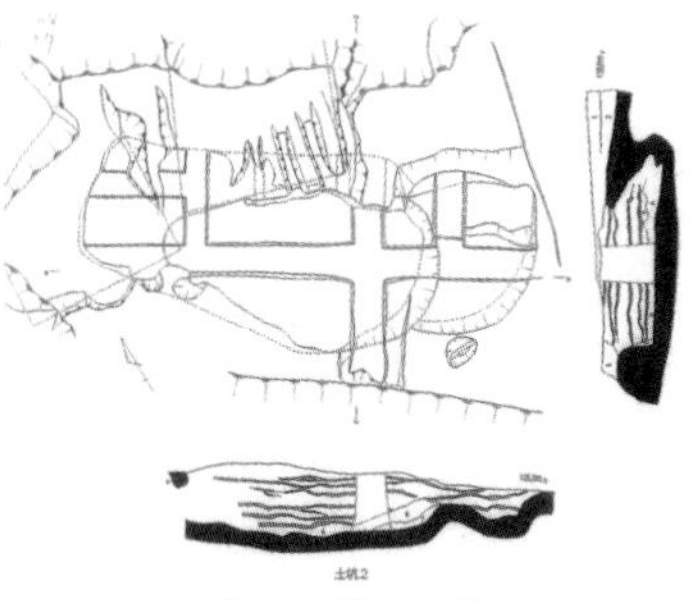

図⑨　2号土坑実測図

このように、加茂岩倉遺跡では銅鐸が出土した埋納坑と約二・五mの距離をおいて遺物の出土をみない2号土坑が同一平坦面で確認された。土坑の壁面が横掘りされ、埋土に砂質土と粘質土とが交互に堆積し互層をなすという極めて共通要素をもちながら、一方は青銅器を大量に埋納するが、他方は金属反応もない土坑がある。検出された平坦面やその距離感からみて、ほぼ同時に掘り込んだのではないかと考える。これには青銅器を土中に保管することに意味があり、福岡県北九州市の重留遺跡（島根県教委外二〇〇六）のように、何度も掘りだされては埋納する行為があったと想像する。その際、祭祀を伴い丁寧な埋納を繰り返していたのではないだろうか。その最終形態が、発掘時点の出土状況であったとみるのである。銅鐸が掘り出された後、地上で何らかの祭祀に使用されたため、埋納時にはまだ地上に残された銅鐸があるやもしれない（写真④）。

写真④　埋納坑復元

加茂岩倉青銅器群の埋納坑は二つの埋納坑がセットとなり、交互に埋納する行為を繰り返した。繰り返し行う埋納坑自体も祭祀を伴う重要な儀式の場であったのであろう。

三　複数の青銅器を同時埋納した志谷奥青銅器群

志谷奥遺跡は昭和四十八（一九七三）年に松江市鹿島町佐陀本郷地内で、地元住民が柿の木の施肥のために斜面を掘っていて、偶然に発見された。島根半島の朝日山（標高三四二m）から北側へ続く谷あいの丘陵斜面で、銅鐸二個、銅剣六本が掘り出された（図⑩・註2）。

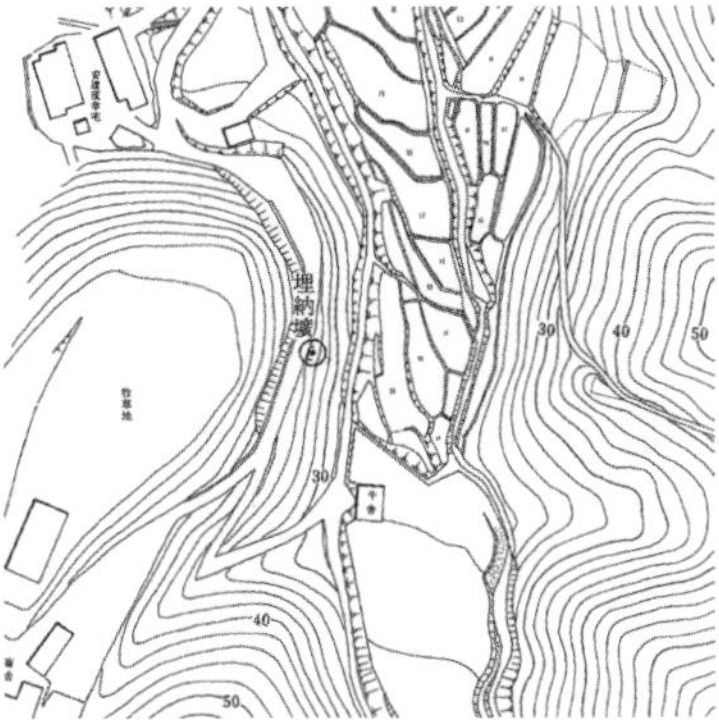

図⑩　遺跡の位置

翌年、当時の鹿島町教育委員会が付近の調査を行い、斜面において径〇・四五

m×〇・五五m、深さ〇・三mの不整形な埋納坑が検出された。銅鐸の鈕《ちゅう》を下向きにしたいわゆる逆さ埋納の状態で発見されたとある。このような例は、佐賀県吉野ヶ里銅鐸などわずかにはある。発見者の記憶によると、1号鐸は鈕を下に向けた倒立状態、2号鐸は鈕を上に向けた正立状態、銅剣は切先を下に向けて重なった状態に近い状況で埋められていた（図⑪・島根県教委二〇一七）。しかし、これが埋められたままの姿勢を指すのか、鍬で掘り起こされた後の状態であったのかは定かではない。これを再び検証したのが、北島大輔氏である。

北島氏は志谷奥の銅鐸をつぶさに観察され、「サビや土砂が被膜状に銅鐸の左右に片寄って付着する様子」（北島①　二〇一七）を指摘された。これは加茂岩倉銅鐸群にも見られるとのことである。埋納から二千年もの間、土中の湿気により青銅器の表面で結露が繰り返される。サビや土砂が厚く付着した方が、埋納時に下を向いていた可能性が高いとする。

この分析により、先の逆さ埋納ではなく、銅鐸二個はともに鐸身を横たえ、鰭を立てた状態に埋納され、銅剣六本は左右片側にサビや土砂が片寄っていることから、剣身を横向きにし、刃を立てて埋納したと結論づけられている（図⑫・北島②　二〇一七）。

このように、荒神谷青銅器群や加茂岩倉青銅器群と同様に銅鐸は身を横たえ、銅剣は剣身を横向きに置かれるという共通した埋納状況であった。

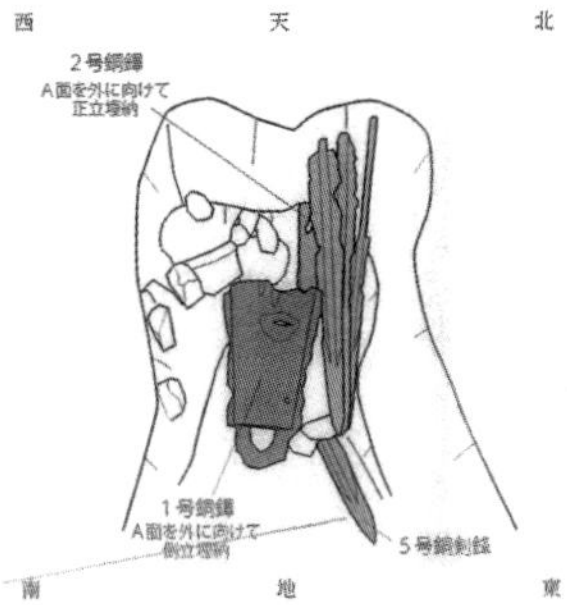

図⑪　埋納坑発見当初の復元図

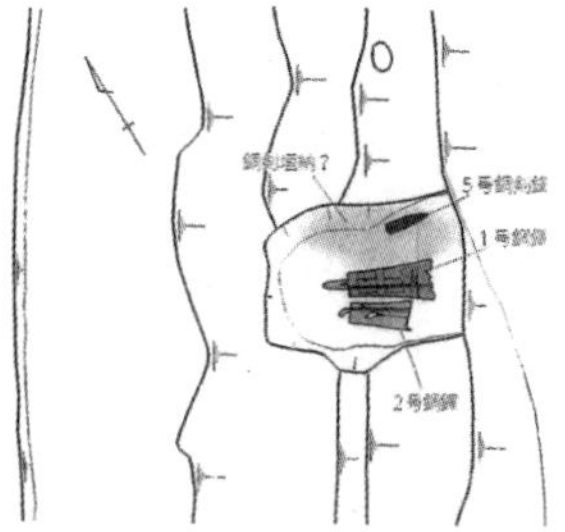

図⑫　埋納状況（北島案）

四　青銅器の埋納状況および埋納坑について

荒神谷遺跡は銅剣、銅矛、銅鐸という複数の青銅器をそれぞれの埋納坑へ埋納した。各埋納坑の標高、距離など位置関係からみて、埋納坑を構築した時期に大きな時期差はないものと思われる。銅剣は単独形式で、製作して間もなく埋められ、銅矛と銅鐸は各二形式あり、地上で使用されたか、保管されていた青銅器を埋納したとみられる。

銅剣は隅丸長方形の穴に、埋納前後に神聖な儀式を行い丁寧に埋め置かれたものである。それに対し、銅矛は方形に近い隅丸方形の穴に丁寧に埋められ、銅鐸は銅矛埋納坑と一部重複し、しかも傾斜する楕円形のやや雑な穴に埋め置かれたものである。このように、銅剣は儀式を伴い丁寧に、銅矛はやや丁寧に、そして銅鐸はやや粗雑な埋納の仕方をしている。埋納の仕方や埋納坑の形状からみると埋納の順序は、銅剣が先に構築され、ついで銅矛、最後に銅鐸を埋納したと考えられる。

銅剣の埋納坑のA列手前の空白地は、銅剣を埋納した後も何度か取り出した可能性が考えられる。土層では確認できないが、同種の銅剣の掘り出しを繰り返し、最後に残った銅剣三五八本がそのままになった。銅矛、銅鐸埋納坑に向かって左側の空白地では、同種あるいは他種の青銅器を何度か掘り出したのではないかとみる。

加茂岩倉遺跡では、銅鐸のみを複数埋納した。隣接する何も埋められてない2号土坑と対になり、一方に埋納すると他方は空になる。しかし、空の土坑も丁寧に埋め戻されている、これを何度か繰り返し三十九個の銅鐸は最後に埋納した形になる。荒神谷銅剣群のような儀式の痕跡はみられないが、埋め土の痕跡により厳粛な手の込んだ儀式が想定される。

志谷奥遺跡では、発見当時より数年経って埋納状況が明らかになってきた。ここでも荒神谷遺跡や加茂岩倉遺跡と同様に銅鐸は鰭を立て、銅剣は刃を立てて埋められ、同様な埋納の仕方であった。これら三つの遺跡はいずれも複数の青銅器を埋納し、しかも埋め方に一定のルールがあったと想定することができる。

おわりに

本稿では荒神谷遺跡や加茂岩倉遺跡、志谷奥遺跡の青銅器群の埋納坑を取り上げ埋納坑の位置関係、形状、埋納の仕方などから、埋納の順序、空白地の意味を考えてきた。報文とは異なる結果もあったが、これは可能性の一つとして取り上げてみた。ただし、既に発表されている結論を否定するものではない。なぜなら新たな結論を実証することができないからであることを付け加えておきたい。

【註】

註1　荒神さんは中世以降の信仰で三宝荒神が祭神。荒神谷遺跡の名称は、一九八三年に分布調査後に命名された。したがって、翌年の銅剣が発見されるより以前に遺跡名は付いた。

註2　志谷奥遺跡から発見された二個の銅鐸以外に、島根県古代文化センターが二〇一六～一七年度の調査で新たに3号銅鐸の破片が見つかったと発表した。

【参考文献】

北島大輔①　二〇一七「弥生青銅器はどう埋められたか—サビと土から解き明かす—」（山陰中央新報社二〇一七／九／一三付掲載）

北島大輔②　二〇一七「荒神谷博物館講演会資料二〇一七／九／一六」

島根県・加茂町教育委員会　二〇〇二『加茂岩倉遺跡』

島根県教育委員会　一九八七『荒神谷遺跡発掘調査概報（3）』

島根県教育委員会　一九九六『出雲神庭荒神谷遺跡』（島根県古代文化センター）

島根県教育委員会外　二〇〇六『青銅器埋納地調査報告書Ⅱ（武器形青銅器編）』（島根県古代文化センター調査研究報告書32）

島根県教育委員会　二〇一七『志谷奥遺跡出土青銅器群の研究』（島根県古代文化センター調査研究報告書54）

島根県埋蔵文化財調査センター　二〇〇二『荒神谷遺跡／加茂岩倉遺跡—青銅器大量埋納の遺跡—』

平野芳英　二〇一六『古代出雲を歩く』（岩波書店）

松本清張編　一九八七『古代出雲・荒神谷の謎に挑む』（角川書店）

水野正好　一九八六「「荒神谷青銅器群」私見」『銅剣・銅鐸・銅矛と出雲王国の時代』（日本放送出版協会）

荒神谷青銅器の埋納祭祀について
～『出雲神庭荒神谷遺跡』報告書から学ぶ～

平野芳英

出雲市斐川町の荒神谷遺跡で、銅剣・銅鐸・銅矛合計三八〇点が発見されて四十年になろうとするが、埋納方法の詳細な検討内容を目にすることはこれまでにほとんどなかった。現在その検討を可能とするのは、発掘調査報告書だけである。青銅器の埋納過程を復元的に追跡してみることは、当時の埋納目的を明らかにできる最短の道筋であると思われる。発掘調査者の目を通して遺された記録を基に荒神谷青銅器埋納の目的にアプローチしてみたい。

ひらの・よしひで
NPO法人出雲学研究所学芸理事、今井書店TONOMACHI63文化講座顧問。昭和二十六（一九五一）年、島根県に生まれる。熊本大学大学院文学研究科修了。島根県立八雲立つ風土記の丘資料館、荒神谷博物館副館長を経て現在に至る。
【編著書・論文等】
『隠岐産の黒曜石』（山陰考古学の諸問題）『島根の考古学と自然科学Ⅰ』（八雲立つ風土記の丘）『島根県博物館史の試み』（熊本大学先史学・考古学論究）『古代出雲を歩く』岩波新書他

はじめに

私と荒神谷遺跡の関わりができたのは、発見された六本の銅剣を取り上げるようすを、ビデオカメラで撮影するように依頼されてからである。現場でカメラを構えていると、六本どころか、銅剣の茎部《なかご》が次々と姿を現し、みるみる百本近い数になった。その情景は荒神谷博物館で上映されている記録映画のワンカットにある。銅剣発見から三日目のことであった。

それが縁となって、島根県立八雲立つ風土記の丘資料館での荒神谷青銅器や、その後に出土した加茂岩倉銅鐸を含めた青銅器の展覧会など、展示活動を通しての関わりがあった。

しかし、平成一七（二〇〇五）年、当時の斐川町に荒神谷博物館が開館するにあたり、私は風土記の丘資料館を退職して、当館に転職することになり、それ以後今日まで「荒神谷遺跡」との繋がりは途切れることがなかった。

その年月のお蔭で私の大きな財産の一つになったのは、荒神谷遺跡と青銅器のことをより深く知るために、発掘調査報告書のページを開く回数が多くなったことである。

荒神谷博物館職員として来館者を案内するにあたって、これだけ大量の青銅器の出土について自分の考えが充分に語れないというのは、失礼に当たるし、ふがいないと思うようになったことがきっかけで、ではどうするか、と考えた時に思い浮かんだのが、遺跡発見から発掘終了までを詳細に記録した発掘報告書に立ち返ることであった。

その報告書の中で、強くインパクトに残ったのが、銅剣埋納坑下の土坑の写真だった。報告書には掲載されているものの、一般向けの書籍では紹介されることの少ない写真の一枚であり、写真はあっても、詳しい説明のない一枚かもしれない。この写真と報文からヒントを得て考えをまとめたのが、ここで紹介する「荒神谷青銅器の埋納祭祀」である。

写真１　荒神谷遺跡発掘調査報告書
全五冊　荒神谷博物館提供

今、荒神谷遺跡に関する出土遺物やそれに関する情報をまとめて知ることができるのは、平成八（一九九六）年に、島根県教育委員会から刊行された発掘調査報告書『出雲神庭荒神谷遺跡』だけである。

発掘調査報告書は、第一分冊（本文編五一六ページ）、第二分冊（図版編・図版一九六）、第三・第四分冊（写真図版編・図版五一〇）、第五分冊（保存修理・史跡整備編・本文九二ページ・図版六一）で構成され、全体として四編五分冊という大部なものである。【写真1】

小稿では、これまで他の書籍でも発表した荒神谷銅剣三五八本と一号銅鐸にみられる埋納祭祀について、発掘調査報告書をもとに再読、吟味し、まとめ直してみた。その過程で必要とする記述はそのまま「　」で紹介したが、引用部分のページ数は煩瑣になるので省略した。なお、土壌分析結果と特論については、参考文献に執筆者名を紹介した。

一　銅剣埋納地

令和四（二〇二二）年三月、荒神谷遺跡の現地は遺跡整備改修事業がほぼ終わり、展望場所一カ所を増設して、公開が開始された。【写真2】

写真2
銅鐸・銅矛の埋納場所近くに、埋納のようすがよく見えるように新設された荒神谷遺跡の展望デッキ

遺跡では、昭和五九（一九八四）年に出土した銅剣三五八本と翌年に出土した銅鐸六個と銅矛一六本総てを掘り上げた状態が復元されている。しかし、実際の発掘調査はここで終わるわけではなく、各青銅器類をみな取り上げた後の地表のようす、さらにその下に遺構があるかないかなどを調べ尽くして、発掘調査は終了することになる。

銅剣埋納までの整地作業

（写真3）は、出土した銅剣三五八本すべてを取り上げた後、銅剣埋納坑（以下、埋納坑）があった斜面の尾根から谷底までを掘り上げた状態である。【写真3】

写真3
埋納された銅剣が取り上げられ、尾根下に加工段、その下部に銅剣埋納坑、その下の土坑が現れたようす

これによって銅剣埋納前の整地作業の過程を知ることができる。作業は尾根直下にある平坦面の造り出しからはじまった。報告書では「加工段」と呼ばれる遺構で、東西の長さ約六・九m、幅一・二〜一・六m、壁の高さは約一m。加工段

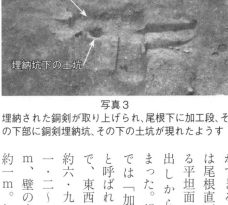

を覆う土には、焼土や炭化物が多く含まれていたが、加工段床面には焼けた痕跡はなく、平坦面上での火の使用の可能性は低いとされる。なお、この段には、壁面沿いに並ぶ三ヶ所の柱穴があり、これに対応する柱穴が埋納坑を覆う土にもあることから、この柱穴列の構造物は、加工段とその下の埋納坑を結ぶ傾斜した屋根を持つ、二間×二間の覆屋《おおいや》が想定されている。

銅剣は埋納後、ある時期屋根に覆われていたのである。

埋納坑下の土坑　【写真４・５・６】

次に、加工段から下がること約一・一m、東西長さ二・六m、幅一・五mで、底面を平らに加工した隅丸方形の埋納坑が造り出される。ここに銅剣群が並べられた。

そしてこの埋納坑を突き抜けるように「埋納坑底中央やや西寄りに、南北に長軸をもつ楕円形土坑が穿《うが》たれ」る（以下、「　」内は、報告書の記述である）。この楕円

写真４　銅剣埋納坑から銅剣が取り上げられたようす

写真５　銅剣埋納坑の下、西寄りに掘削されていた土坑

写真６　銅剣埋納坑下の土坑

形土坑は、「上縁長径一〇〇cm、短径四〇cm、深さ四〇cmあり、土坑内には、周辺の地山土に酷似する拳大から指頭大のブロックが」あり、密に入ってはいるものの、隙間がある状態であった。また、「内部の土は、極めて新鮮で、腐植土の流入等による汚染は認められなかった」。そして、「土坑上面は、直径約九〇cmにわたってわずかではあるが皿状に窪《くぼ》んで」いたが、「この土坑の性格については不明である」と報告されている。

土坑の皿状窪み

「性格不明」とされる埋納坑下の土坑は、大量の銅剣の埋納だけを目的としているのであれば、不要のものである。しかもこの土坑は、銅剣を一度並べた後では掘削不可能な遺構である。とすれば、銅剣埋納を決定した当初から、土坑の用途、規模などの設計プランがあったはずで、青銅器埋納を考える上で大きな意味を持つ遺構だと考えている。

この土坑の性格を考える上でのヒントは、土坑上面のほぼ全体に広がる「皿状の窪みである」。

土坑に埋められていた地山ブロックは、互いの間に隙間があるという状態であったから、土坑を塞ぐ時に上部からの強い叩き締めはなかったであろう。しかし、できていた「皿状の窪み」。

この窪みは、地山ブロックの上面にあった何かが消失してできた窪みだと考えた。そして、土中に埋めた後、消失して跡形も残さない物として思い浮かぶのは、有機質の野菜や果実などがあり、現在も神饌として供えられている物である。

この地山ブロックの最上部には、銅剣の埋納儀礼に供えるために、神饌が置かれたのである。そして、祭礼終了後、神饌はそのまま黄白色の土で覆われ、埋納坑は平坦にされて銅剣埋納へと進んでいった。その後黄白色粘土で覆われた神饌は、やがて腐植し消滅して、神饌の嵩《かさ》だけの窪みが生じたのである。

この銅剣埋納坑下の楕円形土坑は、大量銅剣の埋納儀礼を行うための施設であったと考えている。

加工段の焼土と炭化物

荒神谷青銅器の埋納儀礼が埋納坑の近くで行われた可能性は、加工段に残された赤色焼土や大量の炭化物の存在から指摘できる。

現在でも、神社の神事ばかりか、各地で開催される重要かつ大がかりなイベントのクライマックスは夜間に設定される。暗闇の祭事空間を多くの松明や篝火を燃え上がらせ、厳かで神秘的な空間に変えて行われる古代の儀式を想像することは難しいことではなく、今も夜間祭祀の伝統は各地に伝わる神事などで、われわれは体験しているのである。

埋納銅剣を覆う細粒土

埋納儀礼を終えてから土坑を塞ぎ、その上の埋納坑には、整地のために淡赤黄色が敷かれ、大量の銅剣は四列に並べ置かれた。

西側（谷の入口側）からA列として三四本、隣のB列一一一本、C列一二〇本、D列九三本とあり、総本数三五八本。銅剣の長さは四六cmから五一・七四cmの間にあり、総ての銅剣が岩永省三氏が設定した中細形c類に分類されている。

四列の銅剣はいずれも片刃を垂直に立てて並べられているが、埋納坑への運び込み方法がわかる例として、A列を除き、各列中央にずれがみられており、このずれの起因として「埋納坑に運び込まれた梱包単位」であった可能性が観察されている。また、「銅剣同志を仕切るものはなかった」ようだ。

こうして埋められた銅剣は周辺の地山土が混じった土を中心に埋め戻される。この埋め土の中で、「一番下の第一九層は銅剣の直上を薄く覆った暗黄白色の粘質土で、厚さは五mm程度である。乾燥すると黒灰色」になると報告されている土に注目した。

銅剣直上で厚さ五mmの暗黄白色粘質土は、発掘調査概報では、「布のような有機物で（銅剣の）上を覆った痕跡」とされた土だが、その後、東京国立文化財研究所の朽津信明氏は次のように分析された。

朽津氏は、銅剣直上に残る黒褐色有機質土は、実体顕微鏡や粒度分析では、繊維の痕跡は一切観察されず、非常に微細な粒子の集合であり、地山の土ならば篩《ふるい》などで粗い粒子を取り除くか、粗い粒子をもともと含んでいない土を持ち込んだ可能性を指摘された。そして、この細粒の土は、「意図的に銅剣を覆うための特別に用意されたもの」とまとめられた。

また、「実用性よりも、何らかの呪術的な要素を持った行為との解釈についても考慮する必要がある」と考察されている（朽津一九九六）。

この黒色細粒土は、わずか五mmの厚さで銅剣と銅剣の間に落ち込んでいることから、振りかけられたとみられているが、黒色砂粒を振りかけるこの行為は銅剣直上で行われているので、埋納坑下の神饌の供献から連続する一連の祭祀行為と、私は考えている。

銅剣列の乱れ

用意された銅剣が総て並べ置かれて埋納祭祀も終わり、銅剣全体は土に覆われて、永遠の眠りについたかのように思われた。しかし、銅剣群は一度眠りを妨げられていた。というのは、埋納坑下の土坑に「皿状の窪み」が生じたことによって、四列に並べられた銅剣の一部に列の乱れが生じていたのである。

報告書には、銅剣の「B列及びC列の中ほどで、直径約五〇cmにわたって刃部が沈下している状態が認められ」この沈下は、「埋納坑底中央やや西寄りに、南北の長軸を持つ楕円形の土坑が穿たれており」、この土坑内部の埋土にあった「空隙に起因する」とある。ここでいう埋土の空隙とは、先に記した「皿状の窪み」のことである。

銅剣の銹化

「皿状の窪み」があることで、次のような現象が生じたと考えている。

山陰の降雨・降雪が多いことはよく知られているが、この降雨などが「皿状の窪み」に一時的に留まり、埋納された青銅器の銹化に影響を与えたのではないか。雨水の影響は一年の数回に限定されたのではなく、ほぼ二千年にわたってくり返されたのである。

「皿状の窪み」の上の二列目・三列目の中央に並ぶ銅剣の銹化は、周辺の銅剣にも拡がり、やがて銅剣全体が「ビスケットを水に浸《ひた》したような」状態になったのである。だから、銅剣取り上げの際には、手で取り上げることができず、一本一本をガーゼで固定し、板の上にのせて取り上げるしかできなかったのだ。

銅剣をすべて取り上げた後の埋納坑の底部が薄い緑色になっているのは、銅剣から溶け出した銅イオンの影響とされる。

全国各地で出土している青銅器の中で、荒神谷銅剣ほど銹化が激しいものはないだろう。それは、全国で唯一銅剣埋納坑下に穿《うが》たれた土坑に起因していると考えられるのである。

二　銅鐸・銅矛の出土

銅剣三五八本が出土した翌年には、銅剣が出土した場所から七メートル離れた谷奥側の斜面から、銅鐸六個と銅矛一六本が出土した。銅剣群の発見は試掘調査中で偶然性が高かったのに反して、翌年度は地下レーダーや金属探知機を使用して、金属製遺物が残存する反応場所を確認後、発掘調査が開始された。その結果、銅鐸と銅矛が一緒に埋められていたという、これまでにない組み合わせでの青銅器出土となったのである。

銅鐸・銅矛の埋納坑【写真7】

銅鐸・銅矛の埋納坑底は、標高約二二mで、銅剣埋納坑とほぼ同じ高さに造られており、両者の距離は約七mある。埋納坑は東西約二・一m、南北約一・五mで、壁の高さは〇・六〜〇・七mある。埋納坑の平面形は、ほぼ楕円形だが、西側の壁は傾斜がわずかで、平面形ははっきりせず、「平面形や壁の状態を見ると埋納坑そのものを企画的あるいは精美につくろうとした意図は窺えない」というものだ。また、「坑底は銅矛が置かれていたところはほぼ水平に整えられているのにたいし、銅鐸が置かれていたところは傾斜していた」。

この埋納坑に、銅鐸六個は、吊り手（鈕）部分をお互いに向け合い、鰭を垂直に立てた状態で、三個ずつが二列に並んでいた。銅鐸は木箱に入れられたり、布に包まれたりせずに、直接埋納坑に埋められていた。

また、銅剣埋納坑下にあった土坑が銅鐸・銅矛埋納坑下にはないことは銅剣群との大きな相違である。

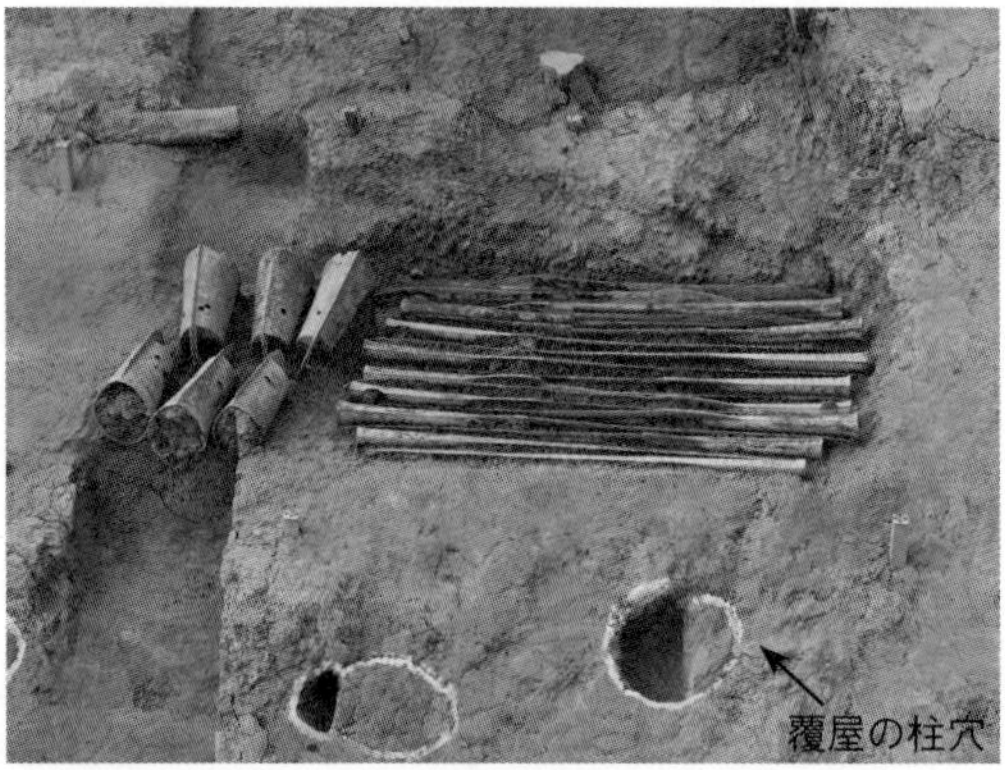

写真7
銅鐸（左側）と銅矛の埋納状況。銅矛の奥の壁面は、丁寧に削られている。一方、奥側の銅鐸3個は、整地が足りず、銅鐸裾が高くなっている

銅鐸の埋納

最初に発見された南列（谷側）の銅鐸を一号鐸として、東へ二号・三号、そして北列（山側）の西から東へ四号〜六号鐸とされたが、銅鐸埋納坑の西側斜面の整地が不十分であったことから、埋納された銅鐸のようすに違いが起きていることがわかっている。

六個の銅鐸の内、南列の銅鐸三個は、垂直に立てられた鰭の上面が水平になるように埋められていたが、北列の三個は、鈕の位置が低く、裾が高い状態で置かれていた。

この北列の銅鐸を「南列のように鰭上面を水平にしようと考えたなら、あまり労力を必要とせずに掘削・整地できたはずである」。つまり、埋納坑の北西部の斜面がきちっと掘削・整地されないままに北列の銅鐸が埋納されたために、北側の銅鐸は裾を高くした状態で埋めることになり、「南列の銅鐸及び銅矛の整然さに比べると、北列銅鐸の埋納はやや雑な感じ」を調査者は受けている。

この二つの埋納坑のできあがりの丁寧さが随分違うという指摘は、遺跡に復元された出土状況をみれば、見学者にも一目瞭然なのである。

なお、埋納坑の南側斜面にみえる三カ所の柱穴があるが、これと同時性があるとされる柱穴が計五カ所あり、銅剣同様に埋納後覆屋があったと考えられている。

荒神谷銅鐸の分類【写真8】

荒神谷銅鐸六個の高さは、ほぼ二二cm〜二四cmにおさまり、五号鐸は二一・八cmともっとも小さく、型式的には国内最古型式の菱環鈕式《りょうかんちゅうしき》銅鐸に分類される。

写真８
６個の荒神谷銅鐸。前列中央が５号鐸、前列左が１号鐸

また、一号鐸は二三・四cmで、菱環鈕式に次ぐ外縁《がいえん》付鈕《つきちゅう》式《しき》銅鐸に含まれる。しかし、銅鐸細部の観察から、鈕の菱環部断面が菱形ではなく、「凸」形になること、鐸身に重弧文や三角形文様を施すことなど、これまで国内で出土した銅鐸にはなかった特徴が

あり、国内唯一の銅鐸例となった。

四号鐸は、一号鐸と同様に五号鐸の文様要素や制作上の特徴を併せ持っており、菱環鈕式と外縁付鈕式の中間に位置づけられている。

その他の三つの銅鐸は、外縁付鈕式Ⅰ式に分類され、畿内地域での制作が指摘されている。

一号銅鐸の埋納【写真９】

このように分類された銅鐸であるが、一号銅鐸は埋納状態において、他と異なる様子が報告されている。

「一号銅鐸と二号銅鐸の周囲には炭化物を含む黒色土が観察され」たので慎重に発掘されたが「一号銅鐸と二号銅鐸の上だけに（黒色土が）局部的に分布することが判明した」とある。また黒色土は銅鐸の直上ではなく、銅鐸を覆う土の上にあり、黒色土層中には「炭化物が多く含まれていたが、この中には焼土は認められなかった」。

そして、埋納方法を復元して、銅鐸・銅矛を明黄色粘質土（第一八層）で覆った後に、「一号銅鐸・二号銅鐸が置かれていた周辺のみに炭化物を混入した黒色土を置」いており、このことは「青銅器埋納に関連した祭祀が行われた可能性」が考えられるとしている。そして、この「黒色土の分布の範囲が一部であるのは、埋土作業をいったん中止し、この土を「置く」か、または一時的に火を焚くといった行為があった結果と考えられ」、「青銅器を埋めた時点で青銅器に対しての特別な配慮があったように思われる」と締めくくっている。

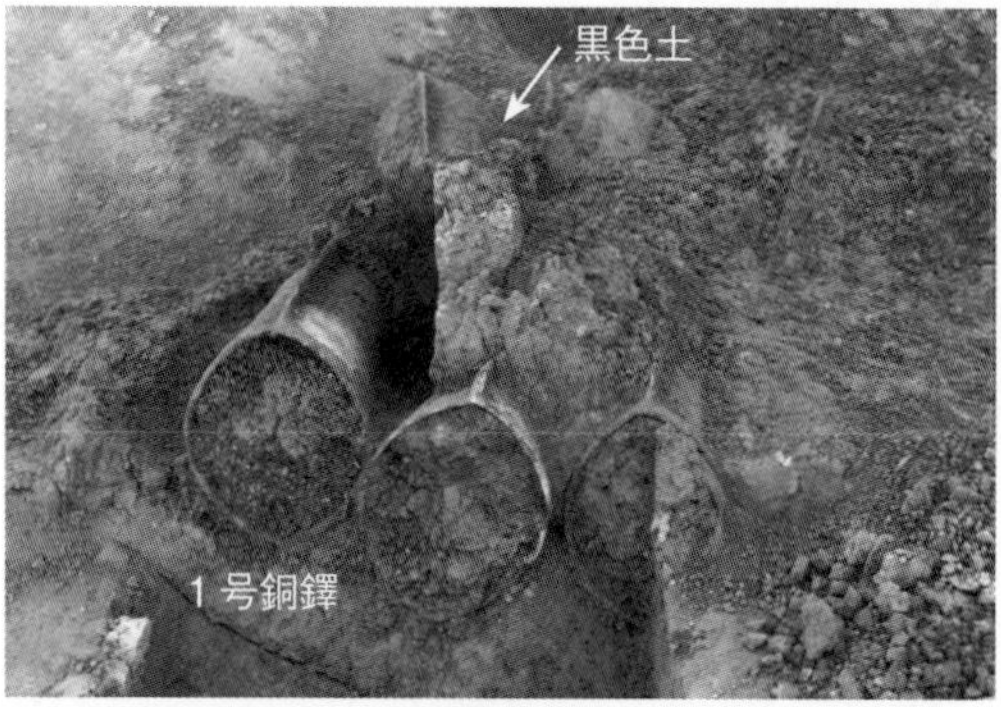

写真９
左端の１号銅鐸の上を中心に見られた炭化物を含む層。１号銅鐸直上およびそれより西は、発見時にはすでに土が除去されていたので、正確な範囲は不明

三　銅剣・銅鐸の埋納祭祀

三五八本の銅剣の製作について

荒神谷遺跡に埋納された銅剣は、三五八本総ての精緻な観察に基づく実測図作成や成分分析などが行われ、カルテというべき記録表が作成されている。そうした観察調査や分析から得られた銅剣製作場所に関わる考察をみると「同型式の銅剣が大量に出土したという事実は、埋納遺構並びに埋納行為と銅剣の製作工房が距離的にも時間的にもさほど遠くないことを想像せしめた」とある。

これは荒神谷遺跡を含む周辺地域、あるいは広く出雲で銅剣製作をしたものとして良さそうである。

また、二カ年にわたった発掘調査とその後の報告書作成にも深く関わっていた岩永省三氏は、中細形銅剣c類の分析を通して、製作場所の蓋然性が高い地域は、

①c類の前段階のb類銅剣からの製作伝統がある地域で、c類になって製作規範が揺らいだ地域

②c類が銅剣製作の経験の無い地域で製作されたために、銅剣の形状かくあるべしという規範がそもそも無かった地域

をあげ、①は北部九州ないし近畿、②は荒神谷の地元出雲としている（岩永・一九九六）。

この二つの見解から、荒神谷遺跡に埋納された三五八本の銅剣は「出雲で製作された銅剣」と考え、土坑で行われた祭祀の後、それに継続する祭祀行為として、黒色細粒の砂が銅剣直上に撒かれたものと私は考えている。

一号銅鐸の製作について

荒神谷一号銅鐸と同時出土の二・三・六号鐸は「典型的な四区袈裟襷文銅鐸」で、「同一の製作者集団が一つのモデルを参考に」して作った可能性があり、「その製作集団として近畿地方の意向が」強いとする。

ところで、一号銅鐸は、「鈕菱環部が扁平であることが最大の特徴で」これまでの分類に当てはまらない「個性の強い銅鐸である」が、「製作者は「銅鐸」というものをある程度知って」おり、「外縁付鈕式」銅鐸を参考にして作られたもの」としている。そして、一号銅鐸は「四区袈裟襷文銅鐸や（北部九州地方製作の）邪視文銅鐸の影響を受けながらも、それらの規範に縛られない集団が製作したもの」と想定し、鋳造技術の面から「北部九州の工人集団の分派が、出土地近隣へ移住しての製

作」が考えられるとする。

つまり一号銅鐸も荒神谷遺跡周辺部で製作された可能性が示唆されているわけで、銅剣同様に「出雲で製作された銅鐸」と考えられ、すでに紹介したように、六個の銅鐸を一度埋めた後に、一号銅鐸を中心に、火を焚く行為をともなう埋納祭祀が行われたと考えている。

銅矛の埋納

銅鐸と同じ埋納坑に埋納された一六本の銅矛は、鋒部を西向き（谷入口側）と袋部を東向き（谷奥側）に交互に置く並べ方で、南側から一号、二号と順番が付された。

銅矛は型式も長さもまちまちで、埋納方法には特別扱いも規則性もみられなかったが、一六本の銅矛は、長さや形態からⅠ～Ⅲ類に分類されている。

Ⅰ類は二本あり、長さが六〇cm台で細身のもので、中細形a類。Ⅱ類も二本あり、七二～七五cmで中広形a類。Ⅲ類は残りの一二本で、七五～八四cmの範囲にあり、身の幅も広く大型の銅矛で中広形b類とされた。この内四号・七～一〇号・一三・一五号の刃部に綾杉状の研ぎ分けがあった。

荒神谷銅矛で特に注目されたのは、刃部に施された研ぎ分け文様で、この文様は佐賀県検見谷遺跡と目達原遺跡出土銅矛や福岡市の上月隈遺跡出土中細形銅剣にも見られるもので、佐賀県南部地域や福岡平野地域との交流の中からもたらされたと考えられている。

また、銅矛鋳造時に使用する真土《まね》と呼ばれる粘土が、総ての銅矛の袋部に残されたままであったことから、一六本の銅矛は、未使用のまま埋納されたとされる。

銅矛は、銅鐸と同じ埋納坑に置かれ、同じ土で埋められていることが確認されているが、銅鐸よりも丁寧に整地された部分に埋納されていたことは、先に記したとおりである。また、埋納祭祀の痕跡は確認されていない。

四　まとめ

荒神谷遺跡に埋納された各青銅器埋納のようすをまとめてみる。

（1）銅剣埋納の順序

ア　埋納坑下の土坑で、神饌をともなう埋納儀礼挙行。

イ　銅剣を並べた後に、特別準備の細粒の黒色土をふりかけてから、全体を埋める。
ウ　埋納坑上段にある加工段からのびる覆屋で覆う。

（2）銅鐸と銅矛の埋納順序

ア　埋納坑を作るが、加工段と埋納坑下の土坑はない。
イ　銅矛を先に埋納。銅鐸は未整地の部分に埋納。
ウ　銅矛と銅鐸は、同一の土で同時に埋める。
エ　一号銅鐸を中心に、火を焚く儀式を行い、その後さらに埋めていく。
オ　銅矛・銅鐸を覆屋で覆う。
カ　銅剣埋納と銅鐸・銅矛の埋納はどちらが先に行われたかは不明。

（3）製作場所

ア　銅剣製作場所は、荒神谷遺跡周辺を含む出雲地域。
イ　一号銅鐸の製作場所は、出雲地域が考えられる。
ウ　銅矛の製作は九州有明海北部沿岸地域で、銅矛として未使用のものが搬入された。

（4）埋納時期

ア　報告書刊行から半世紀余を経ているが、荒神谷銅剣と一号銅鐸の鋳型は未発見である状況は変わらず、製作場所が確定したということもない。そういう状況なので、銅剣と一号銅鐸は、宍道湖周辺を含む出雲地域で製作されたと考えたい。
イ　埋納時期は、弥生時代中期末から後期前半に異論はない。
ウ　同時埋納の青銅器の埋納方法がそれぞれに異なるが、種類の相違か、総数の相違か、製作地の相違か、その理由はわからない。

（5）埋納目的

ア　青銅器埋納の目的は、広義には祭祀目的である。しかし個別にみてみると、銅剣と一号銅鐸には、異なる祭祀行為があるのは確かだと思う。また、銅矛埋納スペースの丁寧な仕上げは、銅矛への配慮と考えても良いかもしれない。
さらに、三種類の青銅器が、それぞれ出雲、畿内、北部九州を象徴するとすれば、西日本地域の融和、そしてこれらの地域の安寧を願う祭祀が、交流の結節点である出雲で執り行われたと考えることができる。

さらに考えれば、西日本の各地で弥生時代中期と後期には、土器型式をはじめ生活要素の中に、諸々の画期がみられるが、原因は不明といわれることが多い。かりに自然現象的なものが原因となっているならば、そうしたことへの畏怖、沈静、鎮魂といった祈願が出雲で発せられたかも知れない、と思ったりもする。

おわりに

全国的にも稀な大量の青銅器が埋納されていた荒神谷遺跡について、曲がりなりにも自分の見解を持つことができたのは、この大部な発掘調査報告書『出雲神庭荒神谷遺跡』のおかげである。

発掘調査から報告書作成に係わられた調査員諸氏に敬意と感謝の意を表します。

参考文献

島根県教育委員会（一九九六）『出雲神庭荒神谷遺跡』

岩永省三（一九九六）「神庭荒神谷遺跡出土銅剣形祭器の「細かい研究」」右同書　第一分冊特論第二章

朽津信明（一九九六）「銅剣埋納坑の土壌分析」右同書第一分冊第三部第三章

図版出典

写真１　荒神谷博物館提供

写真２　筆者撮影

写真３～９　島根県埋蔵文化財センター提供

第4章

大型墳丘墓の出現と出雲世界

四隅突出型墳丘墓の出現と出雲の王

三原一将

出雲市の西谷墳墓群にある西谷三号墓は、それまでに出雲で造られた墓と比較して、隔絶した規模と内容を誇る墓である。そのため王墓と判断でき、弥生時代後期の出雲に「出雲王」が誕生したことを物語る。四代続く王の墓として採用されたのは、独特の形態が目を引く四隅突出型墳丘墓。最後の出雲王墓となる西谷九号墓が築かれた弥生時代末には、この形態の墓は北陸にまでその分布を拡げた。また、西谷三号墓では墓上で盛大な葬儀も挙行された。巨大な墓を造りそこで葬祭儀礼をおこなうのは、王の威厳を民衆に強く印象付けるための手法と考えられ、吉備との強い結びつきの中で確立したようである。そしてその手法は、古墳時代の大王墓に継承されることとなったのである。

みはら・かずゆき
出雲市文化財課主査。
昭和四十四（一九六九）年、大阪府に生まれる。島根大学法文学部文学科卒業。出雲市の埋蔵文化財専門職員として多くの発掘調査に携わり報告書を編集したほか、西谷墳墓群史跡公園整備、出雲弥生の森博物館建設、『出雲市歴史文化基本構想』策定、日本遺産「日が沈む聖地出雲」の申請業務などを担当。

はじめに

出雲の通史を概観したときに、弥生時代は出雲の独自性がとりわけ色濃く表れる時代といえるであろう。その最たるものが、荒神谷《こうじんだに》遺跡（出雲市）や加茂岩倉《かもいわくら》遺跡（雲南市）における大量青銅器の埋納であり、国内では他に類をみない出雲独自の事象として広く知られている。

続く画期的な出来事として「出雲王」の出現があげられる。弥生時代の王の出現は各地で認められ、出雲に特化したものではない。しかし、西谷《にしだに》墳墓群（出雲市）にみられるように、王墓として四隅突出型墳丘墓が採用され、西谷三号墓、西谷二号墓、西谷四号墓、西谷九号墓（築造順）と四代にわたる王墓が継続して造られる例は出雲ならではで、当地域にとどまらず当時の日本列島における社会情勢を知るうえでも重要な事例となっている。

このたび「四隅突出型墳丘墓の出現と出雲の王」というテーマを与えられ、講演する機会をいただいた。このテーマに沿った内容となるよう、以下、弥生時代後期（二世紀後半）の出雲王の出現と、その王が自らの墓の形態として採用した四隅突出型墳丘墓（以後「よすみ」）についてお話ししたい。

一 「出雲王」出現の背景

まず、出雲になぜ王が出現したのか、その背景について触れたい。弥生時代は各地で王が出現するので、「なぜ出雲にも王が出現したか」と言い換えたほうがよいかもしれない。その大きな要因のひとつとして、広大な出雲平野の存在があげられる。

大陸から伝わった稲作が、九州から本州へと広がっていった当時、広大な土地と豊富な水に恵まれた出雲平野は、人々にとっては魅力的な場所であった。このため、多くの人が出雲平野に進出して集落を営み、稲作をおこなうようになったのである。

出雲平野への人の進出は、遺跡の消長から弥生時代前期は少なく、中期以降に急激に増加することがわかっている。神戸川などの沖積作用で形成されつつあった出雲平野が安定して定住が可能になるのは、弥生時代中期（紀元前一世紀）と考えられている。つまり、平野の安定を待って出雲平野に多くの人が進出し、集落の数が一気に増えたのである。

これらの集落は、当初は小規模なものが点在していたが、次第にまとまり、後期（二世紀）になると大規模なムラを形成するようになる。四絡《よつがね》、天神《てんじん》、古志《こし》などで認められる大規模集落は、この地の拠点集落として機能したことであろう。

その後、これらのムラは結束を固め、ひとつのクニとしてまとまったと考えられる。小中学校の教科書に「ムラからクニへ」という項目で解説される典型的な社会情勢の変容が、出雲平野でも顕著に確認できるのである。

なお、北域が日本海に突き出した島根半島で形成される出雲は、古くから海運をとおして他地域の人々や様々な文物が行き交う場であった。特に、出雲平野は西側にラグーンを擁していたことから、出雲の玄関口としての役割も担っていた。このように、出雲平野が他地域との交流の結節点として機能していたことも、王が出現する一因であったと考えられる。

こうして、出雲平野に誕生したクニにおいて出雲王が出現し、初代の王は自らの墓に「よすみ」という形態を採用して西谷三号墓を築造したのである。なお、その勢力範囲は、当初（二世紀後半）は出雲西部に限られていたと思われるが、西谷九号墓に葬られた四代目の王の時代である三世紀前半には、出雲東部（安来市周辺）にも及んでいたと考えられる。[1]

二　「出雲王」の出現を示すもの

では、西谷三号墓より古い荒神谷遺跡（出雲市）や加茂岩倉遺跡（雲南市）に埋められた大量の青銅器は、王の存在を示すものではないのか、と疑問を持つ人も多いであろう。王としての大きな権力がないと、あれだけのものは集められないのではないか、と。この点について筆者は次のように考えている。

両遺跡における青銅器の埋納は、弥生時代中期後葉

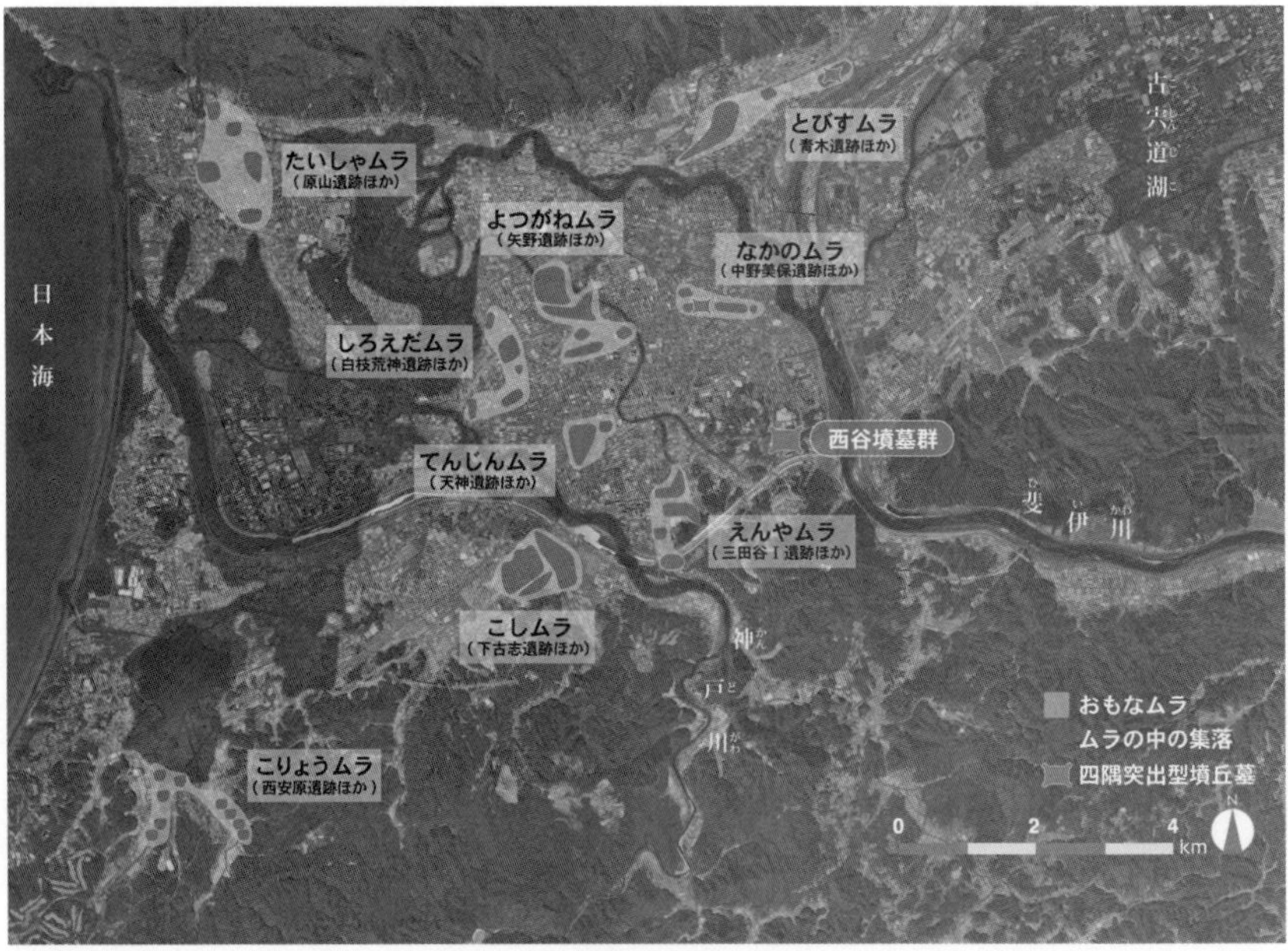

図１　出雲平野のおもなムラ

（紀元前後）から後期初め（一世紀中頃）だと思われる。そして、同時期頃の王としては、国宝の金印に記された「漢委奴国王」や、三雲《みくも》南《みなみ》小路《しょうじ》二号墓（福岡県前原市）に眠る伊都国王の存在が知られている。このように九州に王がいるのであれば、出雲で王が誕生していてもおかしくはない。しかし、両遺跡の大量青銅器は、集団によって共同所有されていた可能性も考えられるため、必ずしも王の存在を示すとは言えないのである。

図2　西谷3号墓

大量青銅器を入手できた背景には、広大な出雲平野の生産力（財力）があったのは間違いないであろう。そして、出雲平野でまとまったクニ（勢力）が、大量青銅器を入手したのだと思われる。だがそのクニが、複数のムラの集合体で構成され、クニの意思決定がムラの合議制に委ねられていた場合は、王が存在しなくとも、大量青銅器の入手は可能であったと考えられるのである。クニがあっても、必ず王がいたとは言えないのである。

さて、出雲において大量に青銅器が集められたのには、当時、青銅器を使ったマツリが各地でおこなわれていたことが背景にある。そして、その大量入手は簡単なことではなかったはずだ。しかし、出雲では苦労して集めた青銅器を埋めて、畿内や九州北部では継続される青銅器のマツリを、早々にやめてしまうのである。そして、しばらく経って、巨大な「よすみ」を造ることに力を注ぐようになるのである。

荒神谷遺跡と加茂岩倉遺跡にみられる大量青銅器の埋納は、出雲の人々の価値観が大きく変容する画期を示唆しているのである。

ところで、王の存在を示すものとは何であろうか。どのような要件を満たせば、王がいたといえるのであろうか。渡辺貞幸氏は、考古学的な王の認識について、次のように述べている（渡辺二〇一八・番号は筆者が加筆）。

①隔絶した規模・内容の墳墓（王墓）や②特殊な構造・占地の建物跡（王宮）などの存在により、③

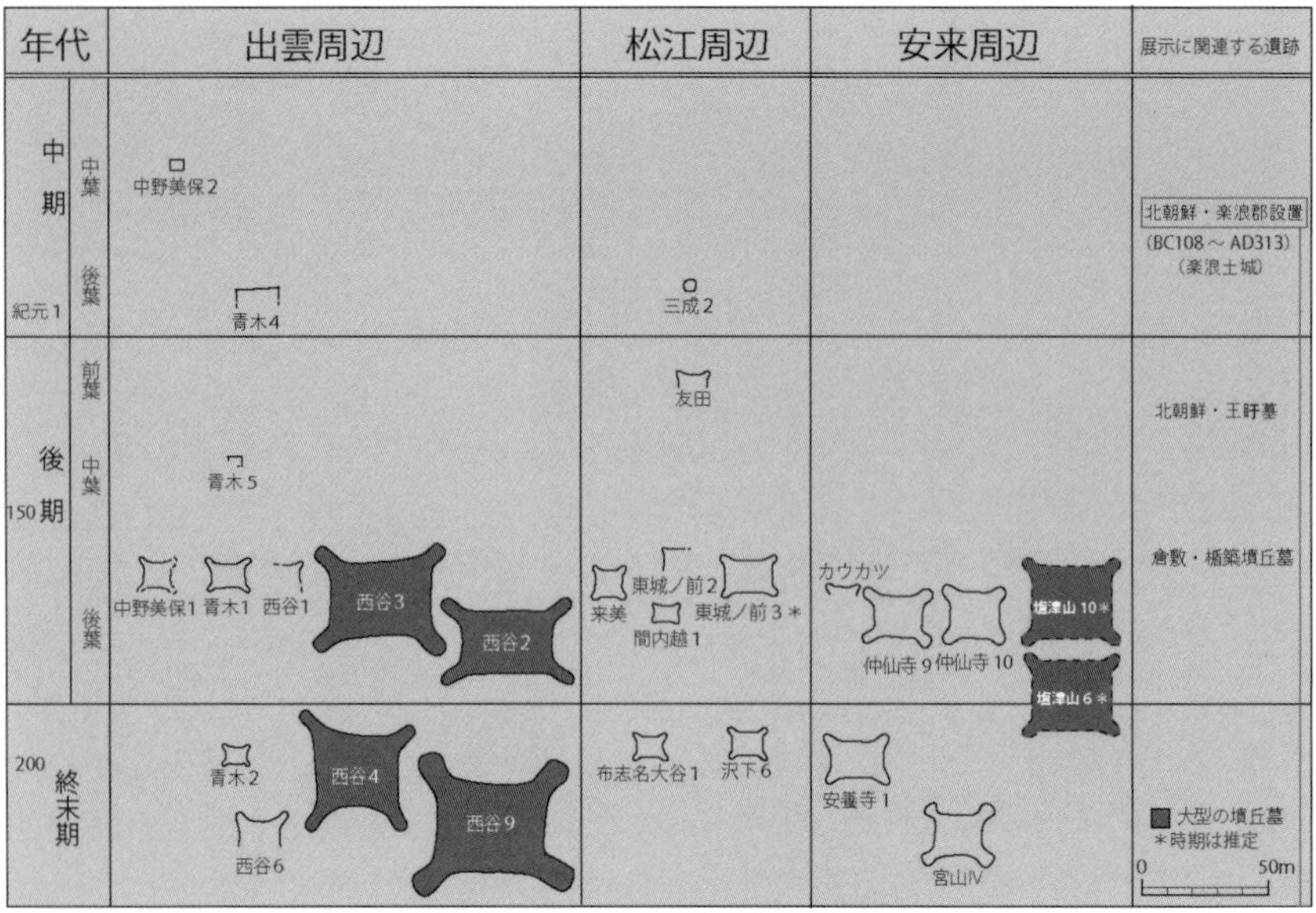

図３　出雲の弥生墳丘墓の変遷

一定の広域で最高かつ突出した権威を有する者がいて、④実態的にその上位に君臨する者はいないと推定できる場合、彼もしくは彼女をさしあたり「王」と認識する。

出雲全体を見渡しても、弥生時代中期の段階でこれらの要件を満たす墳墓や建物跡は見つかっていないので、王の存在を認識することはできないということになる。ようやく要件①に見合う墳墓が造られるのは、弥生時代後期後葉（二世紀後半）であり、西谷三号墓と塩津山一〇号墓[2]（安来市）が該当する。よって、それぞれの被葬者は出雲の西部と東部の王と認識してよいであろう。特に西谷三号墓は出土品の内容なども勘案すると、要件③・④も満たしているといえる。このことから、出雲西部の王は出雲東部の王よりも優位であった可能性が高いと思われる。

ここでいう出雲西部の王は、複数のムラが合議制で運営するクニにおける、頭一つ抜け出した村長《むらおさ》というレベルの人物ではない。クニの他の有力者と比べても、突出した権力を持っていた人物である。

例えば、弥生時代前期（前五世紀）の突出した権力者がまだ出現していない時期の墓である原山遺跡（出雲市）では、複数の配石墓が見つかっているが、それらの規模や構造は同程度であり、格差を見出すことはできない。

しかし西谷三号墓の規模は、突出部を除いた方丘部の長辺が四〇ｍを測り、同時期頃の青木一号墓（長辺一四ｍ・出雲市）や中野美保一号墓（長辺一一ｍ・出雲市）などと比べても隔絶した規模を誇ることから、明らかに王の存在を裏付けるのである。

そしてその王墓が、何の前触れもなく突如として出現する点は、先述の大量青銅器埋納と同様に、出雲で起こった大きな価値観の変化を示唆する事象であり、注目されるべき点である。

三　各地における王出現の様相

さて、この時期の他地域に目を向けると、平原《ひらばる》一号墓（福岡県糸島市）、楯築《たてつき》墳丘墓（岡山県倉敷市）、西桂《にしかつら》見《み》墳丘墓（「よすみ」・鳥取県鳥取市）、赤坂今井《あかさかいまい》墳丘墓（京都府京丹後市）、小《お》羽山《ばやま》三〇号墓（「よすみ」・福井県福井市）などが築造され、いずれも王墓として広く知ら

図４　各地の王墓

れている。これらの墳墓は各地で王が出現したことを物語っている。

一方、王が出現しない地域もある。例えば鳥取県の米子平野では、弥生時代後期の首長墓である尾高浅山《おだかあざやま》一号墓（長辺九・七ｍ）や日下《くさか》一号墓（長辺八ｍ）が築かれるが、これらはその規模や出土品の内容から王墓と呼べるものではない。よって、米子平野では傑出した存在の王と呼べる人物は出現しなかったようである。[3]

このような例から、王が存在しなくてもクニとしての秩序が保たれた地域もあったことがわかる。

四　「よすみ」の概要

それでは出雲において王墓の形態として採用された「よすみ」とはいったいどのような墓なのであろうか。その形を端的に表現するのは困難であるが、大まかには「方形の台状に土を切り盛りし、四方の隅を外に伸ばした形の墓」と表現できる。その形は身近なものでは「こたつ」をイメージすればよいであろう。埋葬施設は平坦に均した墳頂面に穴を掘って拵えられており、古墳の横穴式石室のような墳丘内部に部屋を設ける構造ではない。

そのほか様々な特徴の列記は割愛するが、重要な要素は次に示すとおりである。

・弥生時代中期後葉（西暦紀元頃）に出現する
・弥生時代中期の方形貼石墓を祖型とする
・稜線を墓道とする方形墳丘墓が特殊化したもの[4]
・全国で約一〇〇基確認されている

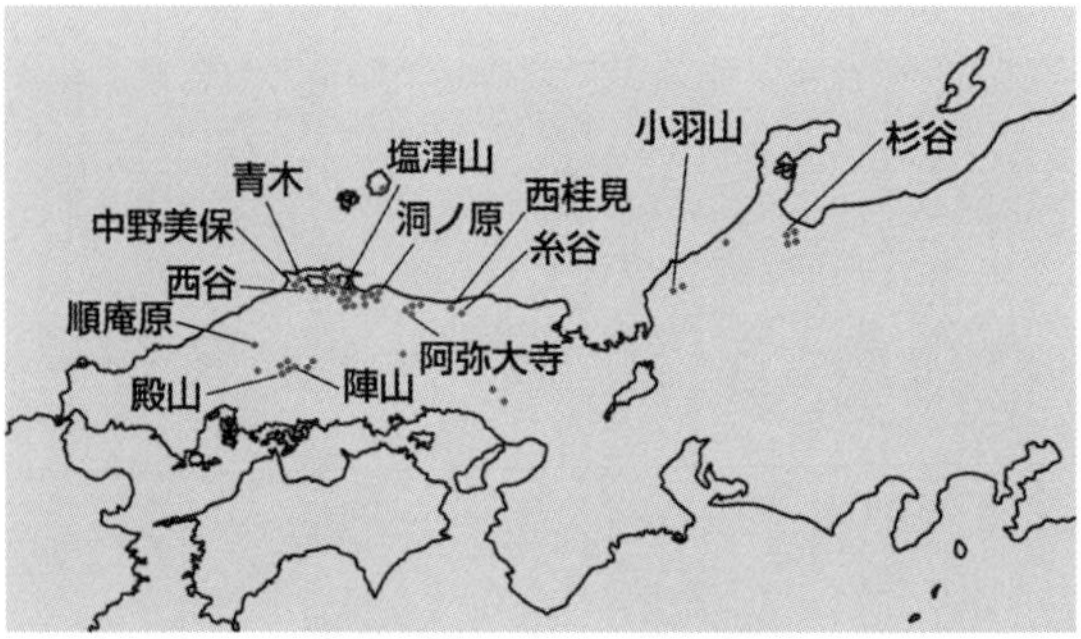

図５　「よすみ」の分布図

「よすみ」は一九六九年に順庵原《じゅうなんばら》遺跡（邑南町）で初めて確認されたが、最も古い時期の「よすみ」、すなわち出現期の「よすみ」としては陣山《じんやま》遺跡（広島県三次市）などのものが知られていた。しかし、近年は出雲の青木遺跡（出雲市）でも初期の「よすみ」である青木四号墓が見つかっている。

このため、当初は中国山地で発生した「よすみ」が出雲に伝わり、日本海沿岸に伝播していったと考えられていた。だが近年は、「よすみ」が三次と出雲で同時発生した可能性も考えられるようになってきた。

「よすみ」の祖型は、弥生時代中期に山陰で造られた方形貼石墓と考えられている。[5]方形貼石墓の稜線が墓道として発達し、次第に外に伸びたものが「よすみ」として定着した、というのが有力な説である。

方形貼石墓の墳頂面にある墓穴へのアクセスのために、墳丘側面を上り下りするのは傾斜が急で大変であるが、墓道として稜線を外側に延長すると、傾斜が緩くなり往来しやすくなる。特に、墳丘の大型化が進むほどその効果は大きい。このことから「よすみ」の形態発展と墳丘の大型化は切り離せない関係にあったと思われる。

そして、「よすみ」は中国地方山間部、山陰と北陸など日本海岸沿いに多く分布し、九州、瀬戸内、四国、近畿、東海、関東などでは見つかっていない。この状況から、出雲に定着した「よすみ」が北陸に伝播し、さらには「会津のよすみ」とも称される舘《たち》ノ《の》内《うち》一号墓（福島県）まで影響を与えた可能性も指摘されている。[6]

なお、北陸の「よすみ」は貼り石を持たないなど、出雲との違いもあるが、同じ形の墓を造る集団としての同属意識や同盟関係を読み取ることはできる。

このように、首長墓に「よすみ」を採用する集団は、弥生時代末（三世紀中頃）には、山陰から東北にも及ぶネットワークを構築していたようである。そして、そのネットワーク拡張の端緒を開いたのが、出雲の王墓だったのである。

五　歴代の出雲王が眠る西谷墳墓群

西谷墳墓群は中国山地から派生する丘陵の先端付近にあり、東の麓には斐伊川が北流している。約一〇万㎡に及ぶこの墳墓群は、弥生時代から平安時代にいたるまでの約六〇〇年間にわたり墓地として利用された。ここからは土盛りをした墓が二七基見つかっているほか、土壙墓や火葬墓なども確認されている。

西谷墳墓群に「よすみ」は六基あり、発見順に一、二、三、四、六、九号墓の名称が付けられた。一号墓と六号墓を除いた四基、築造順に三号墓、二号墓、四号墓、九号墓が四代続いた王の墓と考えられている。この四基は、いずれも出雲平野が一望できる眺望のよい場所

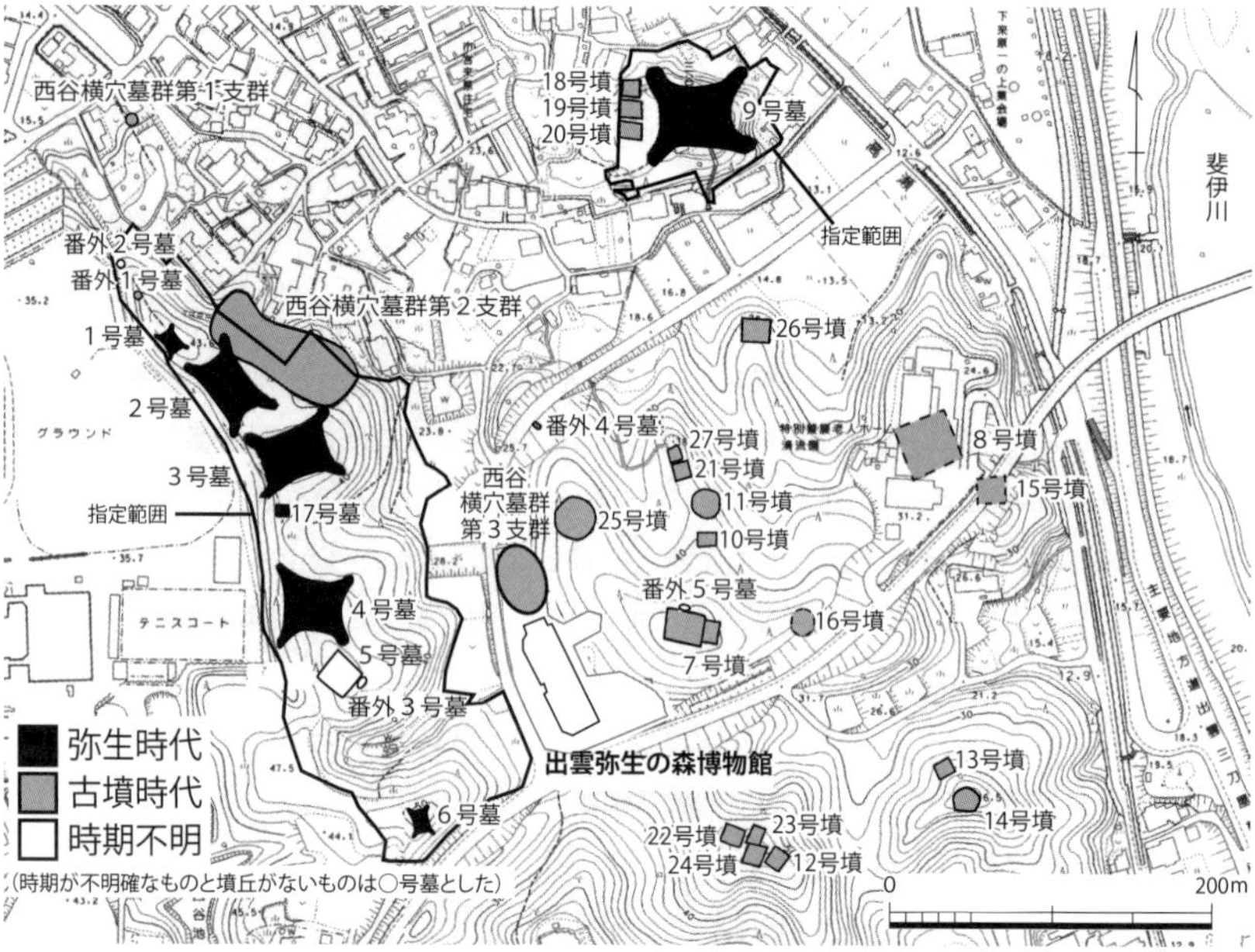

図６　西谷墳墓群分布図

に築かれているが、当然それは、王の治世の範囲を意識したものであろう。なお、王墓の四基は全国約一〇〇基の「よすみ」の中でも、大きさベスト４を占めている。

六　西谷三号墓の注目点

突如として出現する最初の出雲王墓である西谷三号墓に、なぜ「よすみ」が採用されたのか。その理由は明らかになっていない。ただ、その解明の糸口になると思うので、三号墓の注目点について述べてみたい。

まず、三号墓はその荘厳さを意図的に強く印象付けている点が注目される。平野に延びる丘陵の先端に、約三万個の石を貼りつけた全長五〇ｍを超える王墓は、平野に住むムラびとにその威容を誇示するに余りある外観である。まさに「見せる墳墓」の先駆けといってよい墓であろう。

次に注目されるのが、王の手厚い埋葬である。三号墓には大きな墓穴が二つあり、それぞれ男王と女王が葬られたと推測されている。いずれも底に水銀朱が敷き詰められた木棺に遺体が安置され、その木棺は木槨《もっかく》で覆われる手の込んだ埋葬であったことがわかっている。そし

図7　西谷３号墓のジオラマ

て、男王には鉄剣が、女王にはガラス勾玉など豪華な威信財が副葬されていたのである。

さらに、三号墓が墓上で祭祀をおこなう前提で設計・施工されている点が注目される。男王の墓穴の上からは、大量の土器が出土したことから、飲食を伴う儀礼がおこなわれたと推定されている。墳丘上に広いスペースを確保し、大勢で盛大な葬儀をおこなうことは、当然、成り行きではなく築造前から計画されていたのである。なお、土器には地元のもののほか吉備のものや越の影響を受けた形のものが混ざっていた。

七　出雲王墓に求められたもの

これら三号墓の注目点からは、当時の支配者層が王墓に対して、王の権威を発信するためのモニュメントとしての役割を求めていたことが垣間見えてくる。王の権威を確固たるものにしたいという、彼らの強い意志がうかがえるのである。

山の深緑の中に突如として姿を現した「よすみ」は、貼られた石が白く輝き、ムラびとに強いインパクトを与えたであろう。

底に水銀朱が敷かれた棺に亡骸が安置され、豪華な副葬品とともに葬られていく王の埋葬を目の当たりにした人々は、王の財力・権力を思い知ったであろう。復活を願っていたかもしれない。

吉備や越からも人々が駆けつけ、一〇〇人規模で挙行された厳粛な葬儀では、参列者は敬愛する王の死を深く悼んだであろう。

墓の外観のみならず、そこでおこなわれる一連の儀式は、王を超絶した存在として人々に印象付けるため、周到に用意されたものだったのである。つまり、墓と墓上祭祀はセットで王の威厳を象徴するために用いられたのである。一過性の墓上祭祀に対して、常に人々の目に触れる墓の外観は特にこだわる必要があった。それゆえユニークな形が目を引く「よすみ」が採用されたのではな

図８　各地からの土器

かろうか。

地域ごとに様々な価値観が併存していた当時、群雄割拠の時代を生き残るために、他地域との連携を深める必要に迫られていた出雲の王は、自身の権威付けを効果的に「演出」するためのシステムとして、「よすみ」と墓上祭祀のセットを採用したのではなかろうか。そして、それが広まった要因は、王の威厳を広く視覚に端的に訴えるシステムであったからだと考えられる。

八　吉備の王墓　楯築墳丘墓との共通性

西谷三号墓と共通する点が多い王墓として、吉備の王墓である楯築《たてつき》墳丘墓があげられる。この二つの王墓の共通点を列挙すると次のとおりである。

・突如出現した大型墳丘墓
・石を貼った見せる墓
・木槨と水銀朱の採用
・鉄剣や装飾品の副葬
・特殊器台（円筒埴輪の祖型）の使用を開始
・盛大な墓上祭祀（飲食儀礼）の挙行

図９　西谷３号墓の墓上祭祀（想像図、早川和子画）

西谷三号墓や周辺の遺跡からは、吉備の土器も少なからず出土している。よって、当時、出雲と吉備の間で交流があったのは間違いないが、これら多くの共通点からは、両者の結びつきがかなり強固であったことがうかがえる。

出雲と吉備の王は、クニの人々を掌握するシステムとして、ともに巨大な墓と墓上祭祀のセットを採用したのである。そしてこの手法は、その後吉備では途絶えてしまうが、出雲では西谷九号墓の時代まで続くようだ。

それが功を奏してか、三号墓の時には出雲西部にとどまっていた王の勢力は、九号墓の時代には、出雲東部をも掌握するに至り、出雲全域を手中に収める真の出雲王が誕生したのである。

九　古墳に引き継がれたこと

西谷墳墓群では、最大かつ最後の「よすみ」である西谷九号墓（長辺四三ｍ）が築造された後、古墳時代に入ると小規模な方墳や円墳しか造られなくなってしまう。日本列島の広範囲を傘下に収めるヤマト政権が成立し、社会情勢が大きく変化する古墳時代前期には、出雲西部の豪族は一時的にその勢力を失ってしまったのかもしれない。

図10　楯築墳丘墓

しかし、西谷三号墓が楯築墳丘墓との関係性のなかで確立した、巨大な見せる墓と墓上祭祀を組み合わせて、王の威厳を民衆の心に刻み込む手法は、西谷九号墓の時代まで続き、古墳時代の大王墓においても継承されることとなったのである。

【注】

1　渡辺二〇一八　七一頁
2　この墓の正確な時期は不明である
3　岩橋二〇〇七　三二頁
4　渡辺二〇〇七　一九九頁
5　仁木二〇〇七
6　渡辺二〇〇七　二〇四頁

【参考文献】

岩橋孝典　二〇〇七「山陰の中の多様性　西伯耆の弥生墳墓」『弥生王墓誕生　出雲に王が誕生したとき』島根県立古代出雲歴史博物館
坂本豊治　二〇一六『出雲王　登場　とことん解剖　西谷3号墓』出雲弥生の森博物館
仁木　聡　二〇〇七「四隅突出型墳丘墓の「配石構造」の系譜と展開」『四隅突出型墳丘墓と弥生墓制の研究』島根県古代文化センター・島根県埋蔵文化財調査センター
花谷　浩編　二〇二〇『出雲弥生の森博物館　展示ガイド』出雲弥生の森博物館
松本岩雄　二〇一二「集成　四隅突出型墓」『松江市史』史料編二考古資料、松江市
渡辺貞幸　二〇〇七「まとめにかえて―四隅突出型墳丘墓概説―」『四隅突出型墳丘墓と弥生墓制の研究』島根県古代文化センター・島根県埋蔵文化財調査センター
渡辺貞幸・坂本豊治ほか　二〇一五『西谷三号墓発掘調査報告書』島根大学考古学研究室・出雲弥生の森博物館
渡辺貞幸　二〇一八『出雲王と四隅突出型墳丘墓』シリーズ「遺跡を学ぶ」一二三、新泉社

【写真・図版出典】

図1・2・7・8・9花谷編二〇二〇／図3・6坂本二〇一六／図4・5出雲弥生の森博物館展示パネル／図10岡山大学考古学研究室提供

出雲の地域首長と日本海交易
―西谷墳墓群を築いた首長達の時代―

岩橋孝典

二世紀から三世紀の間、出雲平野には西谷墳墓群で巨大な四隅突出型墳丘墓が複数築造された。この墳丘墓群で使われた木棺の底には鮮やかな赤色の中国産水銀朱が敷き詰められていた。当時、水銀朱は鉄や銅よりも高額な商品であり、弥生時代後期の日本国内では限られた墳墓などからしか出土していない。日本海交易の要地を支配し、水銀朱をはじめ大陸産の文物を入手した西谷墳墓群の王達は、吉備や出雲以東の日本海側諸地域に対して地政学的に優位な立場を得ていたのであった。

いわはし・たかのり
島根県教育庁文化財課世界遺産室課長補佐
昭和四十五（一九七〇）年、島根県生まれ。奈良大学文学部文化財学科卒。島根県立古代出雲歴史博物館、島根県埋蔵文化財調査センターを経て現職。専門は日本考古学。
【編著書・論文等】
『弥生王墓誕生』・『古墳文化の珠玉』（島根県立古代出雲歴史博物館）、「再考・中空耳環」『古代文化研究』第三十号（島根県古代文化センター）など

一㈠　はじめに

弥生時代後期の中でも「二世紀」は、次の古墳時代への助走の時期として捉えることができる。壮大な墳丘を持つ西谷《にしだに》墳墓群が登場した出雲地域をはじめ、西日本の日本海側諸地域では、それぞれ有力首長層が、大陸・朝鮮半島に直接・間接の外交・交易を働きかけた時代でもある。各地域の大首長達がその基盤とする地域の紐帯を強化し、大陸に必要な文物を求めなければならないような切迫した状況とはなんであったのか。

北部九州～関門地域から瀬戸内海を経て大阪湾に至る海上ルートは、西日本の交通体系の最も重要な幹線である。このルートは、後漢王朝の弱体化に連動して二世紀のある時期に機能不全に陥っていたとする説もある（福永二〇〇一）。

北部九州の在地勢力が自前で消費する分量をストックしたうえで、瀬戸内海を経由した東方社会への文物の供

給をコントロールしていた可能性も論じられているが真相は不明である。

一㈡　日本海交易……これまでの発掘・研究成果

出雲平野や山陰地域に関わる日本海交易の状況については、これまでに多くの発掘調査成果に基づく、研究成果がある。特に外来系土器（三韓《さんかん》系土器、楽浪《らくろう》土器、北部九州系土器、西部瀬戸内系土器、吉備系土器、丹越系土器など）、鉄製品（刀剣、鉄鏃、鉄斧、農工具）、ガラス製品、玉類（朝鮮半島産の碧玉管玉、北陸産の碧玉管玉、ヒスイ製玉類、大陸産のガラス玉類）などに厚い研究蓄積がある。

これらの研究成果により、西谷墳墓群の母体となる出雲平野の集落遺跡群（山持《ざんもち》、中野、古志、矢野などの遺跡群）が日本海西部域の交易・交換拠点であることが実証されつつある（池淵二〇〇七・二〇一八・二〇一九、角田二〇〇六、亀田二〇〇一、島根大学考古学研究室ほか二〇一五、東山二〇一二、廣江二〇一〇、米田一九九七・二〇〇二）。

二　日本海交易における出雲の立ち位置

日本海を舞台とした交易活動を考える際に、「みなと」の機能をどのように捉えるのかは重要な論点である。江戸時代の北前船の寄港地のように、東西交通の等質的な一経由地（Passage point）として捉えるのか、拠点的で積み替え機能を持つ中継交易地（Trade port）というべき機能まで想定できるのかである【第1図】。

海事研究者の篠原陽一氏によると、古代の遠隔地交易では同一の交易人による通し交易・一貫交易は一般的ではなく、様々な交易人による継立交易・積替交易が主体

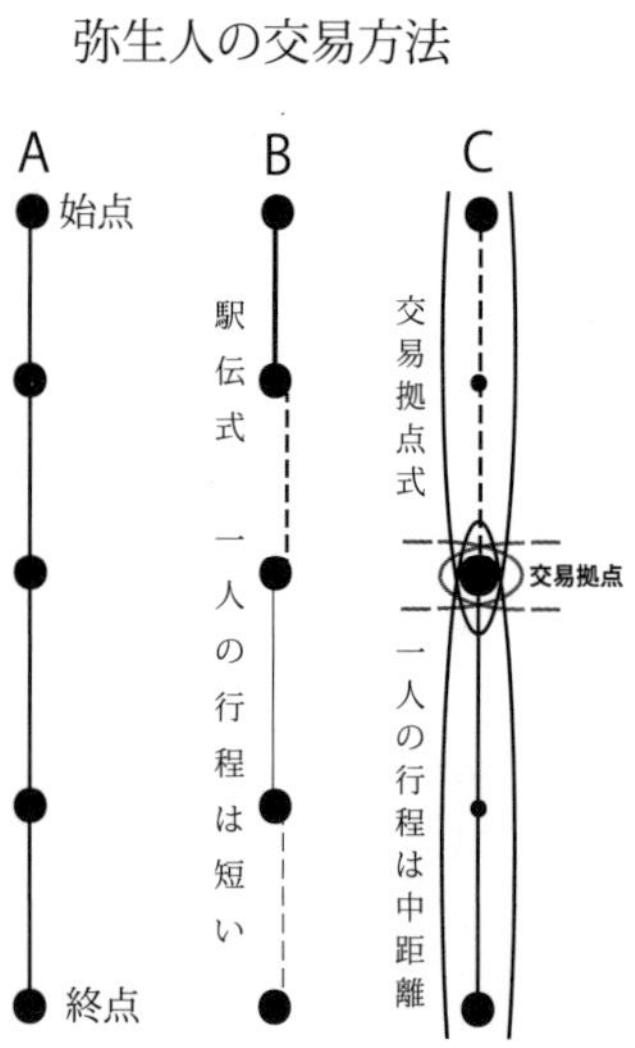
同一人物が全行程を行く

第1図　弥生時代の交易の枠組み

となっていることを指摘する（篠原二〇〇八）。

結論的にいえば、積替交易の拠点となるTrade portの機能が出雲平野内の「みなと」にあったとみる。その理由として、本州日本海側で発見されている朝鮮半島・北部九州系土器類のほぼ九割は出雲平野内で見つかっており、それよりも東方では出雲平野同様の港湾機能が推定される松江市鹿島町でまとまって見つかる以外は大変少量であることによる。また、鳥取県鳥取市の青谷上寺地《あおやかみじち》遺跡、岩吉《いわよし》遺跡、秋里遺跡付近で流行したスタンプ文装飾壺などが、西伯耆や出雲東部を飛び越して出雲平野にもたらされる現象は、東方社会の人々が出雲平野まではやって来たと想定する材料となる（松井一九九七、岩橋二〇〇四）。

つまり、九州北部の人々は出雲平野までは到達して、東方に文物・情報を流通させ、東山陰や北陸の人々も出雲平野までやって来て、朝鮮半島や北部九州の最新の文物や情報を得たと考えられる。これは久住猛雄氏のいう「博多湾貿易」に連接する日本海域西部方面へのサプライチェーンといえよう（久住二〇〇七）。

当時の日本海交易は二〇〇〜三〇〇km程度のスパンで拠点的な交易地をもち、その交易地間の接続によって文物・情報の交換が行われたものと推定できる。北陸地方の住人が一千km以上の往復をして大陸や韓半島の文物を得ることは皆無ではないが稀といえるであろう。

三　水銀朱の流通と出雲—西谷墳墓群の時代（二世紀）

本節では、西谷墳墓群でも用いられた赤色顔料である水銀朱について考えてみたい。なぜなら、水銀朱は有形の考古資料と比較してこれまでは十分に研究・評価されてこなかったものである。しかし、この粒状の水銀朱は当時の出雲地域の対外交易力を推し量る極めて有意な素材であることが指摘されているからだ。

水銀朱は、化学的には硫化水銀（Hgs）、つまり硫黄と水銀の化合物である。性質は常温下で安定しており水にも溶けないため、人が飲み込んでも体内に吸収されず排出される。公害病の原因として有名な有機水銀（C-Hg）と混同されがちであるが、五百八十度以上で加熱しない限り無毒である（本田二〇二一）。

古代社会において水銀朱は単なる赤色の顔料ではない。漢代以降の中国王朝で流行した神仙思想による仙薬への利用（北條一九九八）や、葬送儀礼の際に再生への期待や遺体の防腐などのために使用されたと考えられる。その影響は弥生時代以降日本列島にも及び祭祀・葬送に関わる道具立てとして使用される。

難波洋三氏によると『史記』貨殖列伝の記述では、鉄器と銅器と朱（辰砂）の価格比は一：四：一二〇になるという（難波二〇一六、二〇一八）。水銀朱は金属器以上の高額商品なのである。

例えば、西谷三号墓第四埋葬施設では約一〇kgの水銀朱が用いられるが、これは五銖銭四万八千銭＝青銅百六十kg～二百kg＝内行花文鏡（面径十三・四cm）一六〇面の素材価値があるとする。荒神谷遺跡の銅剣三百五十八本＝青銅百八十kgなのでこれと同等である。ちなみに成人奴隷三人＝五銖銭四万五千～六万銭である。難波氏の解析によって、弥生社会において水銀朱が高価、かつ稀少な財であったことが鮮明となった。

さて、弥生時代に日本列島で流通した水銀朱には日本産（徳島、奈良、三重等）のもの以外に中国産の水銀朱があることが、硫化水銀中の硫黄同位体比分析の成果によって明らかになってきた（南二〇一一ほか）。

これらの分析成果を概観すると、弥生中期段階では奴国（福岡市付近）周辺で中国産水銀朱を寡占しており、同じ福岡県内でも筑後川流域では国産水銀朱を使用している。弥生後期段階ではその流通圏が広がり、筑前・筑後・豊前などの九州北部一帯で中国産水銀朱を主体として使用している。ただし、九州島内では一つの墳墓で10kg以上使用する例は城野《じょうの》遺跡一号方形周溝墓（北九州市）ぐらいで、多くは数kg程度の使用量である（志賀二〇一七、河野ほか二〇一四、二〇一九、本田二〇二一）。

本州では弥生時代中期段階に水銀朱が使用されているが、一遺跡・一遺物あたりの水銀朱出土量は少ない。この時期に該当する水銀朱資料の硫黄同位体比分析例が少なく判然としないが、本州内では国産水銀朱が流通していたものと考えられる。徳島県阿南市の水井《すい》水銀鉱山内に位置する若杉山遺跡では水銀朱の採取、加工が行われたことが遺構・遺物の上からも判明している。弥生時代後期初頭と後期末の土器が伴って出土しており、水銀朱鉱山の稼働状況がわかる実例として貴重である（岡山一九九七、西本二〇一九・二〇二一）。

このような国産水銀朱の流通状況に一石を投じたのが、弥生時代後期後葉（二世紀）の日本海沿岸の要所に築造された大型墳丘墓から発見される中国産の水銀朱である【第２図】。

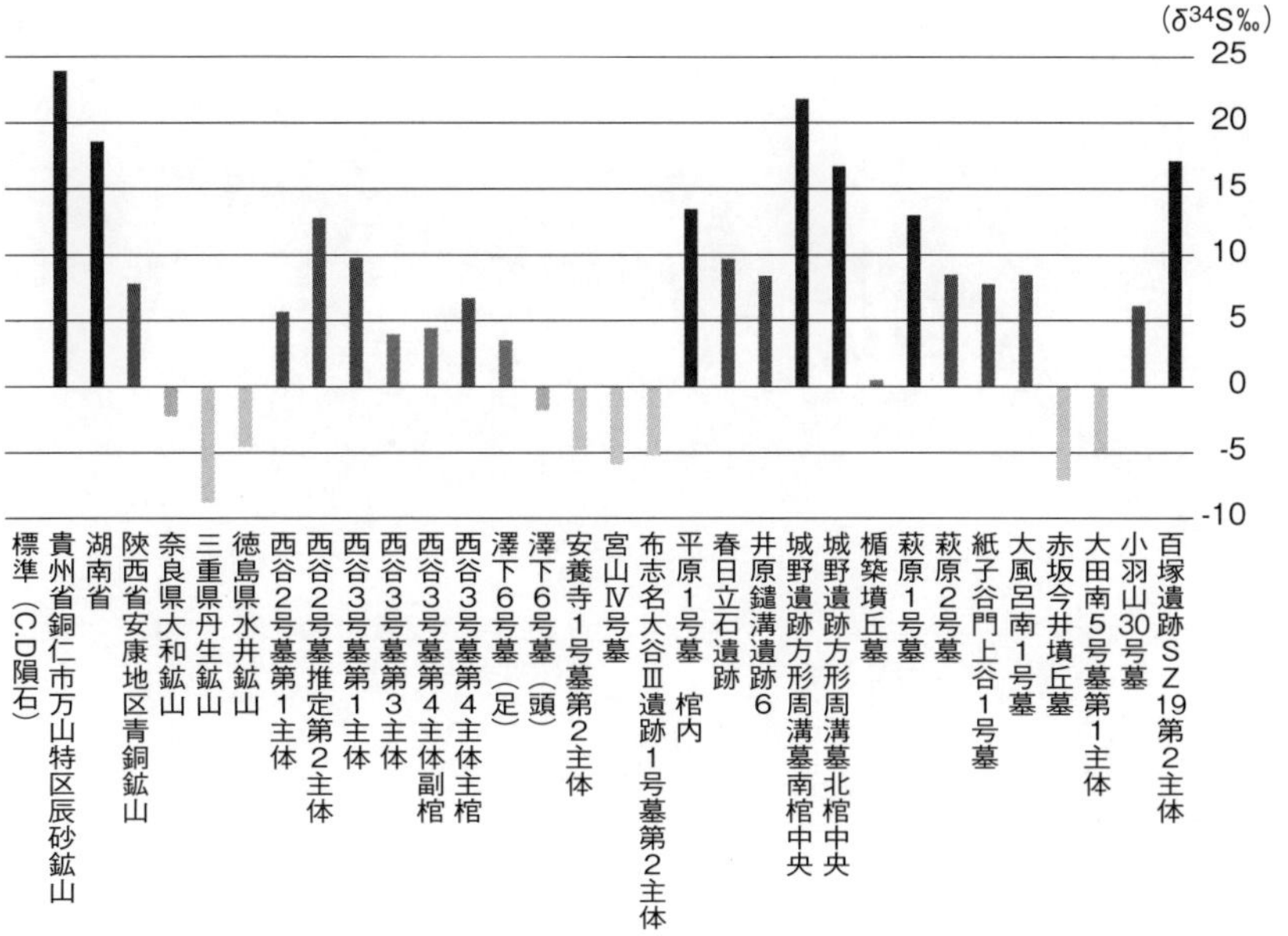

第２図　水銀朱の硫黄同位体比分析の比較

これまで、硫黄同位体比分析で中国産水銀朱の使用が判明した事例で、西谷二号墓・三号墓（島根県出雲市）、門上谷《もんじょだに》一号墓（鳥取市）、大風呂南《おおぶろみなみ》一号墓（京都府宮津市）、小羽山《おばやま》三〇号墓（福井市）、百塚遺跡SZ一九方形周溝墓（富山市）などがある（南二〇〇六、南ほか二〇一一・二〇一三、上山ほか二〇一六、志賀二〇一二、岩橋二〇〇七）。これ以外に中国産水銀朱と日本産水銀朱の中間的な数値を示すものが、楯築《たてつき》墳丘墓（岡山県倉敷市）、沢下《さわしも》六号墓（松江市）があるがこれらは両者の水銀朱を混和（ブレンド）して用いているものと想定される【第2図でこれを総覧する】。

西谷墳墓群を造営した首長達は日本海側の、「中国産」水銀朱の流通に大きく関与したものと想定される。出雲西谷の首長は、出雲より東方に位置する地域の大首長に中国産水銀朱をはじめ最新の文物や情報を提供する立場にあったのだ【第3図】。

日本海沿岸地域でも大型墳丘墓の造営が可能であった地域は限定的であり、出雲東部や伯耆、但馬、若狭、加賀などの地域では中国産水銀朱を使用した墳墓は未発見である。

一方、瀬戸内海地域ではどうか？　岡山県倉敷市に所

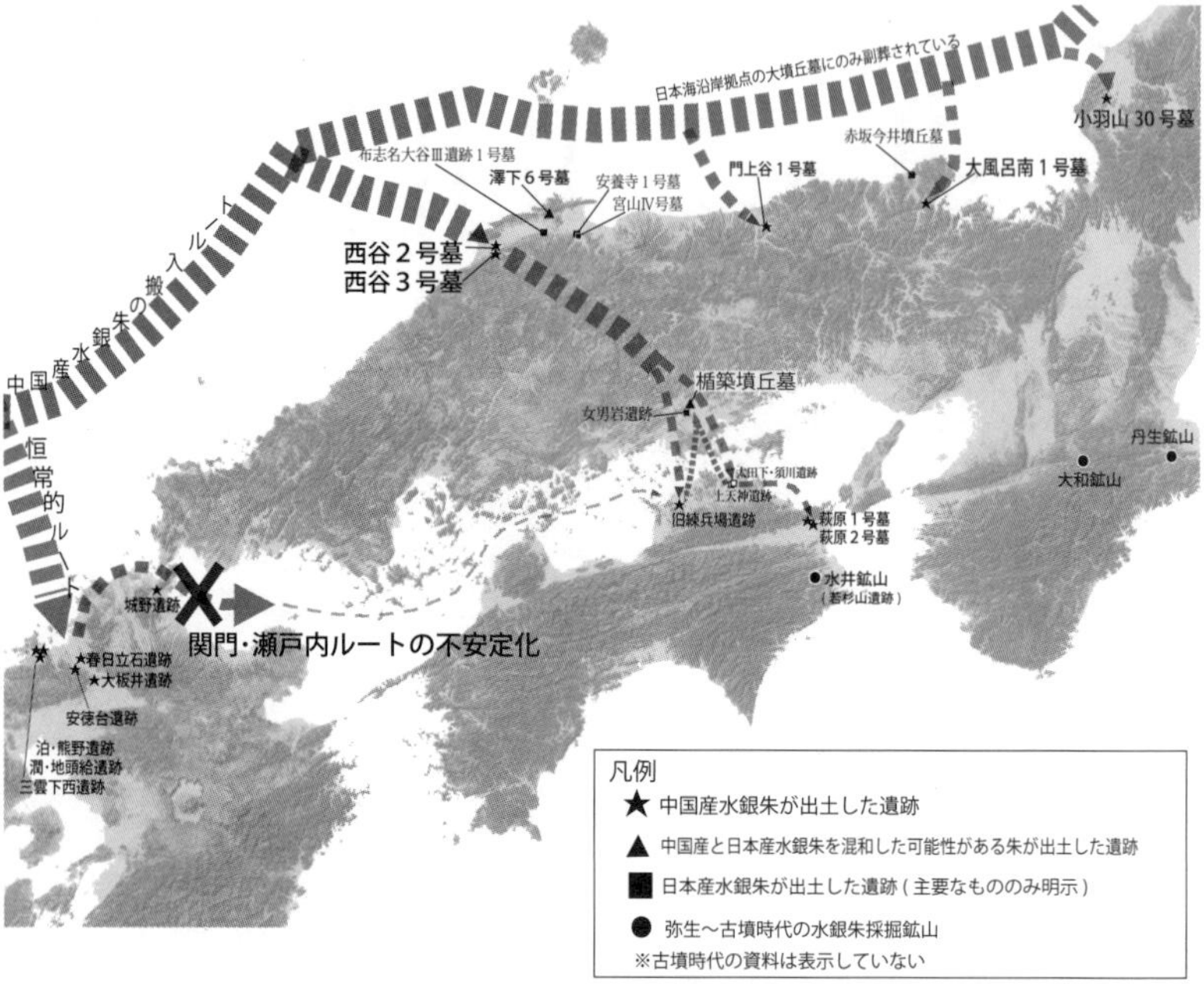

弥生時代後期後葉の中国産水銀朱の入手ルート

時期	出雲	伯耆	因幡	但馬	丹後	越	吉備
	地域						
弥生時代後期中頃							
弥生時代後期後半	★★ 西谷２号墓 西谷３号墓		★ 門上谷１号墓		★ 大風呂南１号墓	★ 小羽山 30 号墓 ★ 百塚遺跡 SZ19	▲ 楯築墳丘墓
弥生時代後期末	● 安養寺１号墓 ● 宮山Ⅳ号墓				● 赤坂今井墳丘墓		● 女男岩墳丘墓
古墳時代前期	● 塩津山１号墳 ● 松本１号墳	● 国分寺古墳	● 桂見２号墳		● 太田南５号墳	● 花野谷１号墳	● 津倉古墳 ● 平井西山古墳

凡例
★ 中国産水銀朱
▲ 中国産と日本産水銀朱の混合の可能性があるもの
● 日本産水銀朱

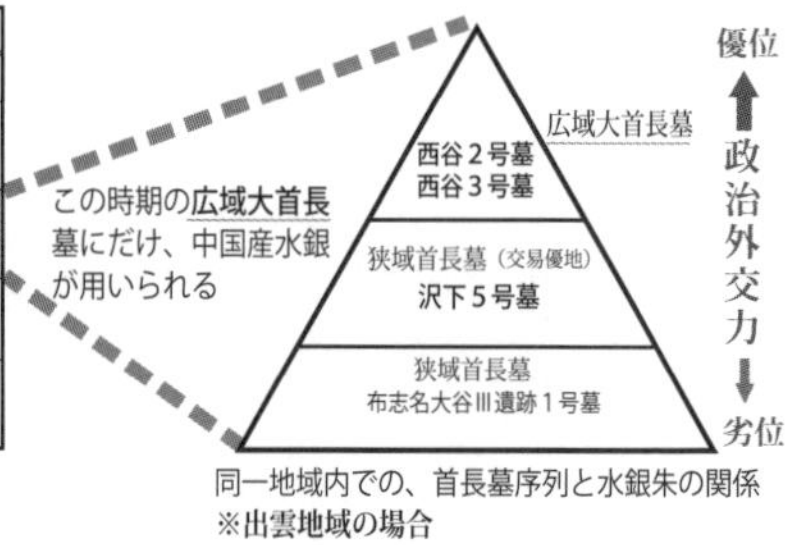

同一地域内での、首長墓序列と水銀朱の関係
※出雲地域の場合

時間的・空間的関係からみた首長墓と水銀朱供給の関係

第３図　西日本の水銀朱交易

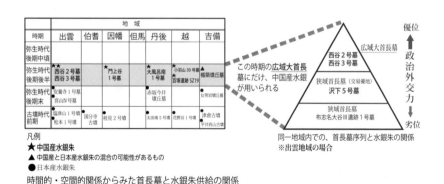

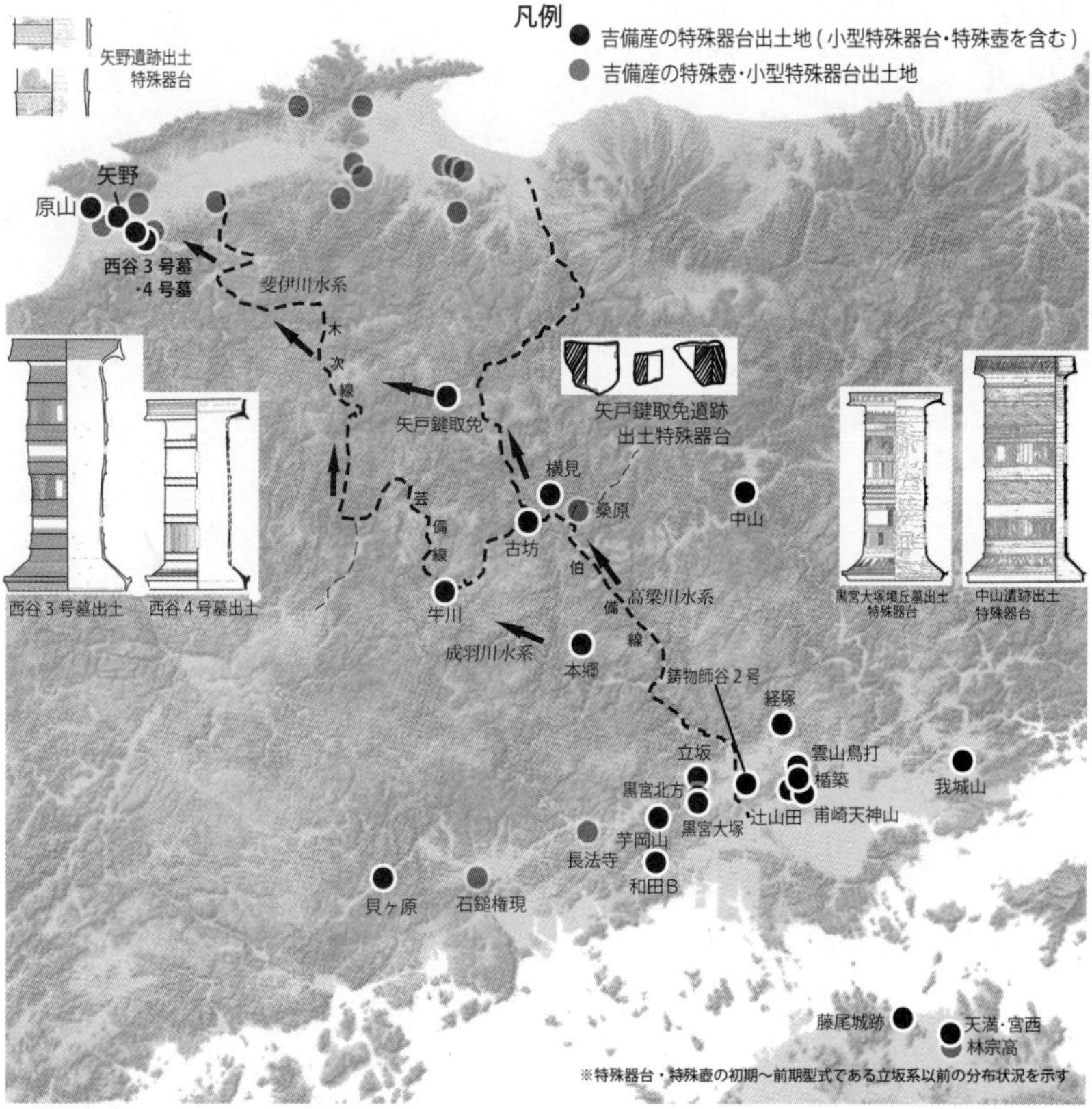

立坂系 特殊器台・特殊壺の搬入ルート

第４図　特殊器台・特殊壺のみち

在する楯築墳丘墓（全長七十八m）は当時最大級の弥生墳墓である。一基のみ設けられた埋葬施設からは、木槨木棺の底部に総量三十二kgに及ぶ水銀朱が敷かれていた。この水銀朱の硫黄同位体比は日本産と中国産水銀朱の中間的な値を示していた。

　また、徳島県鳴門市の萩原《はぎわら》一号墓・二号墓で使用された水銀朱も中国産の数値を示しており、水銀朱の生産地においても、地域の最高首長墓は中国産水銀朱を獲得していることが興味深い。

　近年分析が行われた香川県善通寺市・旧練兵所跡遺跡から出土した弥生時代後期初頭の水銀朱は、中国産であることが判明した。この遺跡では水銀朱の加工・調整に使用された土器、石杵などが数多く出土している。香川県内では高松市・上天神遺跡、太田下・須川遺跡、天満・宮西遺跡などでも水銀朱の加工・調整を行った土器や石杵が多量に出土していることから、讃岐地域には水銀朱の加工・調整などの取り扱いに長けた工人集団がいたことが考えられている（大久保一九九五、信里二〇一〇）。

この状況からやや大胆な想定となるが、出雲平野から吉備に送られた中国産水銀朱は、一旦讃岐の水銀朱加工者に送られてそこで加工・調整されてから、吉備楯築の首長のもとに送られた可能性もある。なぜなら岡山平野の諸遺跡では水銀朱調整に用いられた土器の出土量が少ないこともこの仮説の証左となる。

西谷三号墓に吉備南部産の立坂《たてざか》系特殊器台・特殊壺が搬入されて祭祀に使用される点について、これまでは吉備側からの単方向的な土器移動とみられてきた。しかし、楯築の首長が水銀朱などの大陸系文物や情報を出雲西谷の首長を介して入手していたとすれば両者の関係は双方向的・互恵的な関係と捉えることができる。

このような関係は福永氏が指摘するように、それまで北部九州・関門地域経由で将来されていた中国・朝鮮半島産の文物が、二世紀後半のある時期に停留したため、その代替手段として日本海経由で出雲ルートに外来資源を求めたとする説に符合する。

四　瀬戸内地域と山陰地域の関係性

吉備産の（大型）特殊器台・特殊壺の出雲地域への搬入状況を見てみよう。出雲市内の四遺跡（西谷三号墓、西谷四号墓、矢野遺跡、原山遺跡）で立坂系の大型特殊器台が確認されている。単に吉備系土器といった場合、日常的に使用する土器類や小型の特殊土器も包括するが、フル規格の大型特殊器台に限定すると出雲平野での出土数は極めて異彩を放つものである。

吉備から出雲平野への特殊器台搬入ルートをみてみよう【第４図】。起点となる高梁川下流から上流へ遡り、高梁市街手前で高梁川本流と支流の成羽川が分岐する。高梁川水系では上流の新見市内で横見遺跡、古坊遺跡で特殊器台が出土している。さらに分水嶺を超え鳥取県日南町に入ると矢戸《やと》鍵取免《かぎとりめん》遺跡で特殊器台が出土している。一方、成羽川沿いでは高梁市市内で本郷遺跡から、さらに上流側では庄原市東城町の牛川遺跡から特殊器台が出土している。ここからはＪＲ芸備線・木次線沿いに奥出雲町横田にまで容易に到達する。また、先述の日南

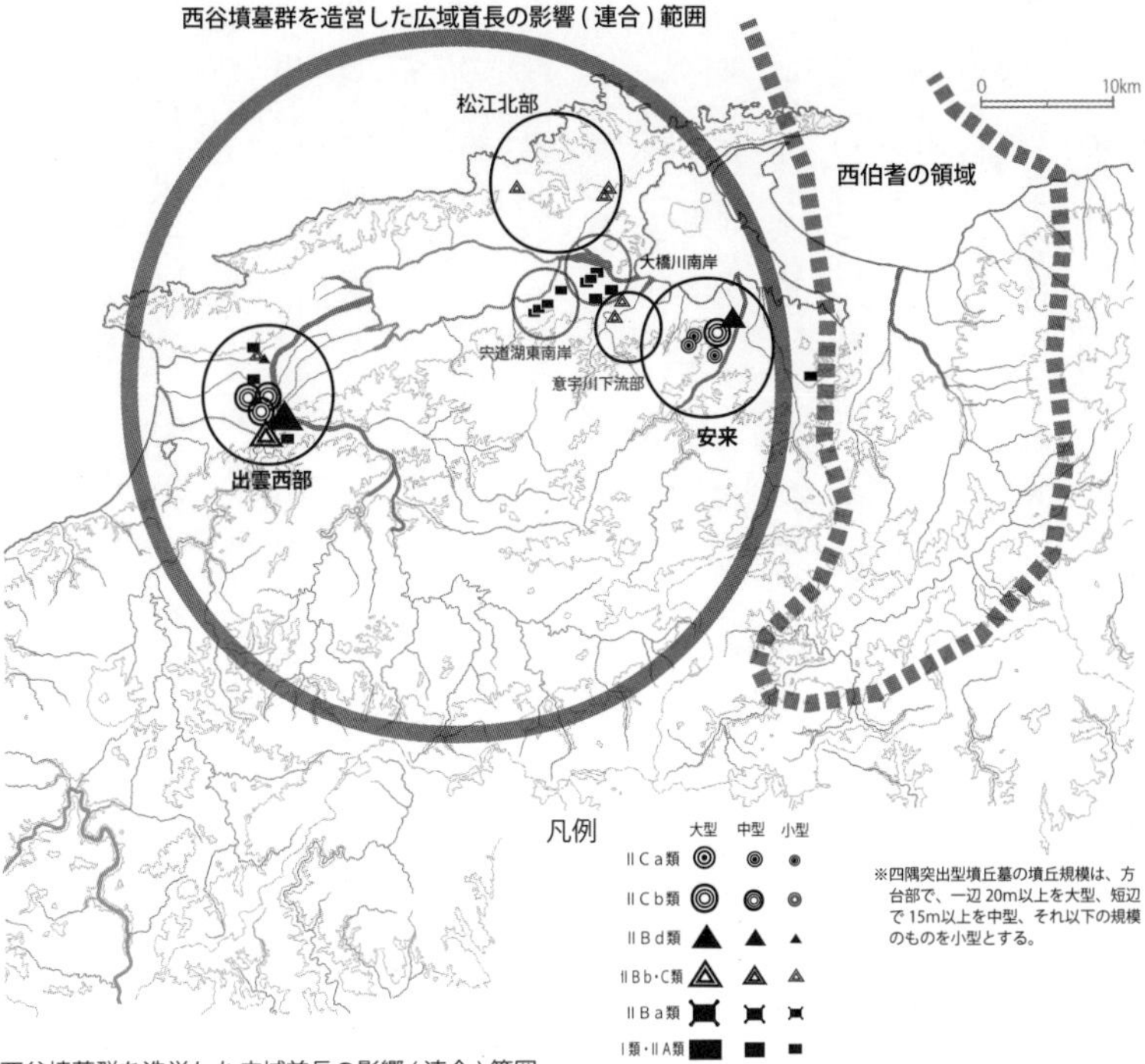

西谷墳墓群を造営した広域首長の影響（連合）範囲

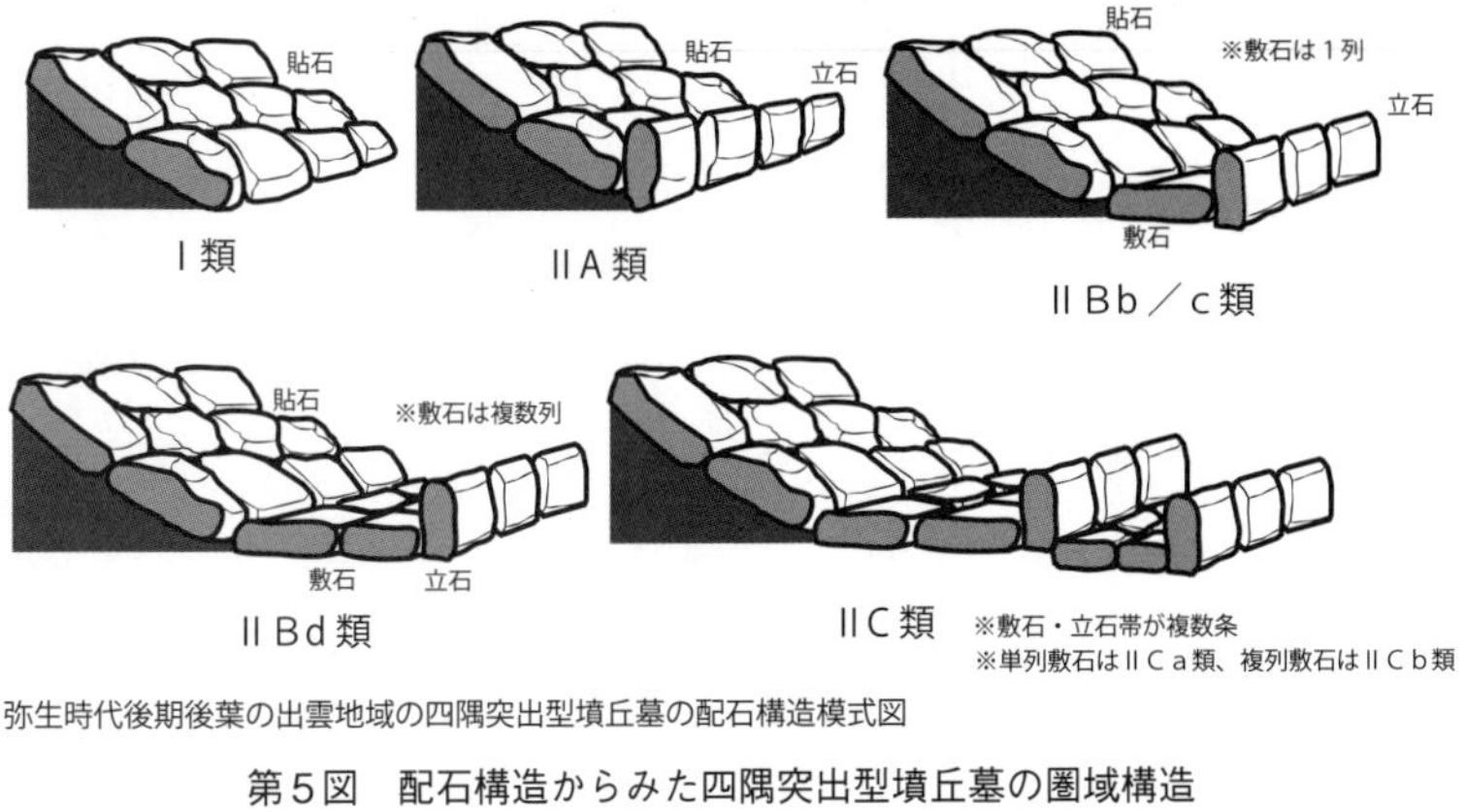

弥生時代後期後葉の出雲地域の四隅突出型墳丘墓の配石構造模式図

第５図　配石構造からみた四隅突出型墳丘墓の圏域構造

町・矢戸鍵取免遺跡からは峠一つを越えれば奥出雲町横田に到達する。ここから斐伊川沿いに下れば出雲平野に到達することは比較的容易である。

このように、大型の特殊器台を巡る吉備と出雲の関係は実に直截的で迂回するところがない。池淵氏が述べるように、出雲地域全体に分布する小型の吉備系土器は極めて限られた期間にもたらされており、また墳墓の階層性に準じて配布されている。このことから吉備勢力から出雲地域の広範囲の中小首長達にばらまかれたものではなく、一度出雲西谷の首長のもとに集約されて、西谷の首長が出雲地域の広範囲に再配布したものと考えることができる（池淵二〇〇七）。なぜか。

この問題の解を明確化するために、弥生時代後期後葉の出雲地域の四隅突出型墳丘墓（以下、「四隅」と略す）の配石構造について再確認する【第5図】。

出雲地域の「四隅」について、配石構造を分類・類型化の提示を行ったのは山本清氏に始まり（山本一九七五）、さらに松本岩雄氏が詳細分類を行っている（松本二〇〇三）。筆者は松本氏が提示したⅡB類（貼石・敷石・立石の構造を持つ）を細分し、松江市内の「四隅」の地域的特徴と階層差について述べたことがある（岩橋二〇一八）。

第5図のように、この時期の出雲地域の「四隅」には、配石構造に厳然とした規格が認められる。その規格に準じて築造された「四隅」は、外観を見ただけで出雲地域内での帰属階層が判明する身分階層表示装置として機能しうるものである。古墳時代に「前方後円墳体制」によって表現された畿内王権を頂点とする広域間の権威・権力・身分・階層の分化が、出雲では狭い領域ながら先行して達成されていたことが指摘されている。この状況を渡辺貞幸氏は、「出雲連合」とよんで、今日の「出雲」の領域観の初源と位置付ける（渡辺一九九五a・b）。

さて、最高規格の配石構造のⅡC類は、出雲平野と安来平野にのみ存在し、中間の松江市内にはⅠ類、ⅡB類までしか存在しないことは既に指摘済みである（岩橋二〇一八）。この配石構造の分布状況と大型の特殊器台の分布は整合しており、両者の併存する出雲平野勢力が出雲地域の他勢力を圧して、出雲地域というピラミッドの頂点にいることが確認できるのである。

渡辺氏は、三世紀前葉に築造された西谷九号墓の段階で出雲地域全体への統制が図られるとする。しかし、吉

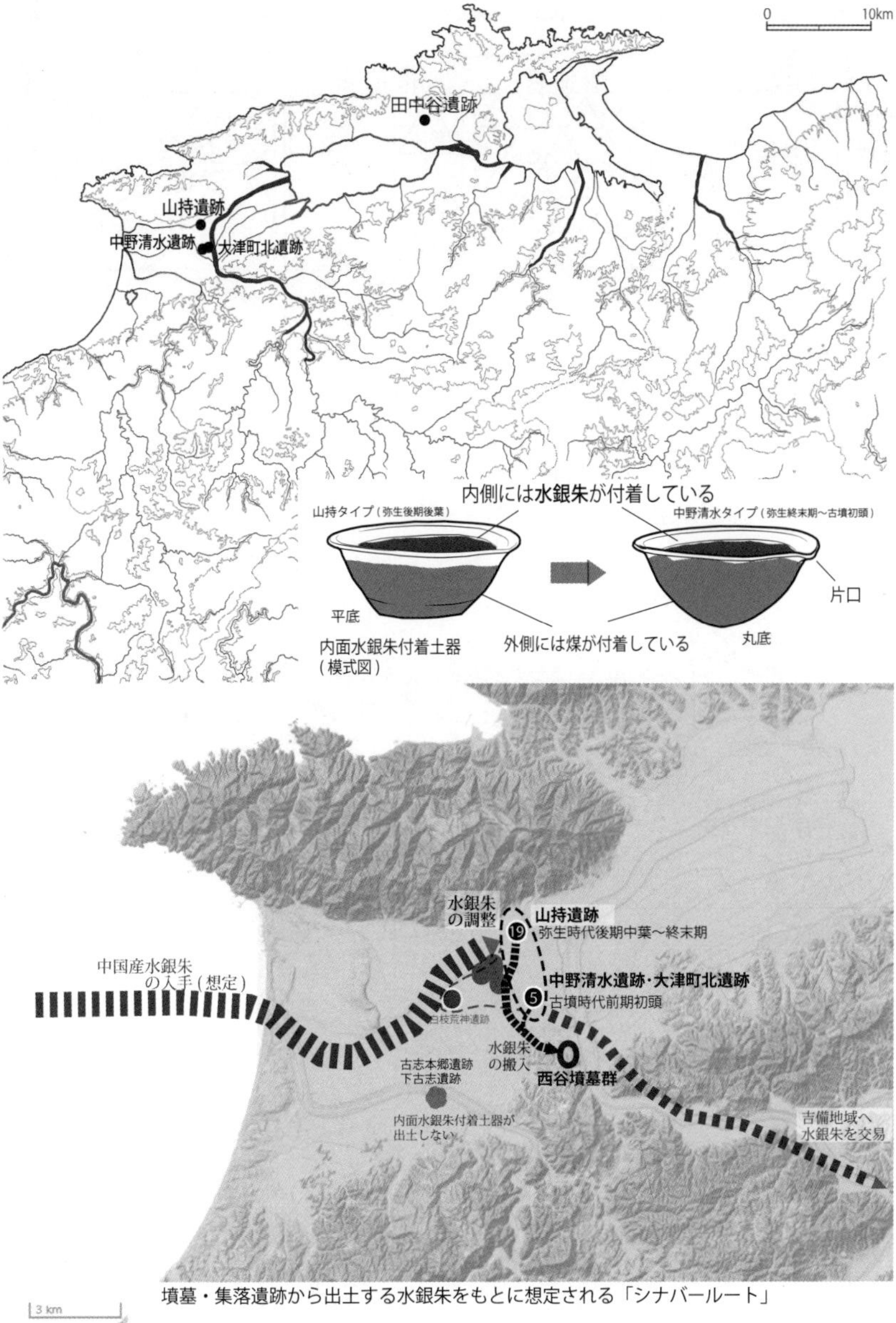

墳墓・集落遺跡から出土する水銀朱をもとに想定される「シナバールート」

出雲平野における内面水銀朱付着土器の出土遺跡と想定される朱の交易ルート

第６図　出雲地域の水銀朱精製土器の分布

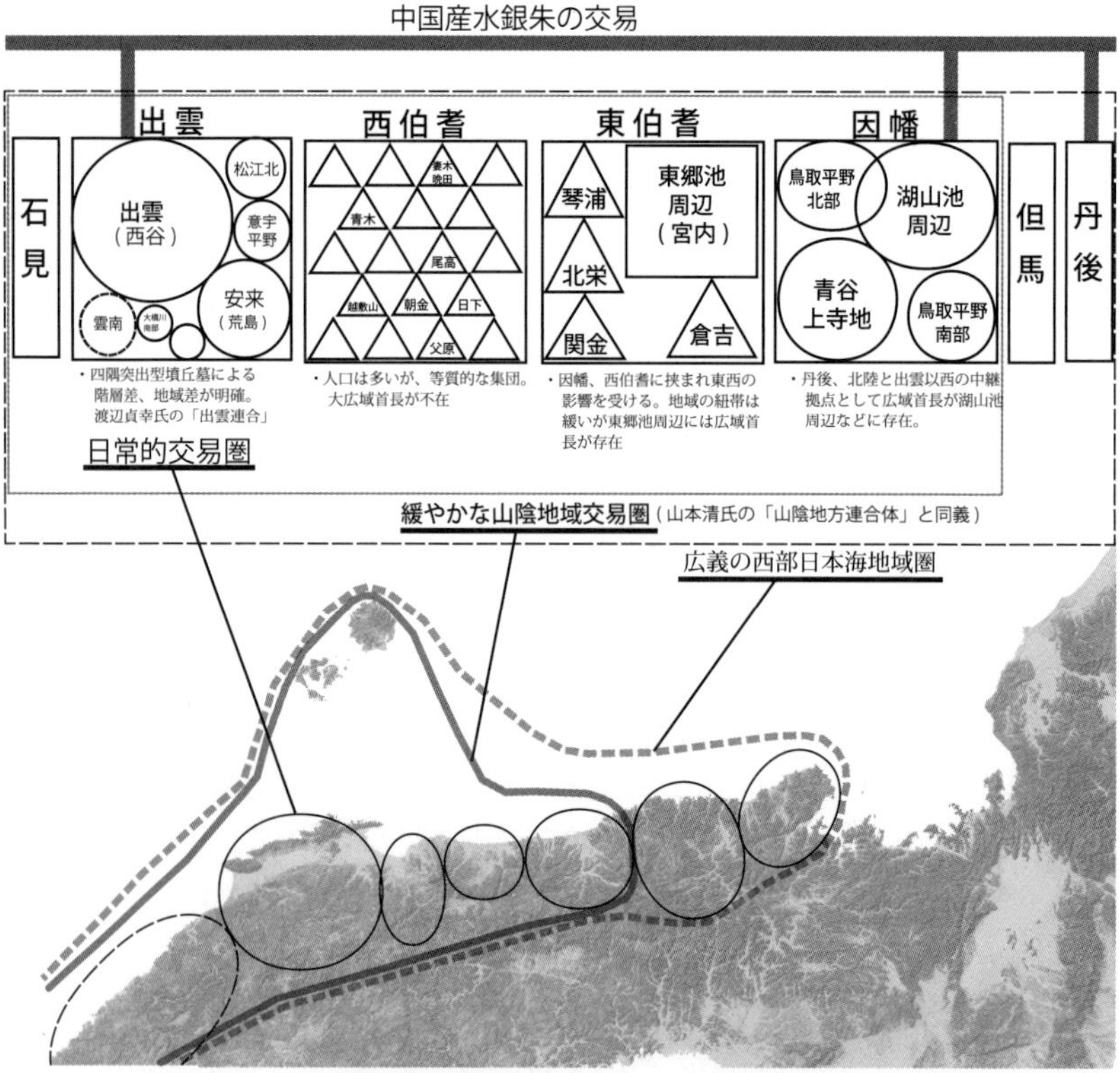

第７図　弥生時代末頃の山陰地域の構造

備系の大型特殊器台は安来市内の「四隅」をはじめとする弥生墳墓には搬入されていないことから西谷三号・四号墓の段階（二世紀後半）で出雲平野勢力の安来平野勢力に対する優越が既に認められる。

さて、吉備と山陰の交通関係は弥生時代を通じて確認できる。しかし、吉備南部と出雲平野という特定地域間の交通に限ってみれば、弥生時代中・後期を通じて顕著な交通状況を確認しがたい。

例えば、分銅型土製品は吉備南部を中心とした瀬戸内地域に広く分布する祭祀遺物であるが、山陰地域でも各地域で普遍的に出土する。むしろ山陰側では吉備―因幡を結ぶ北の極地である青谷上寺地遺跡（五十六個体）での出土数が他を圧倒している状況である。

また、用木山《ようぎやま》遺跡（岡山県赤磐市）を中心に備前、美作、因幡に分布する筒型口縁付き長頸壺はＪＲ津山線、因美線に沿って分布し、青谷上寺地遺跡では五個体出土している。下古志遺跡（出雲市）で一点だけ出土しているのは、青谷上寺地遺跡と出雲平野の海上交易によってもたらされたものといえよう。

　このように出雲平野と吉備南部という特定地域間の交通は、弥生時代中・後期を通じて顕著ではなく、弥生時代後期後葉の西谷墳墓群と楯築墳丘墓を築造した両首長間の関係において初めて顕在化した交通ルートなのである。

五　出雲平野の集落遺跡の水銀朱調整土器

　中国産水銀朱は水銀朱鉱床から産出した鉱石を破砕して細かくしているが、やや大きめの粒径で日本国内に持ち込まれている。水銀朱は粒径が大きいと暗紫褐色を呈しているが、石杵などを使用して磨り潰して細粒化したり、加熱すると明るい赤褐色を呈する。

　西谷墳墓群に供給された水銀朱は、墓に納められる前に出雲平野の集落内で最終的な調整加工をされて鮮烈な赤褐色に仕上げられたことであろう。出雲平野では洗面器のような形状の片口鉢形土器を用いて水銀朱の調整が行われたと考えられている（柴崎二〇〇九、上山二〇二一、坂本二〇二一）。この種の土器は内側に水銀朱が付着し、外側は火にかけて加熱したことを示すように煤が付着していることが特徴である【第6図】。

　出雲平野の場合、弥生時代後期後葉～終末期は北山南麓の山持遺跡付近で水銀朱の調整行為を大規模に行っている。その後、弥生時代終末期～古墳時代前期初頭には出雲平野中央の中野清水遺跡付近に場所をかえて水銀朱の調整を小規模に行う。山持遺跡では、朝鮮半島系土器のなかでも楽浪系土器が複数個体出土しており、中国産水銀朱の搬入経路を考えるうえで重要である。これらの集落出土の水銀朱付着土器については硫黄同位体比分析が実施されていないため、将来的な分析実施が待たれるところである。

　また、神門川左岸の古志本郷遺跡・下古志遺跡では、山持遺跡が担っていた対外交易機能を古墳時代前期には受け継ぐことが指摘されているが、水銀朱の調整活動は行っていないようだ。

　山陰地域では、松江市橋北地域の田中谷遺跡、東伯耆の長瀬高浜遺跡、因幡の秋里遺跡、青谷上寺地遺跡、里《さと》仁《に》墳丘墓でこのような土器が見つかっている。山持遺跡で十九個体以上、中野清水遺跡で五個体以上発見されており、出雲平野での水銀朱加工がひときわ盛んであったことの痕跡といえよう。

六　二世紀の山陰地域と出雲

弥生時代後期後葉は、西谷墳墓群を造営した首長達によるプレ「出雲」圏の形成が行われた時代といえる。これは六世紀末～七世紀初頭の東西出雲再編を経て、律令期に制定された「出雲国」につながり、さらに現在の「出雲」という地域観念の原型となる。

弥生時代後期には、山陰地域内でよく似た土器が使用され、緩やかな地域間関係である「大・山陰地域連合」が形成されたとされる。山本清氏は昭和末に「山陰地方連合体」という名称を使用してこの事象を理解していることはまさに慧眼である（山本一九八七）。

しかし、考古学的知見の蓄積された今日的な視点でこの地域内を詳細に観察すれば個々の地域は同質のものでないことは容易に理解できる。つまり山陰地域は、「出雲」圏、（西伯耆圏）、（東伯耆圏）、「因幡」圏、（「但馬」圏）、「丹後」圏に細分されるが、この時代に広域を統括して、中国産水銀朱を入手する対外交易力を持った大首長が誕生したのは「出雲」、「因幡」、「丹後」であり、それに準ずる地域が「東伯耆」なのである。この連合体を構成する各圏域の政治志向や地域構造は等質的ではない（松井一九九九）とする松井氏の弁は的確である【第7図】。

さて、山陰地域のなかで「因幡」、「丹後」では墳墓の状況から広域首長が登場しているとみられる。倉吉や東郷池周辺を中心とする「東伯耆」では広域の支配力には欠けるが対外交渉の能力を垣間見せている。

そして、「西伯耆」、「但馬」では、集落遺跡や墳墓遺跡が数多く発見・調査されているが卓越した大首長の存在を示す遺構・遺物は未発見である。つまり、人口は多いが大首長が出現せずに、集団内の格差が小さい等質的な社会を構成していた可能性が考えられるのである。このように、当時の山陰地域は旧国単位程度の範囲で様相が異なるモザイク状の地域集合体であったといえる。

七　まとめ

二世紀は、後漢の衰退に伴い東アジア圏で政治的動揺が広がった時代である。

従来、日本列島の広域交易の基点である九州北部から、東方の本州側に情報・文物をもたらしていた瀬戸内ルートが（中国大陸からの）供給量の減少等により停滞した結果、バイパスルートとして脚光を浴びたのが西部日本海ルートである。

日本海沿岸の有力首長の中で、最も西側に位置し、それ以前から北部九州・朝鮮半島との強い交易ルートを持ち、東方への文物の流通を取り仕切っていたのが出雲平野の首長である。地政学的に有利なポジションに立つ彼（彼女）の外交・交易力に着目した吉備の首長が、新しい情報や朱をはじめとした文物を出雲に求めたことは当然の成り行きだったかも知れない（池淵二〇一八、二〇二一）。

【参考文献】

二〇〇七　池淵俊一「第六章第二節　弥生時代後期の遺構・遺物に関する諸問題」『山持遺跡Ⅱ・Ⅲ区Vol.2』島根県教育委員会

二〇一八　池淵俊一「魏志倭人伝と出雲」『しまねの古代文化』第二五号　島根県古代文化センター

二〇一九　池淵俊一「出雲と日本海交流」『考古学講義』北條芳隆編　筑摩書房

二〇二一　池淵俊一「古墳出現前夜の出雲」『古代出雲ゼミナールⅦ』島根県・島根県教育委員会

二〇〇四　岩橋孝典「装飾壺・スタンプ文土器からみた弥生時代後期の出雲地域～青銅器紋様の継承と変容～」『古代文化研究』第一二号　島根県古代文化センター

二〇〇七　岩橋孝典「朱―王者が求めた聖なる色―」『弥生王墓誕生』島根県立古代出雲歴史博物館

二〇一八　岩橋孝典「第四章第三節　まとめ」『上竹矢七号墳・東百塚山古墳群・古天神古墳・安部谷古墳群調査報告書』島根県教育委員会

二〇一六　上山晶子、南武志、今津節生「イオウ同位体比分析からみた出雲・石見地域における朱の特色」『日本文化財科学会第三三回大会研究発表要旨集』日本文化財科学会

二〇二一　上山晶子「集落における「赤色」の使用実態―縄文時代から古墳時代前期初頭の出雲・石見地域の集落の事例を中心に―」『島根考古学会誌』第三八集　島根考古学会

一九九五　大久保徹也「上天神遺跡出土赤色顔料付着資料について」『上天神遺跡』香川県教育委員会・㈶香川県埋蔵文化財調査センター
一九九七　岡山真知子編『辰砂生産遺跡の調査　徳島県阿南市若杉山遺跡』徳島県立博物館
二〇〇六　角田徳幸「第三章第七節 総括」『中野清水遺跡（三）・白枝本郷遺跡』島根県教育委員会
二〇〇一　亀田修一「出雲・石見・隠岐の朝鮮系土器」『蟹谷遺跡・上沢Ⅲ遺跡・古志本郷遺跡Ⅲ』島根県教育委員会
二〇一四　河野摩耶・南武志・今津節生「九州北部地方における朱の獲得とその利用」『古代』早稲田大学考古学会
二〇一九　河野摩耶・南武志・岡部裕俊「糸島地方における弥生～古墳時代の赤色顔料」『糸島市立伊都国歴史博物館紀要』第十四号　糸島市立伊都国歴史博物館
二〇〇七　久住猛雄「博多湾貿易の成立と解体」『考古学研究』第五三巻四号　考古学研究会
二〇二一　坂本豊治「出雲地域における赤色顔料の調達と使用、その意味」『資料集　水銀朱の生産と使用』阿南市
二〇一二　志賀智史「百塚遺跡方形周溝墓ＳＺ一九出土の赤色顔料について」『富山市百塚遺跡発掘調査報告書』富山市教育委員会
二〇一七　志賀智史「城野遺跡の方形周溝墓から出土した朱の産地について」『研究紀要』第三一号　北九州市芸術文化振興財団埋蔵文化財調査室
二〇〇九　柴崎晶子「出雲圏域における赤色顔料の使用について」『島根考古学会誌』第二六集　島根考古学会
二〇〇八　篠原陽一「古代海上交易論」二〇〇三初出ＨＰ記事
二〇一五　島根大学考古学研究室・出雲弥生の森博物館『西谷三号墓発掘調査報告書』
二〇一六　難波洋三「銅鐸の価格」『季刊考古学』第一三五号　雄山閣
二〇一八　難波洋三「弥生時代における青銅器生産の総合的研究」『科学研究費助成事業研究成果報告書』
二〇一九　西本和哉編『赤色顔料生産遺跡及び関連遺跡の調査　若杉山遺跡発掘調査編』徳島県教育委員会
二〇二一　西本和哉『赤色顔料生産遺跡及び関連遺跡の調査　若杉山遺跡出土品編』徳島県教育委員会

二〇一〇　信里芳紀「香川の絵画・記号土器」『研究紀要Ⅳ』香川県埋蔵文化財センター
二〇一二　東山信治「第六章第三節 山持遺跡の非在地系土器について」『山持遺跡Vol.8（六、七区）』島根県教育委員会
二〇一〇　廣江耕史「第八章総括」『山持遺跡Vol.6』島根県教育委員会
二〇〇一　福永伸哉『邪馬台国から大和政権へ』大阪大学出版会
二〇〇一　本田光子『第二の発掘　赤色顔料からわかる弥生時代・古墳時代の葬送儀礼の一端』福岡市埋蔵文化財センター
一九九八　北條芳隆「神仙思想と朱と倭人―弥生時代から古墳時代へ―」『考古学ジャーナル』No.438　ニューサイエンス社
一九九七　松井潔「東の土器、南の土器～山陰東部における弥生時代中期後葉～古墳時代前期初頭の非在地系土器の動態～」『古代吉備』第一九集　古代吉備研究会
一九九九　松井潔「因幡・伯耆・出雲の墓制」『季刊考古学』第六七号　雄山閣出版
二〇一三　松井潔「台付装飾壺」『みずほ別冊　弥生研究の群像』大和弥生文化の会
二〇〇三　松本岩雄「出雲の四隅突出型墓」『宮山古墳群の研究』島根県古代文化センター
二〇〇六　南武志「出雲市西谷墳丘墓出土赤色顔料の分析」『西谷墳墓群』出雲市教育委員会
二〇一一　南武志、岩橋孝典、大庭俊次、伊藤智、柴崎晶子、坂本豊治、今津節生、渡辺貞幸「硫黄同位体比分析から推測する出雲地域西谷墳墓群および他の墳墓出土朱の産地」『考古学と自然科学』第六二号
二〇一三　南武志、河野摩耶、古川登、高橋和也、武内章記、今津節生「硫黄同位体分析による西日本日本海沿岸の弥生時代後期から古墳時代の墳墓における朱の産地同定の試み」『地球化学』四七
一九七五　山本清「出雲の四隅突出型方墳」『日本のなかの朝鮮文化』二八号　朝鮮文化社
一九八七　山本清「荒神谷―問題と期待―」『古代出雲・荒神谷の謎に挑む』松本清張編　角川書店
一九九七　米田美江子「第三章七節一考察」『白枝荒神遺跡』出雲市教育委員会
二〇〇二　米田美江子「第三章第三節 搬入系遺物」『下

古志遺跡―考察編―』出雲市教育委員会

一九九五ａ　渡辺貞幸「「出雲連合」の成立と再編」『出雲世界と古代の山陰』瀧音能之編　名著出版

一九九五ｂ　渡辺貞幸「弥生・古墳時代の出雲―『風土記』と考古学の接点―」『風土記の考古学三　出雲国風土記の巻』山本清編　同成社

第5章

出雲の地域首長と大和王権

古墳で読み解く東西出雲の地域首長の拮抗

仁木　聡

古墳時代後期（六世紀）は、古代国家成立の礎となった時代です。この時代を牽引したヤマト王権の中心的人物が、『古事記』・『日本書紀』（『記紀』）に記された継体天皇と欽明天皇でした。ヤマト王権は山陰のほぼ中央に位置する「出雲」を、倭国の戦略拠点（軍事・交通・開発の要衝）に位置づけたと考えられます。その結果、「出雲」には、その東西を二分するかのように並立する政治勢力「東西出雲」が誕生したのです。

にき・さとし
一九七四年、大阪府生まれ、立命館大学文学部史学科日本史学専攻考古学コース卒業。一九九八年四月、島根県教育員会事務局職員（埋蔵文化財）採用。
【編著書・論文等】
「古墳時代における長柄武器について—全長規格とその武装—」・「三尾鉄について」『古代学研究』一六五・一八〇号、「巨大方墳の被葬者像」『前方後方墳と東西出雲の成立過程に関する研究』（島根県古代文化センター研究報告第一四集）ほか。

はじめに

古墳時代後期（六世紀）は、古代国家成立の礎となった時代です。この時代を牽引したヤマト王権の中心的人物が、『古事記』・『日本書紀』（『記紀』）に記された継体天皇と欽明天皇でした。出雲における六世紀の画期としては、①継体天皇を支えた出雲の新興勢力の登場（六世紀前半）、②欽明朝における出雲を東西に二分する勢力（以下、東西出雲）の成立（六世紀後半）が説かれています（【図1】）。また、画期の背景には、ヤマト王権による軍事・交通・開発などの拠点づくりが説かれています。

本講座では、この二つの画期を概観しながら、東西出雲の成立から終焉までをご紹介したいと思います。

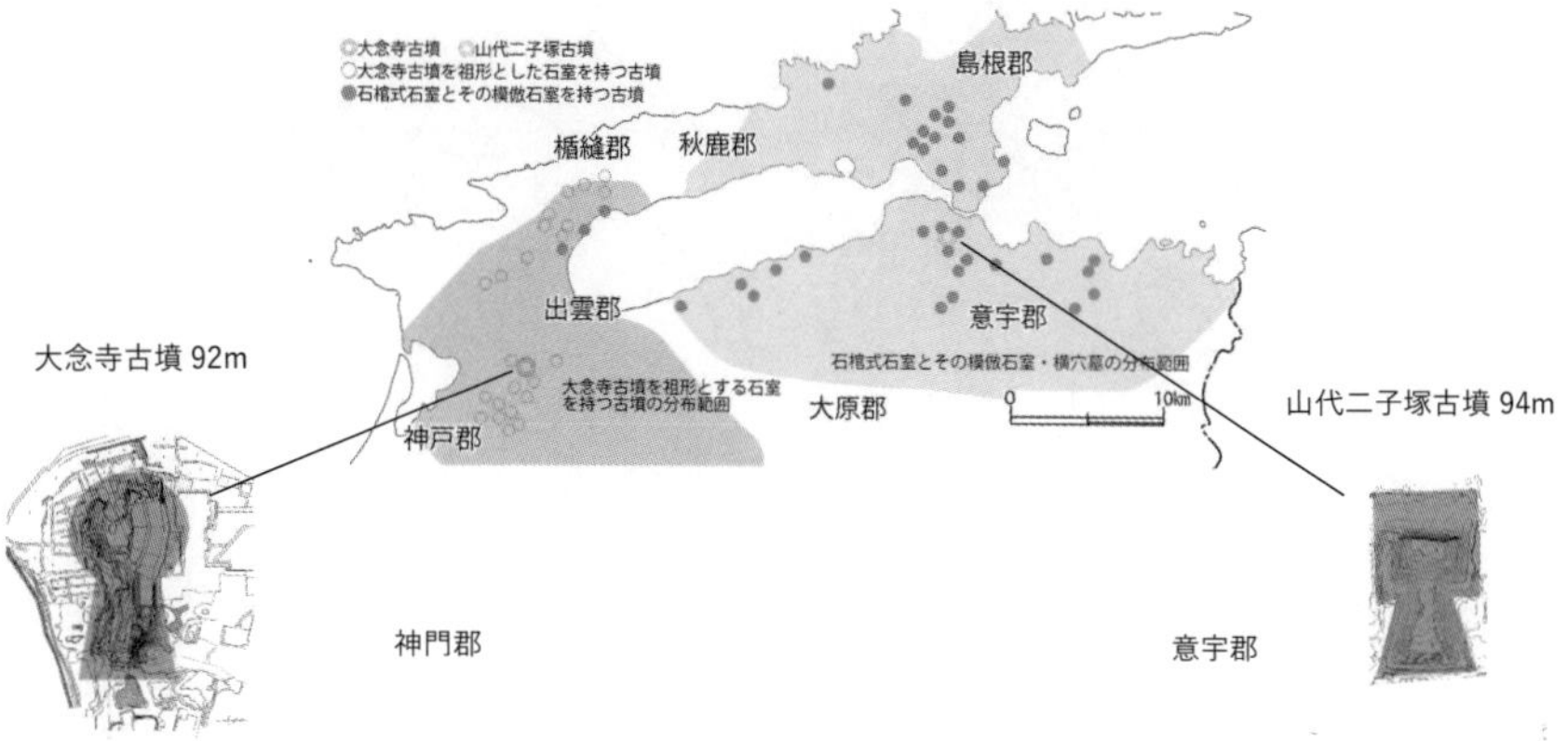

図１　東西出雲の政治勢力の成立（６世紀後半）

一　継体天皇登場前後の出雲

古墳時代中期後葉（五世紀後葉）は、ヤマト王権が動揺を迎えた時期だと言われています。この時代のヤマト王権の盟主が、雄略天皇（倭王武、ワカタケル大王）です。雄略天皇は、畿内と各地の有力豪族らによる連合的な政治体制から、より中央集権的で強力な政治体制の形成を目指しました。その結果、王族・有力豪族との抗争を激化させ、あるいは新興勢力の台頭や新たな統治システムへの試行による反動などもあり、王権の一時的な弱体化を招いたと考えられています。このような政治的・社会的混乱の中で、雄略天皇の孫娘である手白香皇《たしらかのひめ》女《みこ》（仁賢天皇の娘）を娶って即位したのが、ヤマト王権の中興の祖となる応神五世孫とされる継体天皇（男大迹《ヲホド》王）でした（在位：五〇七～五三一年）。

継体天皇は地域の大豪族を圧伏するにあたって、それより下位に属する従順な首長層と結んで中央集権的支配を貫徹させようと目論んだとされています。筑紫君磐井《つくしのきみいわい》の乱後も九州勢力との通交など、地域的な独自性が保持され続けた出雲においては、のちの出雲臣氏や神門臣氏につながる実力者に次ぐ、薄井原《うすいばら》古墳（松江市・島根半島東部）や上島《あげしま》古墳（出雲市・島根半島西部）の被葬者等のような有力在地首長層と直接結びついて、ヤマト王権の地域支配を浸透させていたようです。この時期、西日本各地においては、薄井原古墳や上島古墳のような中小規模の新興勢力が登場します（【図２】）。

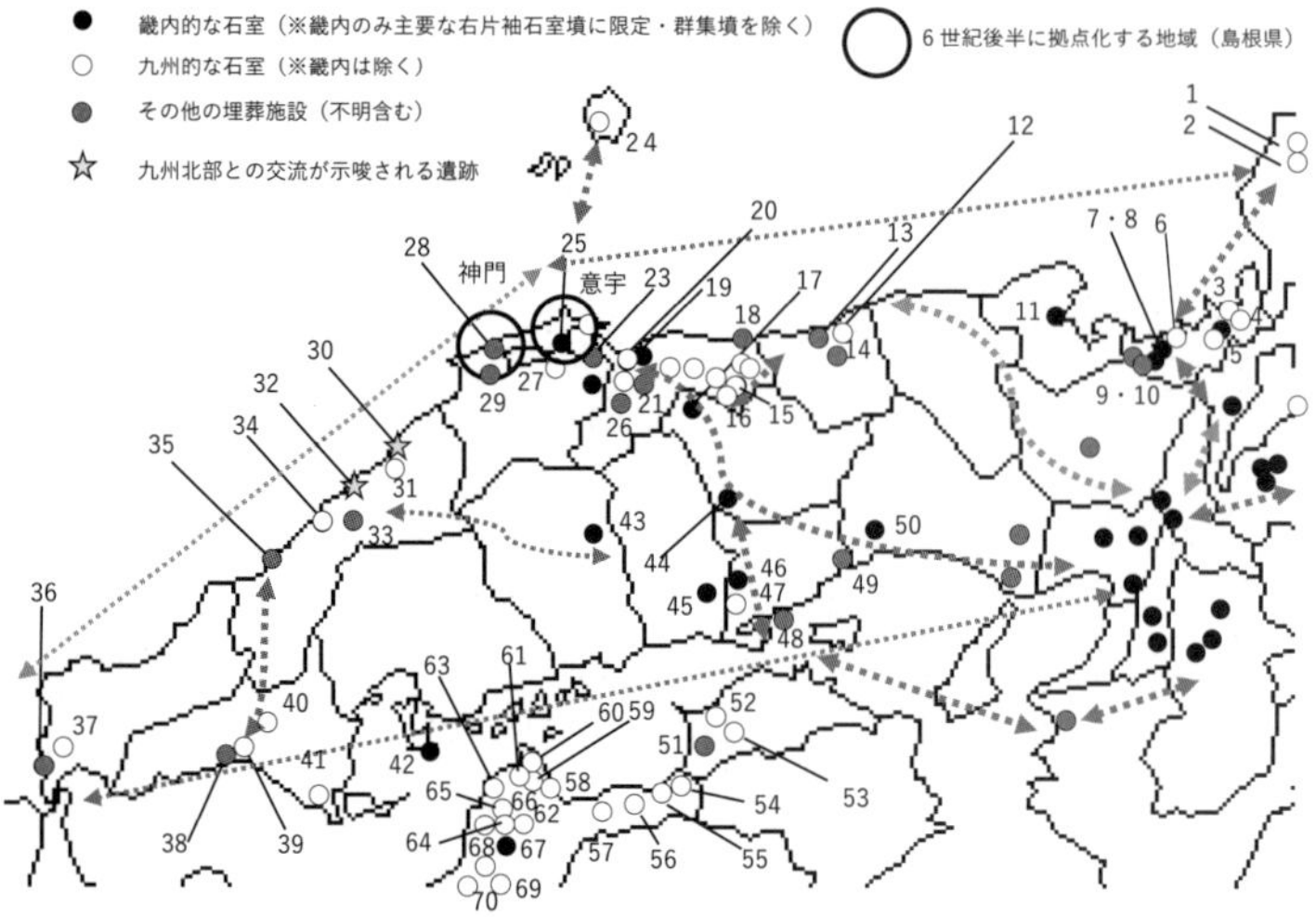

1.神奈備山古墳（前円60）・TK10・馬具　2.椀貸山古墳（前円45）・MT15　3.獅子塚古墳（前円32.5）MT15・馬具・鍛冶具　4.二子山3号墳（－）・馬具　5.きよしの3号墳（円13）TK10・馬具（内湾楕円形鏡板付轡）・4号墳（円16）TK10・馬具　6.十善ノ森古墳（前円67）TK47－MT15・馬具（雄略系）・三段築成　7.大谷古墳（円27.5）TK10・馬具（継体系）　8.丸山塚古墳（円50）・TK10・馬具（継体系）　9.上船塚古墳（前円77前後）TK10・三段築成　10.下船塚古墳（前円85）TK10・三段築成　11.崩谷3号墳（円－）TK10　12.六部山80号墳（円－）TK10・馬具（継体系）　13.開地谷23号墳（円－）MT15・馬具（内湾楕円形鏡板付轡）　14. 面影山35号墳北裾土壙・TK10以降　15.大宮古墳（前円）TK10・馬具・肥後北部系石室　16.家ノ後口1号墳（円15）TK10新相・馬具・肥後北部系石室　17.四つ塚1号墳（円27）・13号墳（円20）TK10・馬具　18.馬ノ山5号墳（前円38）・TK10・馬具　19.長者ヶ平古墳（前円48）TK10・継体威信財　20.東宗像21号墳（前円10）MT15・馬具　21.百塚49号墳（円10・周溝北側埋土）馬具（内湾楕円形鏡板付轡）　22.丸山2号墳（不明）TK10・馬具　23.仏山古墳（方方41）TK10・馬具（継体系）　25.平神社古墳（前円50m）・TK10・昼神車塚古墳に類似　25.薄井原古墳（方方50）TK10・馬具・摂津山背系鉄鏃　26.座王7号墳（円13）TK43・摂津山背系鉄鏃　27.林43号墳（前円16）TK10・山陰東部・九州北部系鉄鏃　28.上島古墳（円21）TK10・馬具・継体威信財　29. 半分古墳（円50m）TK10・馬具・横穴式石室（不明）　30.平ノ前遺跡（MT15－TK43）　31.行恒古墳（円25）・TK10-43　32.高津遺跡（MT15－TK43）　33.やつおもて8号墳（円25）・MT15・摂津山背系鉄鏃・九州北部系鉄鏃　34.めんぐろ古墳（円－）MT15・馬具　35.小丸山古墳（前円52）MT15・周堤帯前方後円墳・馬具・継体威信財　36.上の山古墳（前円108？説・180説）MT15・馬具　37.大門古墳（前円35）TK10・馬具　38.桑山塔ノ尾古墳（前円？）TK10・継体威信財　39.車塚古墳（前円68）TK10・今城塚型前方後円墳　40.馬塚古墳（前円19もしくは円10）MT15・馬具　41.納蔵原1号墳（前円30）・TK10・馬具　42.岩屋古墳（円11）・TK10・馬具　43.犬塚1号墳（円15）・TK10・摂津山背系鉄鏃　44.中宮1号墳（前円23）・TK10・馬具・摂津山背系鉄鏃・九州北部系鉄鏃　45.二万大塚古墳（前円38）・TK10・馬具　46.緑山6号墳（円15.6）・TK10・馬具　47.三輪山6号墳（円15）・MT15・馬具　48.西郷面古墳（前円？・規模不明）・TK47-MT15・馬具（雄略系）　49.船山古墳（前円60）・後期型の前方後円墳　50.西宮古墳（前円35）・TK10・馬具　51.菊塚古墳（前円63）・TK10・馬具・盾形周溝　52.王墓山古墳（前円46）・TK10・継体威信財　53.ひさご塚古墳（前円44）・TK10・新池埴輪窯産埴輪・盾形周溝　54.東宮山古墳（前円14）・TK10・継体威信財　55.経ケ岡古墳（前円30）・TK10・馬具　56.四ツ手山古墳（円15）・TK10・馬具　57.正光山1号墳（円15）・TK10・馬具　58.旦13号墳（不明）・MT15・馬具　59.治平谷2号墳（不明）・MT15・馬具　60.高橋仏師1号墳（前円21）MT15・馬具　61.高橋岡寺1号墳（円12）・TK10・馬具　62.龍徳寺山1号墳（円25）・MT15・馬具　63.溝辺1号墳（円12）・TK10・馬具　64.播磨塚天神山古墳（前円32）・MT15・馬具　65.葉佐池古墳2号石室（長円41）・TK10・馬具　66.東山鳶ケ森2号墳（円13）・MT15・馬具・継体威信財　67.三島神社古墳（前円45）・MT15・馬具　68.長田2号墳1号石室（円12）・TK10・馬具　69.大下田1号墳（円25）・TK10・馬具　70.水満田西2号墳（円17）・TK10・馬具

図２　継体朝期における山陰・瀬戸内沿岸の新興勢力
（６世紀前半代：MT15～TK10型式）

【図2】は、ヤマト王権、あるいは継体天皇との関係性が濃厚な本州西部の新興勢力（古墳）を最大限抽出した分布図です。まず、日本海沿岸と瀬戸内海沿岸に九州的な石室の分布が、畿内的な石室に比べて目立つことが改めて留意されます（【図3】）。このような九州的な石室の分布状況を、ヤマト王権の動揺期（五世紀後葉から六世紀前葉頃）における九州勢力の独自な勢力拡大として積極的に評価し、継体天皇を擁立した地域勢力（近江・越前・尾張）も日本海沿岸ほかの地域同様に、九州勢力と深い関係を有していたとする説があります。また、畿内・日本海沿岸の継体天皇伝承地域（『記紀』による）などにおける九州系石室や石屋形の分布状況から、五二七年にヤマト王権に対して乱を起こした筑紫君磐井も、本来は継体天皇を擁立した大きな柱の一つであったとする指摘もなされています。

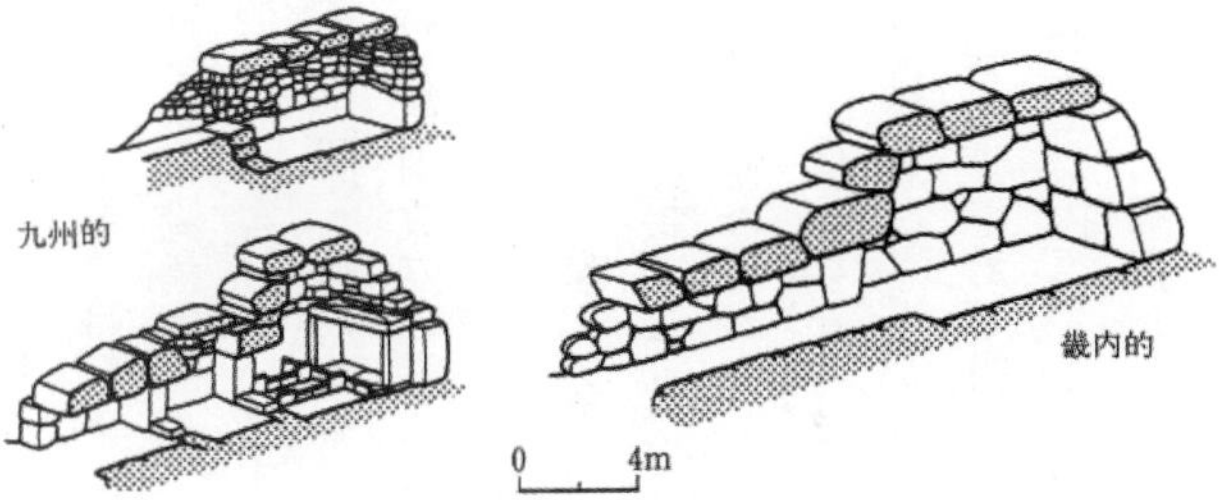

図３　「九州的横穴式石室」と「畿内的横穴式石室」

要するに、【図2】の古墳には、九州系石室の影響が色濃くみられる畿内系石室墳、ヤマト王権との関係が窺える副葬品が出土している九州系石室墳も複数認めることができます。このような古墳被葬者は、ヤマト王権や九州勢力をはじめとする複数の通交を有していたものと考えられます。また、被葬者の生前の活躍を推測させる副葬品に注目すれば、これらの古墳の多くからは、ヤマト王権との関係が示唆される青銅製品（鈴鏡・鈴釧）や馬具（馬鐸・鈴杏葉等の青銅製品含む）、畿内系の埴輪、あるいは継体天皇の擁立・支持勢力に配布されたと考えられている継体威信財が出土している場合が多々確認されているのです。重要なことは、六世紀前半は西日本各地で、このような特色を有した古墳の築造が活発化している点です。新興勢力の勃興とも言うべきこれらの古墳築造は何を物語っているのでしょうか？　文献・古代史研究によれば、継体天皇は、朝鮮半島の伽耶南部に進出を開始する百済・新羅への軍事的対決路線を採ったとされています。つまり、兵站経路が要求される外征に対して、ヤマト王権は西日本の諸勢力を新たに糾合する必要に迫られたのでしょう。それを傍証するかのように、新興勢力の多くは日本海・瀬戸内海沿岸の交通ルートの要衝である港湾的拠点、山陰と山陽の陸上交通路の要衝に数多く分布しています。そして、兵站の後方支援策としても設置されたヤマト王権の直轄領「屯倉《みやけ》」の存在も、新興勢力成立の背景にあったと予想されるのです。

さて、出雲に話を戻すと、薄井原古墳と上島古墳には、継体天皇との君臣的関係、もしくはその擁立・支持勢力と直接的な通交を持ちえた被葬者が葬られている可能性が極めて高く、出雲東西（島根半島側）における古代交通路の要衝に位置していることも示唆的です。まず考古学的な立場からいえば、薄井原古墳は、継体天皇の勢力基盤である摂津・山背地域の古墳と酷似する横穴式石室（畿内系）と鉄鏃を有し、上島古墳の被葬者は畿内の石棺に酷似した石棺と馬具や特殊な装飾を施した大刀などを副葬しています。このことから、それぞれ、摂津・山背、奈良盆地南部の継体天皇を擁立・支持した勢力と通交関係にあったとみてよいでしょう。さらに、文献・古代史研究を参照すれば、薄井原古墳の被葬者は島根半島の有力氏族である社部（臣）氏の祖で、島根郡・秋鹿郡における池溝開発（『出雲国風土記』島根郡条記載の恵曇の陂《つつみ》）の主体者であった可能性があり、社部氏が出雲と継体天皇の勢力基盤である摂津三島地域にのみ分布している点も看過できません。また、ヤマト王権の直轄地である「屯田」や「県」の存在が示唆される出雲郡美談郷（『出雲国風土記』美談郷の郷名由来記事）に所在する上島古墳の被葬者も、ヤマト王権による島根半島西部の新たな地域開発に関与した可能性が浮上するのです。

以上のように、継体朝は、東西出雲の成立にかかる先駆的な時代であったと評価できるのではないかと思います。

二　欽明朝（六世紀後半）と「東西出雲」の成立

欽明天皇は、継体大王と雄略大王の孫娘である手白香皇女の間に生まれた正統なヤマト王権の血筋を引く人物で、継体大王の内政と外政を継承して地域支配と開発を強力に推し進めました（在位五四〇～五七一年）。このことは、欽明天皇が「治天下」の日本語である「クニオシ」を和風諡号におくられた「アメクニオシハルキヒロニワ（天国押排広庭）」であることから、天皇成立の一画期とする見解にも象徴されているように思われます。

欽明朝期（六世紀後半）における出雲では、古墳時代中期に有力豪族層の政治的結集が達成されていた出雲東部勢力の中心地（意宇郡）に、山代二子塚古墳（前方後方墳・九四ｍ）が築造されます。一方、出雲東部とは対照的に古墳時代中期における古墳の築造が低調であった出雲西部（神門郡）にも、山代二子塚古墳と双璧をなす規模の大念寺古墳（前方後円墳・九二ｍ）が築造されました。これをもって、考古学的には東西出雲の二大地域勢力の成立と考えられています。なお、出雲平野には大念寺古墳に先立ち、継体朝（六世紀前半）にさかのぼる可能性がある半分古墳（前方後円墳・規模不明）が築造されています。このことから、出雲平野でも継体朝に出雲西部勢力成立の先駆的画期があった可能性に留意する必要があります。

さて東西出雲勢力の特徴としては、出雲東部の勢力は前方後方墳・方墳を中心に築造し、出雲西部の勢力は前方後円墳・円墳のみ築造するなど、古墳の墳形や石室・石棺の形態に大きな違いが認められます【図4】。

また、デザインの異なる装飾付大刀を副葬するなど、あたかも拮抗するかのような地域性を生み出し、それぞれの勢力範囲では巨石墳から横穴墓の被葬者にいたる階層的序列が形成されました。出雲東部勢力は、『出雲国風土記』記載の意宇郡《おうぐん》を中心に分布することから「オウの勢力」、出雲西部勢力は神門郡《かんどぐん》を中心に分布すること

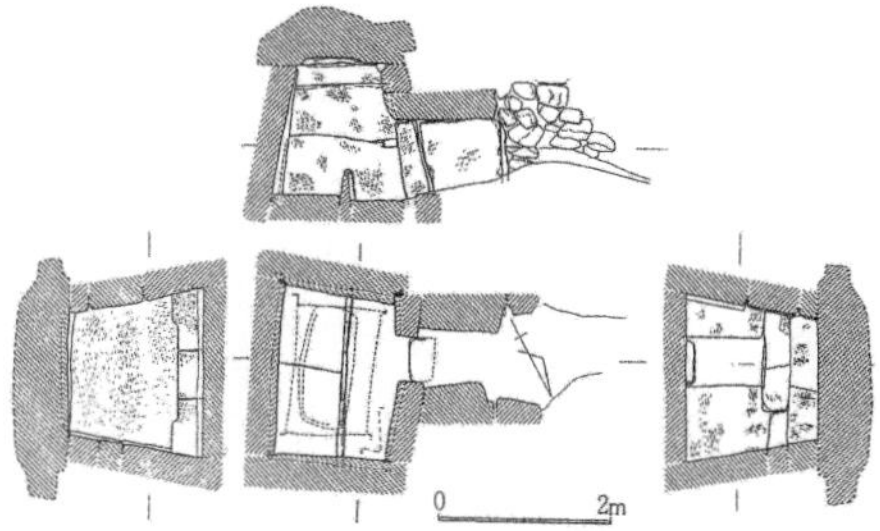

出雲東部の「石棺式石室」（「室化した石棺」）（松江市・古天神古墳）

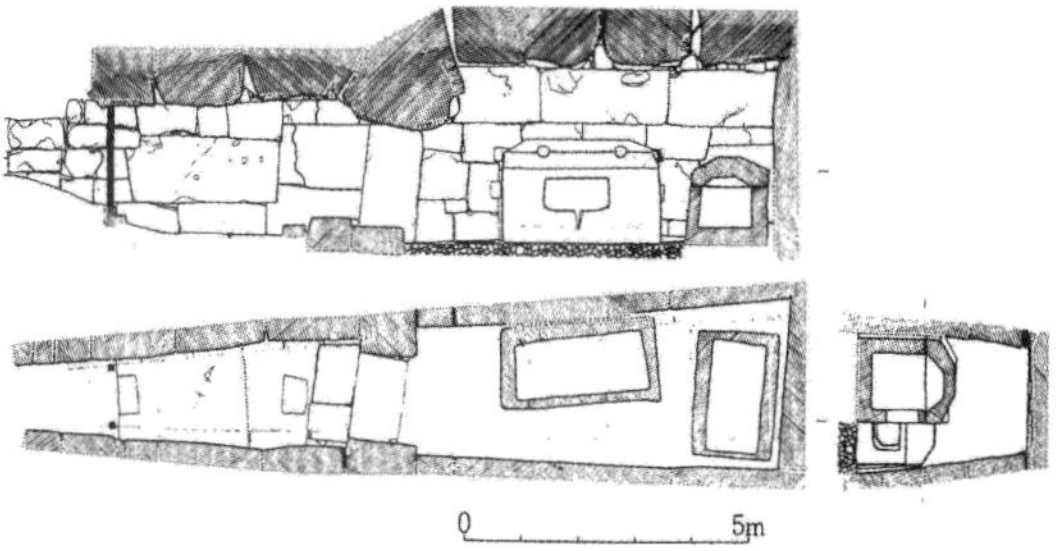

出雲西部の「横穴式石室」・「家形石棺」（上塩冶築山古墳）

図４　東西出雲の石室・石棺

から「カムドの勢力」とも名づけられています。さらに、後述するように出雲東部は蘇我氏、出雲西部は物部氏と密接な関係を有していたことが指摘されています【図5】。

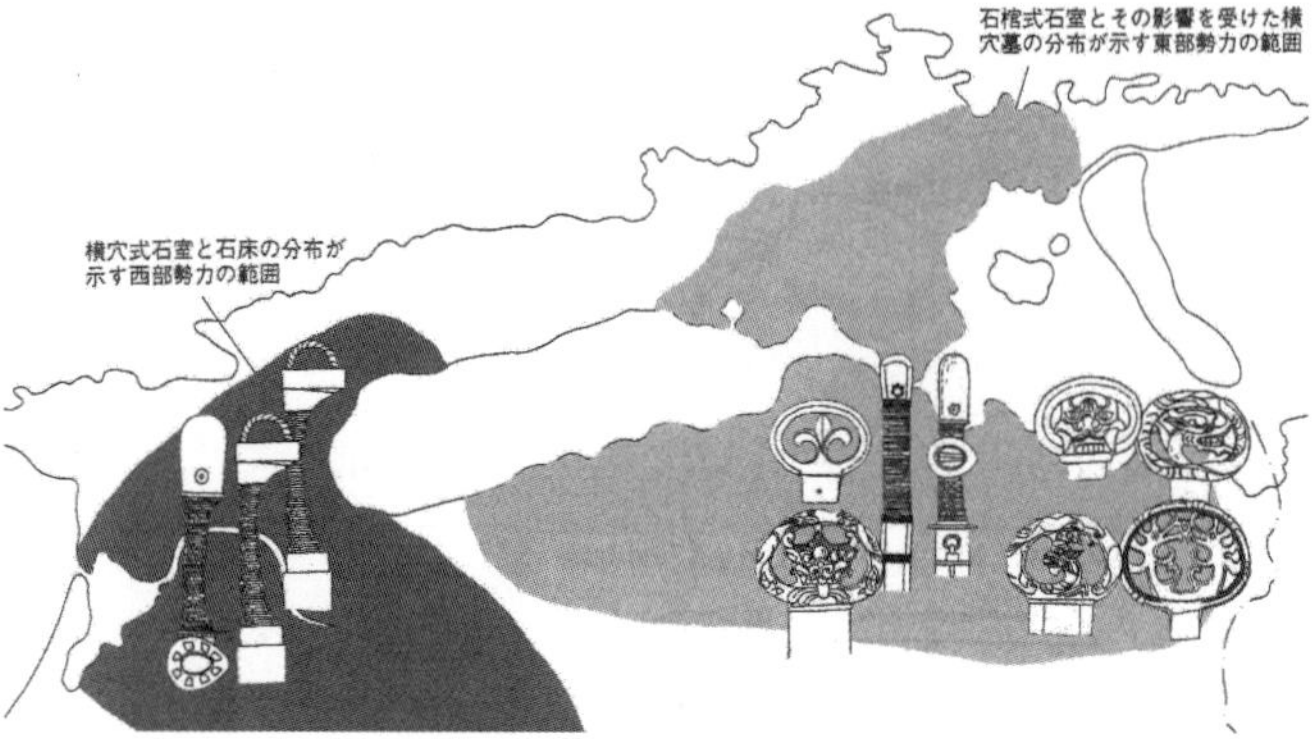

図５　東西出雲の装飾付大刀

三　「東西出雲」成立の背景

（1）石室・石棺からみた「東西出雲」の通交関係

先ず、横穴式石室の展開から東西出雲成立の背景を考えてみたいと思います。六世紀後半、東西出雲で排他的な地域性を有する横穴式石室と石棺が誕生しました。

横穴式石室の受容と展開で興味深いのは、出雲東部においては薄井原古墳や林四三号墳でみられるような九州北部勢力の石室の影響を受けた横穴式石室や畿内的横穴式石室が、六世紀中葉を最後に築造されなくなることです。これに代わって、九州中部（有明海東岸）にほぼ限定される「室化した棺」（棺が石室そのものの機能を果たす）の影響を受けた「石棺式石室」が創出されます。また、石棺式石室は切石造りの技術で造られており、この切石造りの技術も九州中部からの影響が考えられています。五二七年における磐井の乱による九州北部勢力の衰退と、これに替わって九州中部の勢力（肥君一族）が勢力を拡大することと、関係するのかもしれません。石棺式石室は出雲で独自の発展を遂げた石室であり、出雲東部勢力の首長層はこの石室を採用し、下位の有力層も石棺式石室を模倣した横穴墓を採用します。

一方、出雲西部勢力も九州北部の複室構造を有する石室と畿内的な石室・石棺を組み合わせた独自の横穴石室と家形石棺を生み出しました。出雲西部勢力の石室は、出雲東部勢力の石棺式石室が定型化する六世紀末葉には、切石造りの石室に変化します（上塩冶築山古墳）。出雲西部勢力の石室・石棺は出雲東部勢力に比べて畿内的な要素が色濃いのが特徴です。

つまり、出雲東部勢力の石室・石棺が九州、とくに九州中部勢力の影響を色濃く受けているのに比べて、西部勢力の石室・石棺は九州に加えて、畿内の影響（ヤマト王権）が少なからず認められます。ここに、東西出雲勢力の個性、すなわちヤマト王権や九州勢力との政治的距離が反映されていると考えられています。唐突とも言うべき、出雲西部勢力の誕生については、九州中部勢力と密接な関係にある出雲東部勢力を牽制するヤマト王権の政治戦略があったとする説が提示されています。出雲西部勢力の誕生の背景に、ヤマト王権による一種の牽制策があった可能性は、文献・古代史による出雲東部勢力と蘇我氏、出雲西部勢力と物部氏が結び付くという説とも響き合います。

（2）出雲西部の開発

ヤマト王権の動揺期から立ち直った継体・欽明天皇の時代は、文献史学で言うところの「国造《こくぞう》制」・「部民《べみん》制」・「屯倉制」という新たな支配制度を通じて、各地の地域支配を強化する変革期にありました。最近の研究では、ヤマト王権は山陰の中央部に位置する「出雲」を、重要な軍事・交通・開発の拠点として位置付けたとする説があります【図6】。全国的にみても六世紀後葉に一〇〇

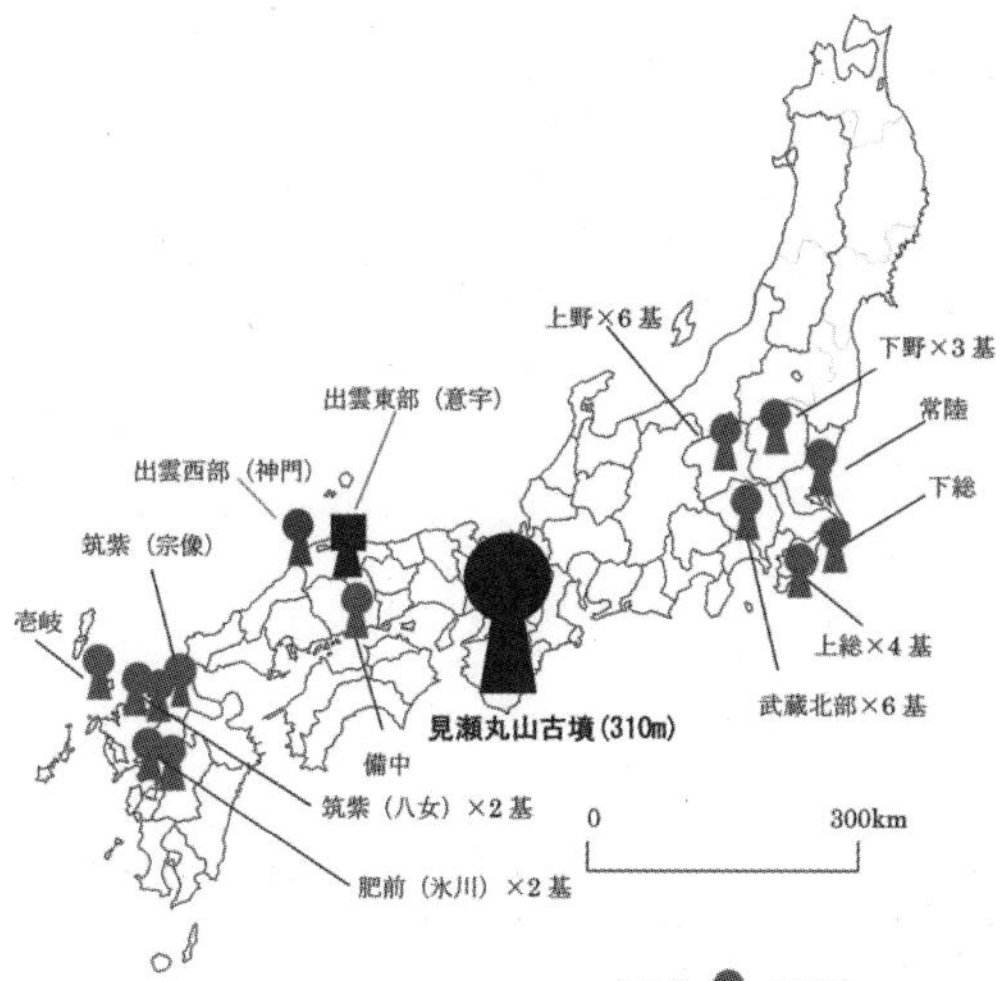

図６　全国の100m級の前方後円（方）墳の分布

m前後の前方後円（方）墳が築造される地域は畿内を除くと、本州西部では山陰側の東西出雲と瀬戸内側の吉備に限定されます。

出雲の東西に二つの政治勢力が成立したのは、継体朝の先駆的な画期を経て、欽明朝に出雲東部に加え、政治的結集が遅れていた出雲西部の豪族たちに、ヤマト王権主導の政治的テコ入れがあり（屯倉の設置）、新たな地域開発（池溝開発や耕地拡大）に着手した結果によるものであったことが、近年有力視されています。

四　「東西出雲」から「出雲国」へ

装飾付大刀の考古学的研究から、東西出雲の勢力は、それぞれ畿内の二大有力氏族である蘇我氏（渡来系氏族と関係の深い氏族）と物部氏（伝統的軍事氏族）と関係していたとする説があります。文献・古代史の研究によると、六世紀以降のヤマト王権の政権運営は、天皇と中央の有力氏族のみで運営する合議制をとっていたと考えられています。しかし、例えば、王族内部をはじめ、蘇我氏と物部氏の競合的な権力抗争が、東西出雲の政治勢力の並立と地域支配に反映されていた可能性も考えられます。ただし東西出雲では、それぞれに考古学的な個性があるとは言いつつも、石室や石棺に共通性があり、両地域では同形式の須恵器、鉄鏃、埴輪も流通しています。とくに石室・石棺については、出雲西部勢力の石室に、出雲東部勢力の石棺式石室の特徴である切石の組み方、刳り抜き玄門の影響があること、石棺蓋の頂部の特徴が東西で共通することも指摘されています。

このような、文化的に共通する事象から、東西出雲を統合したような律令時代の「出雲国」の前身が、欽明朝から徐々に形成された可能性が考えられます。このことから、平安時代に成立した古代氏族の系譜を記す『新撰《しんせん》姓氏録《しょうじろく》』に、出雲臣氏と神門臣氏が同族であったと記されていることは、大変示唆的です。

西暦五八七年、蘇我・物部戦争によって、物部宗家は滅亡します。蘇我氏は天皇の外戚としてその後のヤマト王権の政権運営を左右する実力者となりました。出雲東部と蘇我氏の関係を示す重要な史・資料があります。出雲東部の岡田山一号墳（六世紀後葉・前方後方墳二四m）から出土した鉄刀です。この鉄刀には、刀身に額田《ぬかだ》部皇女《べのひめみこ》（のちの推古天皇＝蘇我馬子の姪）の部民を示唆する「額田部臣……」等の十二文字が銀で象嵌されていたのです（重要文化財）。

そして、推古天皇の時代（七世紀初頭）になって、出雲東部では天皇家や蘇我氏が採用した古墳と同じスタイルの周堤帯を有した巨大な方墳が築かれます。すなわち、山代方墳（四五×四三m）です【図7】。欽明朝における出雲東部の最高首長墳である山代二子塚古墳のすぐ東側に築造されました。さらに山代方墳の東側には、七世紀前半に出雲東部勢力最後の最高首長墳である山代原古墳二三・五×二三m（旧名：永久宅後古墳）が築造されます。また、出雲西部では七世紀前半代の古墳がすべて小型化していることを考えれば、山代方墳の象徴的な築造をもって、東西両勢力の政治的統合が出雲東部勢力優位のうちになされ、出雲一国を統べる国造制的な支配秩序が出雲全域に確立したとみる説が、考古学的に最も有力な説であると思われます。

おわりに

「東西出雲」が「出雲国」になる前夜、すなわち六世紀後～末葉には、東西出雲で共通する現象が起こっています。前方後円墳の築造が停止されることです。出雲東

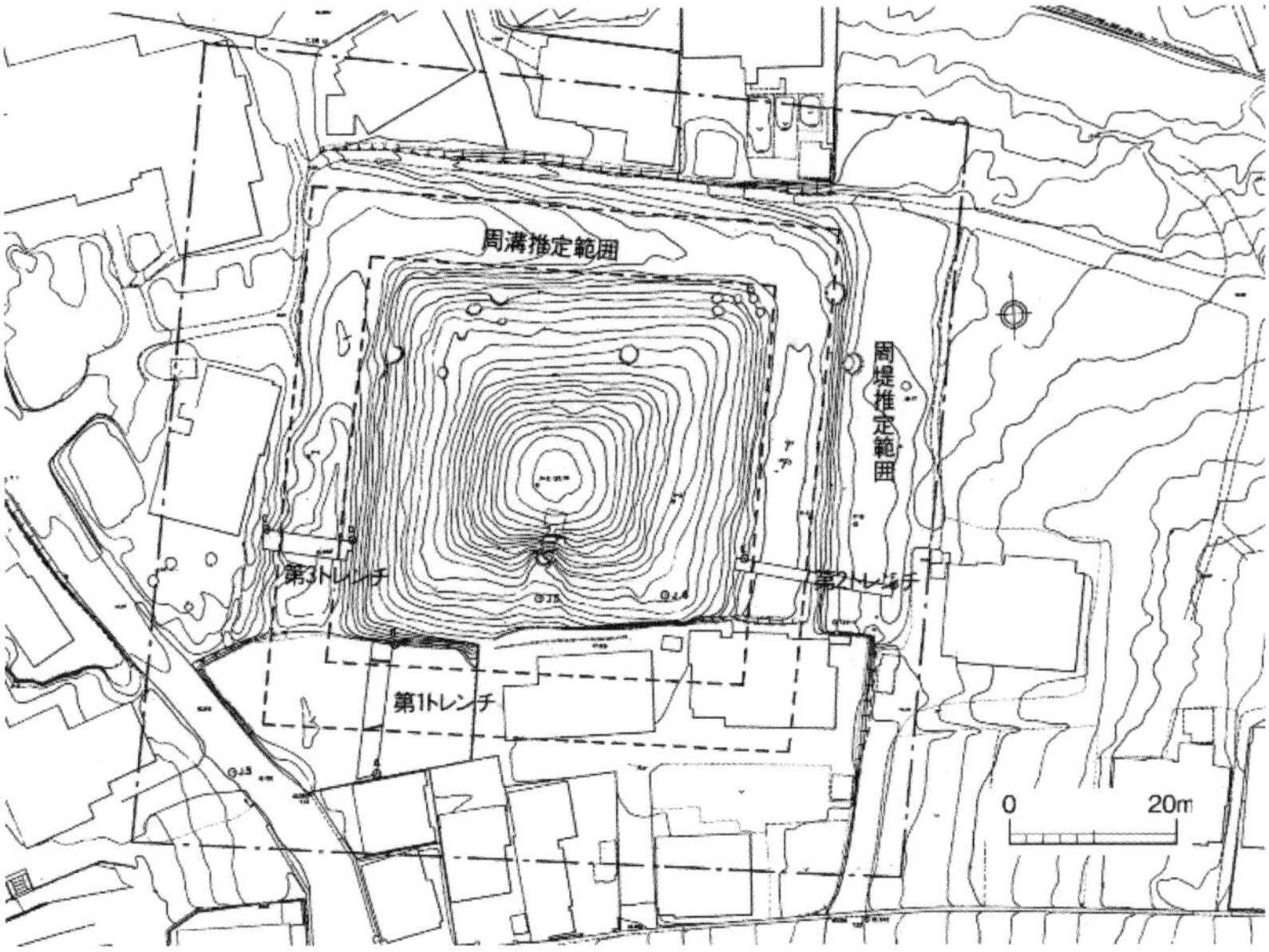

図7　山代方墳

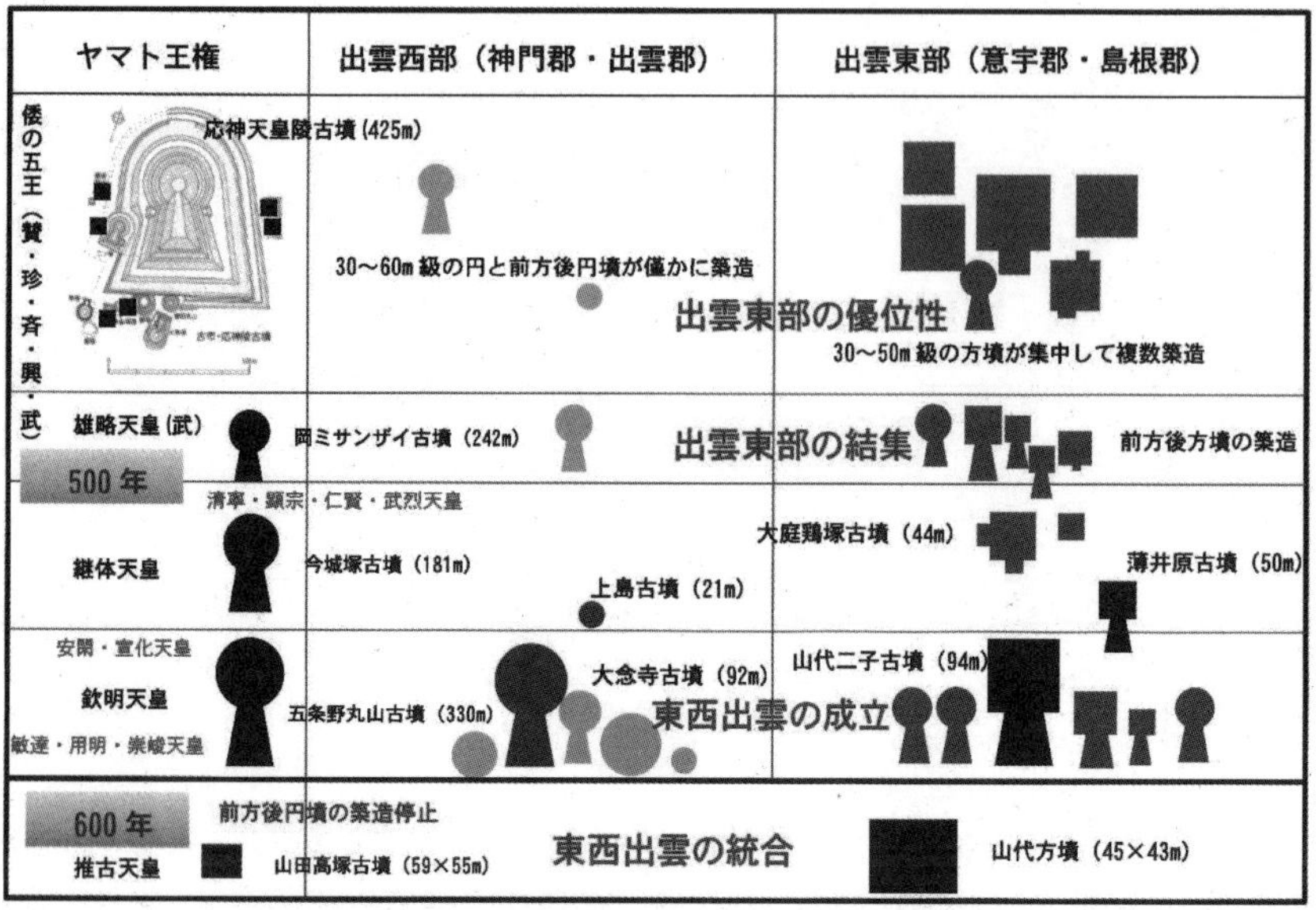

図８　ヤマト王権と東西出雲の古墳の併行関係

部では、定型化した石棺式石室が成立した段階の古墳の墳形が、すべて方墳あるいは前方後方墳に変化していることが指摘されています。石棺式石室のプロトタイプである古天神古墳や伊賀見一号墳、九州的横穴式石室墳の岡田山一号墳や御崎山古墳は前方後方墳です。また、ほぼ同時期に出雲東部では例外的な墳形である前方後円墳が三基築造されていますが、定型化した石棺式石室が成立する六世紀末には、前方後円墳の築造は停止します。

一方、出雲西部では切石造りの石室を導入した大念寺古墳の次世代最高首長墳の上塩冶築山古墳が円墳化しています。この時期のヤマト王権の中心地である大和盆地南部とその周辺では、五条野丸山古墳（見瀬丸山古墳）の築造を最後に有力首長墳が円墳化します。円墳化した巨石墳の被葬者は、前方後円墳の被葬者に比べて王権により従属的な（官人化した）政治的立場を表徴していたとする説があります。つまり、出雲西部勢力は前方後円墳から円墳へ変化させることで、「官人化」した自らの政治的立場を古墳の墳形に象徴させたと考えることができるかもしれません。一〇〇m級の前方後円墳に匹敵する出雲東部の山代二子塚古墳（前方後方墳九四m）と出雲西部（前方後円墳九二m）の大念寺古墳が築造された時代の前後で、ヤマト王権と地域首長の政治的な関係性が変化したものと考えられます。出雲東西で一〇〇級の前方後円（方）墳が築かれた時代は、王族や中央豪族を介した地域支配が進む中にあっても、一方では対外交渉を含めた地域経営の裁量や主体性をいまだ有力在地首長が強力に保持できたことを内外に誇示できた古墳時代史上最後の表われであったと考えられます。

一方、出雲東部勢力は前方後円墳の築造は停止されるものの、七世紀前半代にヤマト王権（天皇家・蘇我氏）との強い結びつきがある「終末期型方墳」である山代方墳と山代原古墳（旧名：永久宅後古墳）を築造します。繰り返しになりますが、出雲東部勢力が出雲全域を政治的に統括した可能性を考古学的に説明することのできる現象といえます。さらに、直近の調査成果では、山代原古墳の埋葬施設は、山代方墳のそれを凌駕する出雲東部でも最大級の規模で、かつ非常に整美に造られた石棺式石室であることが判明しています。巨大な石材を運搬するには一度に数百人規模の労働力が必要ですから、被葬者の権力の大きさがしのばれます。出雲東部勢力は天皇家や蘇我氏との強固な結びつきに加え、このような埋葬施設にみる強力な個性を出雲で最後まで維持し得た政治勢力だったのです。

参考文献

大谷晃二　一九九九「上塩冶築山古墳をめぐる諸問題」『上塩冶築山古墳の研究』島根県
仁木　聡　二〇一六「継体・欽明朝における出雲の池溝開発について—東西出雲成立の史的画期—」『塚口義信博士古稀記念　日本古代学論叢』同記念会　和泉書院
仁木　聡　二〇一九「『出雲国風土記』神門郡条記載の「池」と大念寺古墳の時代」『大阪府立狭山池博物館研究報告』10　大阪府立狭山池博物館（初出二〇一七）
渡邊貞幸　一九八五「山代方墳の諸問題」『山陰地域研究（伝統文化）』1　島根大学
和田晴吾　一九九七「後期古墳の地域性」『古代出雲文化展』島根県教育委員会・朝日新聞
和田晴吾　二〇一八『古墳時代の王権と集団関係』吉川弘文館

出雲と畿内王権

花谷　浩

三世紀後半から六世紀末までの古墳時代、畿内と出雲の古墳規模を比較すると、六世紀前半までは両者の間に圧倒的な懸隔がある。副葬品についても同様だ。だが、六世紀後半、出雲は東西で最大の古墳を築造する。そして、その規模は畿内や吉備に比べても遜色ない。出雲の古墳がこの時期に最盛期を迎えた背景として、激変する東アジア情勢を考えた。大和そして畿内の古代人にとっては空間的にも心理的にも、出雲は内国と外国、この世とあの世の境にある「間《あわい》の土地」と認識されるようになったと思えるのである。

はなたに・ひろし
昭和三二（一九五七）年、島根県広瀬町に生まれる。京都大学大学院文学研究科博士後期課程（考古学専攻）単位取得退学。奈良国立文化財研究所研究員、出雲市文化財課学芸調整官を経て、出雲弥生の森博物館館長。専門は考古学。
【編著書・論文等】
『ここまでわかった飛鳥・藤原京』（吉川弘文館）、『飛鳥池遺跡発掘調査報告』（奈文研）、『上塩冶築山古墳の再検討』（出雲市）

一　はじめに

「出雲」あるいは「出雲国」という領域が決まったのは、七世紀の終わりごろのことです。

『日本書紀』の天武十二年（六八三）十二月甲寅（十三日）条に、「諸王五位伊勢王《いせのおほきみ》・大錦下羽田公八国《はたのきみやくに》・小錦下多臣品治《おほのおみほむぢ》・小錦下中臣連大嶋《なかとみのむらじおほしま》、併て判官《まつりごとひと》・録史《ふびと》・工匠者《たくみ》等《ども》を遣はして、天下に巡行《あり》きて、諸国の境堺《さかひ》を限分《さか》ふ。然るに是年、限分ふに堪へず。」と、国境画定作業が始まったことを記し、翌、天武十三年（六八四）に再び伊勢王等を派遣して諸国国境を画定させようとしました（十三年冬十月辛巳（三日）条）。天武十四年（六八五）に伊勢王等が再び東国に派遣された（十四年冬十月己丑（十七日）条）のも、この事業の継続と推測されます。[1]

実際、鰐淵寺《がくえんじ》（出雲市別所町、国史跡）が所蔵する銅造観音菩薩立像（国重文）の台座銘文「壬辰年五月《みずのえたつのとしさつき》出雲国若倭部臣徳太理為父母作奉菩薩《わかやまとべのおみとくたりふぼのためにぼさつをつくりたてまつる》」によって、壬辰年つまり持統天皇六年（六九二）に出雲国という領域が当地でも認識されていたことがわかります。

『古事記』や『日本書紀』に多くの出雲神話が残されていることから、大和や畿内に匹敵する勢力が古代にはあった、とみる意見もありますが、古墳の実態からは彼我の懸隔《けんかく》は大きいといわざるをえません。

二　畿内と出雲の前期・中期古墳規模比較

（一）畿内

大和の最初期の前方後円墳である箸墓《はしはか》古墳（奈良県桜井市）は墳丘全長二八〇メートル、その近傍の西殿塚《にしとのづか》古墳も二二〇メートルと巨大な前方後円墳です。各地の最初期の前方後円墳規模を比較すると、山城の椿井大塚山《つばいおおつかやま》古墳（京都府木津川市）が一七〇メートル、備前の浦間《うらま》茶臼山《ちゃうすやま》古墳（岡山市）が一四〇メートル、播磨の丁瓢《よろひさご》塚《づか》古墳（兵庫県姫路市）が一〇四メートルと、本州西部では一〇〇メートルを超える古墳が点在します。筑前の原口古墳（福岡県筑紫野市）でも八一メートルの規模です。福永伸哉さんはそこに「大和を頂点とする「秩序」をうかがうことができる」といいます[2]【図1】。

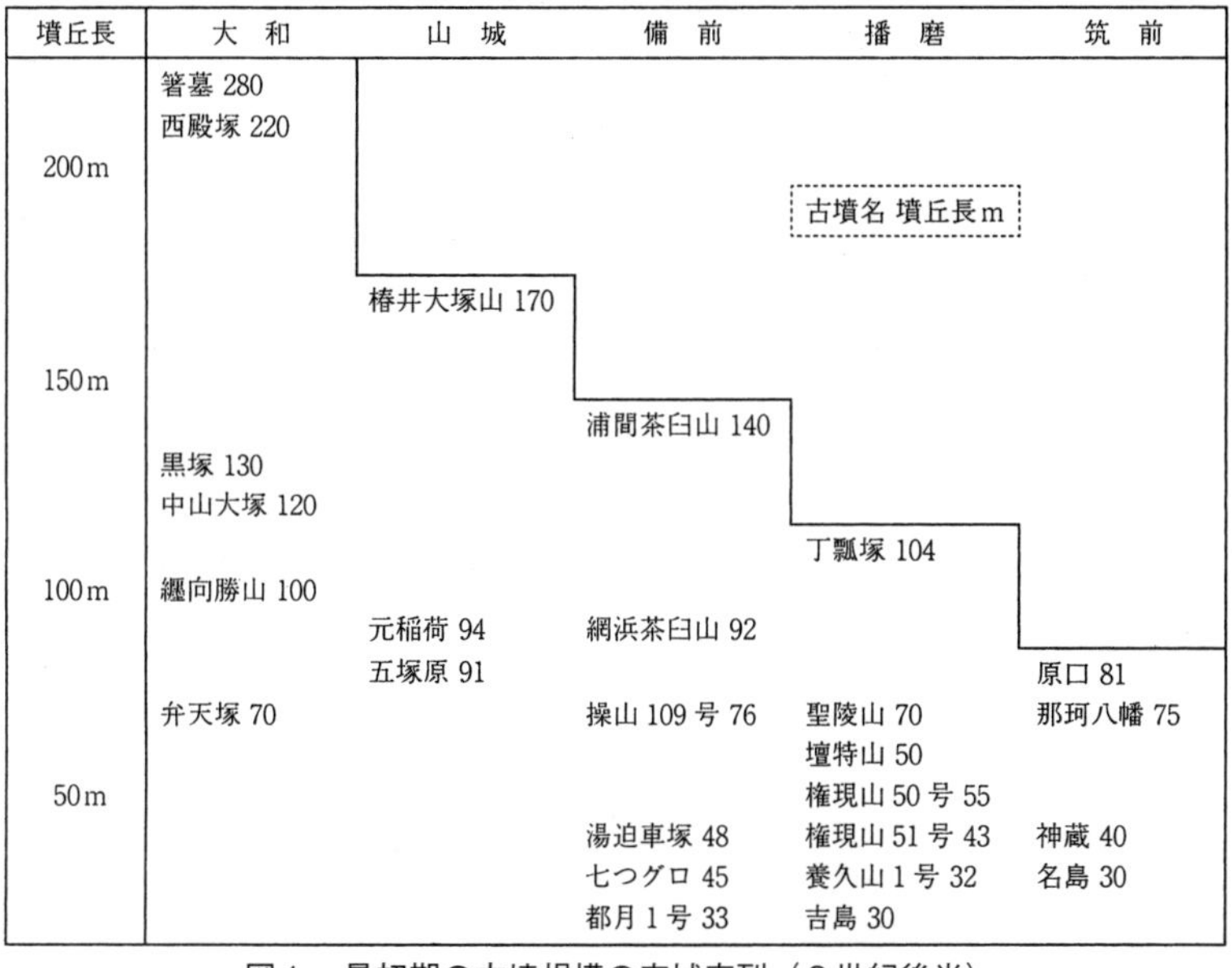

図1　最初期の古墳規模の広域序列（3世紀後半）
（広瀬・山中・吉川編2018　42頁図3）

古墳時代を通じての畿内の優位性は、その墳丘規模に端的に現れているといえましょう。墳丘長二〇〇メートルを凌駕する巨大前方後円墳、全国三六基のうち三二基が、また一〇〇メートルを超える大型前方後円墳三〇二基のうち一四〇基は畿内地方に造られました。

そして、大和川流域に展開する五大古墳群、つまり大和《おおやまと》・柳本古墳群、佐紀古墳群、馬見《うまみ》古墳群、古市古墳群そして百舌鳥《もず》古墳群には、墳丘長二〇〇メートルを凌駕する巨大前方後円墳二四基が築造されています。[3] 大和北部の佐紀古墳群に八基、河内の古市古墳群に五基、大和・柳本（大和東部）と馬見（大和西部）に四基、百舌鳥古墳群に三基、という内訳です【図2】。

そして、これら巨大前方後円墳を頂点として、多数の古墳が凝集します。例えば、古市古墳群は、前方後円墳三一基、円墳三七基、方墳五一基など合計一一七基もの古墳で構成されます。百舌鳥古墳群も一〇〇基を超え、大和・柳本古墳群でも四五基が集中します。

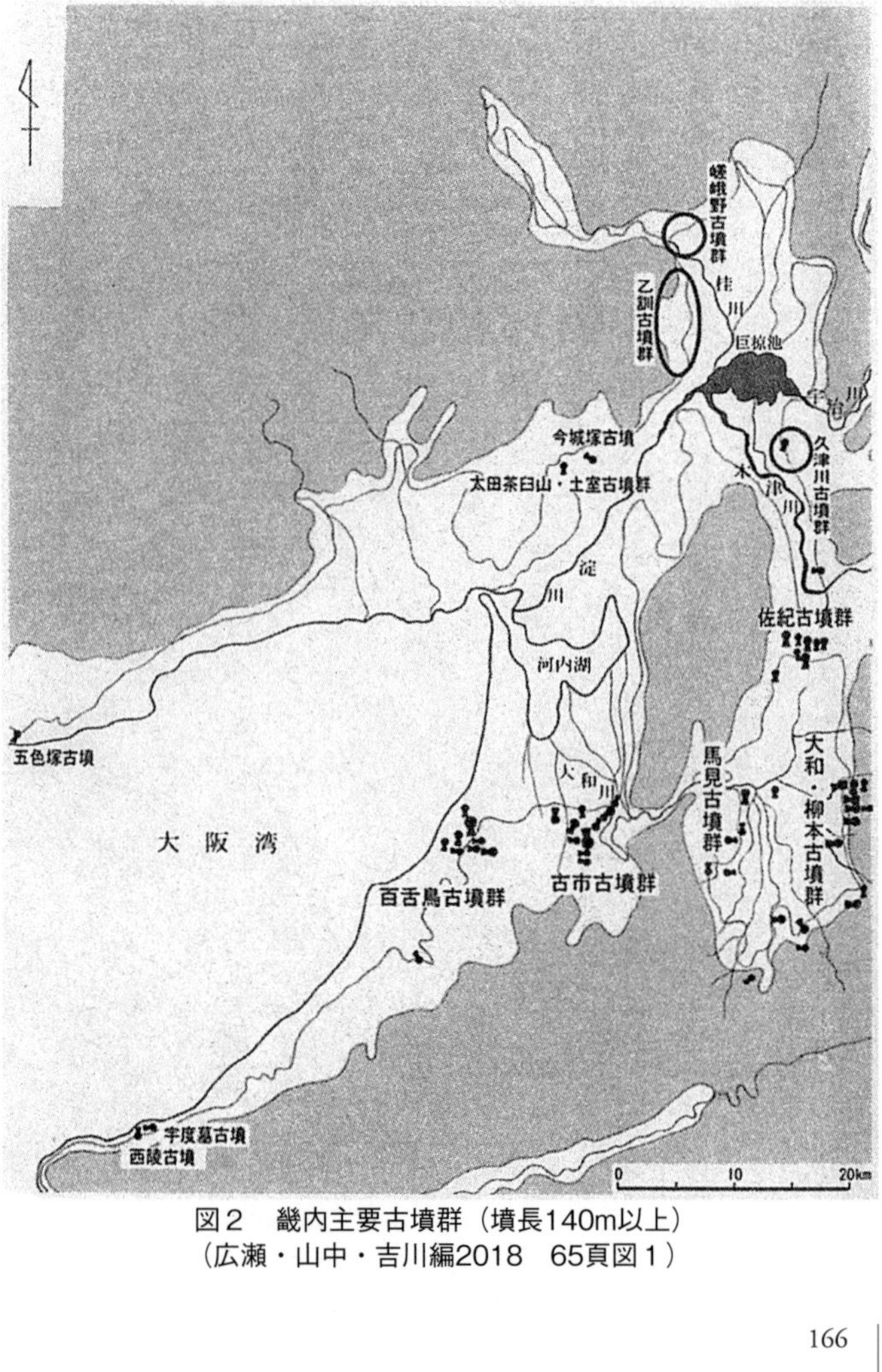

図２　畿内主要古墳群（墳長140m以上）
（広瀬・山中・吉川編2018　65頁図１）

これらの古墳群は、巨大前方後円墳を核として大型から小型の前方後円墳・円墳・方墳が階層的な構成をとっていて、そして、これらは累代的に築造されているところに特徴があるのです。

（二）出雲

ひるがえって出雲はどうでしょうか。前期から後期までを通して、全長が一〇〇メートルを超える前方後円墳や前方後方墳は一基も築造されませんでした。

時期ごとにみてみると、出雲東部の前期（三世紀末から四世紀）の古墳には、造山《つくりやま》一号墳、造山三号墳、大成《おおなり》古墳があります。いずれも安来市荒島に築造された方墳であり、一辺長は順に四〇メートル、三八メートル、四五メートルと五〇メートルに届きません。

出雲西部では、「景初《けいしょ》三年」銘の三角縁神獣鏡《さんかくぶちしんじゅうきょう》を副葬していた神原神社《かんばらじんじゃ》古墳が方墳（二九メートル）、松本一号墳と同三号墳はともに前方後方墳で長さは五〇メートルおよび五二メートルの規模です。これら三基は斐伊川中流域の雲南市域に立地します。下流の平野部では北側に立地する大寺一号墳が前方後円墳（五〇メートル）、南西部に立地する山地《やまじ》古墳が前方後円墳（推定[4]、約四〇メートル）です。

中期（五世紀）も状況に大きな変化はありません。東部では宮山一号墳と造山二号墳という前方後方墳がやはり安来市荒島に築造されましたが、墳長は五七メートルと五〇メートル。松江市の大橋川南岸に築かれた井ノ奥四号墳は前方部がやや短い前方後円墳で、墳長は五七メートルでした。西部では、出雲市の神西湖南方に立地する北光寺《ほっこうじ》古墳と当時の宍道湖南西岸に立地する神庭岩《かんばいわ》船山《ふねやま》古墳が前方後円墳で、ともに石棺を主体部としています。墳長は六四メートルと四九メートル。規模としては東部と西部でほぼ拮抗しているものの、中期古墳として畿内はおろか吉備とでさえ大きな懸隔があります。

備中に築かれた造山古墳と作山古墳（ともに総社市）は前方後円墳で、前者が墳長三五〇メートル、後者が二八六メートルもあり、全国四位と十位の規模を誇ります。この二基に続いて備前に築かれたのが両宮山《りょうぐうさん》古墳（赤磐市）です。全長二〇六メートルの前方後円墳です。[5]

出雲と吉備の前方後円墳では、全長で一対七、ないし一対四の差があります。吉備の造山古墳と両宮山古墳は濠をともないますから、その専有面積の差（一対四九、一対一六）はさらに拡大します。さらに体積で比較すると単純には全長比の三乗に比例となる計算ですから、一対三四三ないし一対六四の差という圧倒的な差が生まれることになります【図３】。

副葬品をとりあげても、出雲では先に触れた神原神社古墳の「景初三年」銘鏡を含めて四面の三角縁神獣鏡がみつかっていますが、宇垣匡雅さんの集計によれば、備前二十面以上、備中・美作が各二面、備後三面の総計三十面近い三角縁神獣鏡が知られるようです。[6] 畿内ではとなると、大和・黒塚古墳（天理市、前方後円墳、一三〇メートル）だけで三三面の三角縁神獣鏡を副葬しこれに画文帯神獣鏡《がもんたいしんじゅうきょう》一面が加わります。彼我の差には相当大きいものがあることがわかります。

中期古墳でみると、河内・墓山古墳（羽曳野市）の「陪塚《ばいちょう》」野中《のなか》古墳（藤井寺市、方墳、三七メートル）からはここだけで、甲冑十一組、鉄鋌《てってい》二二九枚以上、鉄刀一五四本、鉄剣十六本、鉄鏃七四〇本などが出土しました。出雲での短甲出土数は、現状で七領にすぎません。応神陵に治定されている誉田山《こんだやま》古墳（羽曳野市）の「陪塚」アリ山古墳（方墳、四五メートル）から出土した鉄製品は、鉄刀七七本以上、鉄剣八本以上、鉄槍四八本、鉄鏃一六一二本、鉄鎌二〇七本以上、鉄鍬五一、鉄斧一四二、鉄鑿九〇本、刀子一五六本など、圧倒的な量です。[7] ちなみに、前期の例ですが、出雲・神原神社古墳に副葬された鉄製品は、鉄鏃三六本のほか、素環頭大刀・大刀・剣・槍、袋状鉄斧・短冊形鉄斧・ヤリガンナ・鑿《のみ》・錐・針・鉄鎌・鋤先がありますが、錐と針が二点ある以外は一点のみでした。[8]

三　出雲の後期古墳

第五章前半の講座で仁木聡さんが詳しく述べられたように、後期後半（六世紀後半）には出雲の東西で地域最大規模の古墳が築造されました。東部の山代二子塚《やましろふたごづか》古墳（松江市、前方後方墳、九四メートル）と西部の今市大念寺《いまいちだいねんじ》古墳（出雲市、前方後円墳、九二メートル）です。

畿内では、摂津の今城塚《いましろづか》古墳（高槻市、一九〇メートル）と大和の五条野丸山《ごじょうのまるやま》古墳（見瀬丸山古墳、橿原市、三一〇メートル）を除けば、前方後円墳の規模がどの地域でもせいぜい一〇〇メートル前後あるいはそれ以下に規模を縮小しています。出雲東西の二つの古墳規模は中四国地方を見渡すと、吉備のこうもり塚古墳（総社市、一〇〇メートル）に次ぐものです。興味深いことに、今

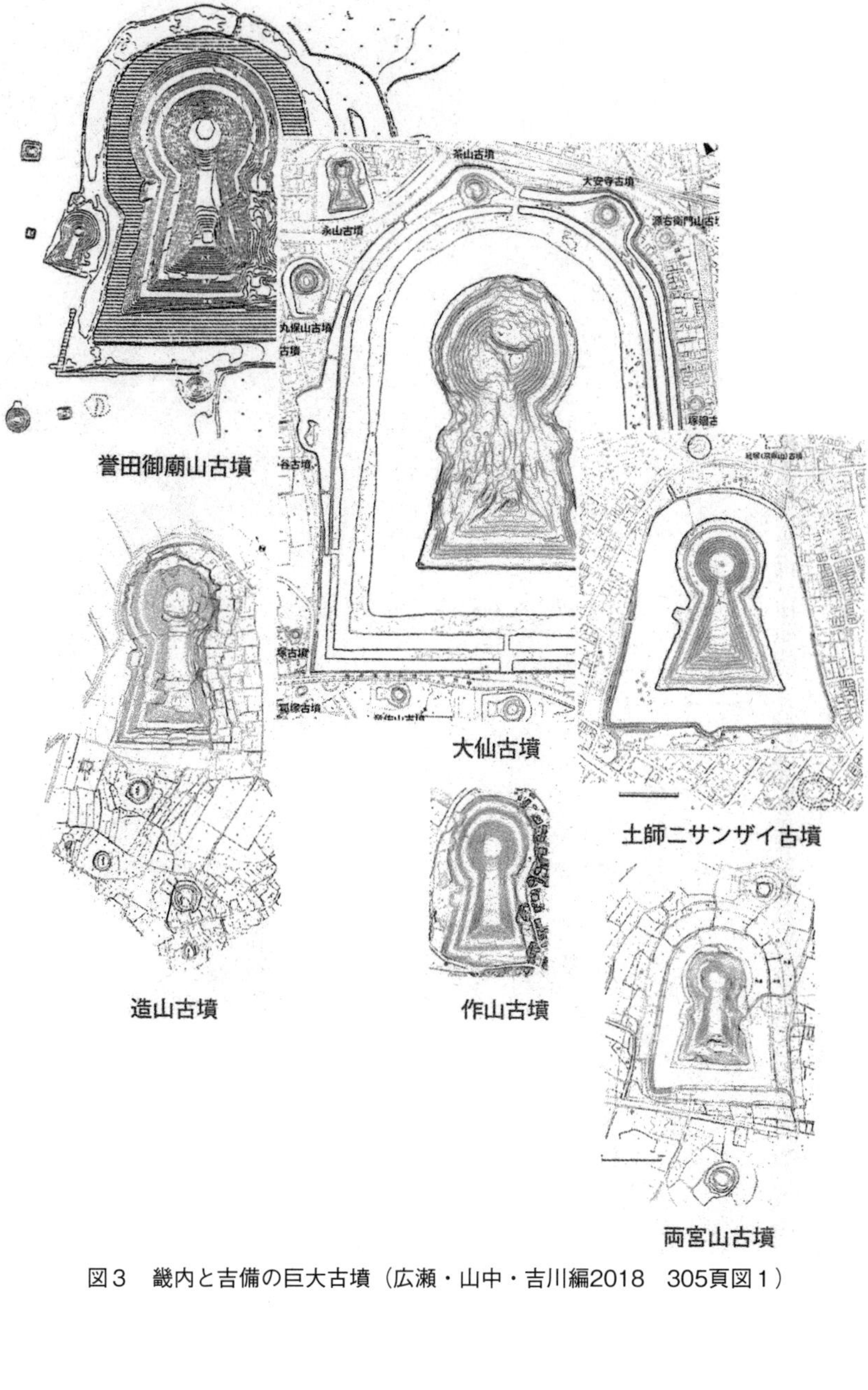

図３　畿内と吉備の巨大古墳（広瀬・山中・吉川編2018　305頁図１）

市大念寺古墳の横穴式石室は南西に開口しますが、こうもり塚古墳も同様です。大和の後期古墳最大で、蘇我稲目《そがのいなめ》の墓あるいは大王墓とされる五条野丸山古墳も同じく南西に開口します。今市大念寺古墳にみられる畿内的な要素（家形石棺など）がどのルートをたどって出雲に達したのかを考えるうえで示唆的に思われます。出雲西部では、横穴式石室が南西に開口の原則はその後、上塩冶《かみえんや》築山《つきやま》古墳とその周辺の築山古墳群（八基以上の円墳群）や平野東北部の国富中村《くんどみなかむら》古墳にも受け継がれました。

上塩冶築山古墳は、墳丘直径四六メートル、二重の周溝をそなえこれを含めると直径一〇〇メートルの規模をもち、切石積みの横穴式石室に二基の家形石棺を納めます。石室奥の「小石棺」にはその手前の「大石棺」より数量とも豊富な金銀装馬具類が副葬されていました。布製の帽をともなう金銅製冠をはじめ、屈指の副葬品です。遺跡が国指定史跡、副葬品と出土品の大半が国指定重要文化財となっているのも、上塩冶築山古墳が全国的にも重要な後期古墳であることを如実に語っています。

出雲の古墳が古墳時代後期になって最大化した背景として考えられるのは、大和を中心とする畿内王権との関係（上番）と、倭国が直面した対外関係です。

（一）大和への上番

現在、京都市街の東を南に流れる鴨川は、今出川通のあたりで賀茂川と高野川が合流して一本となりますが、その合流点から少しばかり遡った賀茂川に架かる橋を「出雲路橋《いずもじばし》」といいます。周囲には「出雲路神楽町」など「出雲」を冠した地名があります。さらに、西方の御霊《ごりょう》神社（上京区上御霊竪町）の境内からは、本薬師寺《もとやくしじ》跡（奈良県橿原市城殿町、特別史跡）の創建瓦と同紋の単弁蓮華紋軒丸瓦などの七世紀に遡る瓦が出土しており、「出雲寺跡」と推定されています。[9]

この地は、出雲国出雲郡出雲郷《いづものこほりいづものさと》と並ぶ「出雲郷」の故地でした。奈良の東大寺正倉院文書の中に、課税台帳の公文書であった神亀三年（七二六）の「山背国《やましろのくに》愛宕郡《おたぎのこほり》出雲郷雲上里・雲下里計帳」が残っています。ここには、出雲臣を姓とする三〇〇人以上の名前が並びます。[10] その一人に戸主出雲臣筆の男「大初位下《だいそいげ》　出雲臣安麻呂」がいました。彼は「年肆拾弐《しじゅうに》歳　正丁　眉黒子《ほくろ》　北宮帳内《きたみやのとねり》」と記されています。

この計帳を遡ること十三年、和銅六年（七一三）と推定される出雲臣安麻呂の考課《こうか》（勤務評定）木簡が一九八八年に発掘されました。出土したのは平城京左京三条二坊一・二・七・八坪の四町を占めた長屋王（七六七？―七二九）と吉備内親王（？―七二九）の邸宅跡。八坪東南隅の溝状土坑SD四七五〇から出土した「長屋王家木簡」三万五千点余りの木簡の一つに

「□（无《む》ヵ）位　出雲臣安麻呂／年　廿九／山背國乙當郡／／上日／日　三百廿／夕　百八十五／／「并　五百五」」（木簡番号二〇八五）

がありました。長屋王家木簡は、木簡に記された年紀が和銅三年（七一〇）八月から霊亀二年（七一六）十二月におさまることから、出雲臣安麻呂の考課木簡も和銅六年と推定して矛盾はありません。長屋王家木簡には「北宮進上」と記された津税司からの封緘《ふうかん》木簡（木簡番号四五四）もあって、計帳の記録とも整合的です。出雲臣安麻呂の存在から、山背国愛宕郡出雲郷から平城京内の皇族に奉仕する出雲臣一族をうかがい知ることができるわけです。

彼らが山背の地に定住するのはいつでしょうか。出雲路橋の南西に位置する相国寺の境内地からは、飛鳥時代の竪穴建物跡がいくつも見つかっており、少なくとも七世紀中ごろには居を構えていたようです。あるいは、それがさらに遡るのであれば、欽明朝のこととされる『出雲国風土記』の意宇郡舎人郷《おうのこほりとねりのさと》と神門郡日置郷《かむどのこほりひおきのさと》の地名起源説話との関係や上塩冶築山古墳の副葬品との関係が気になるところです。

（二）対外関係【表1】

倭国に百済から仏教が伝えられたのは、『日本書紀』では欽明天皇十三年（五五二）、『上宮聖徳法王帝説《じょうぐうしょうとくほうおうていせつ》』などでは戊午年《つちのえうま》（五三八）とされます。『日本書紀』の欽明紀には朝鮮半島関連の記事が頻出します。

仏教伝来の前後では前年の欽明十二年（五五一）に、百済の聖明王は漢城《かんじょう》（今のソウル）と平壌《へいじょう》を取り返したとあります（十二年是歳条）。翌十三年、五月八日、百済から高句麗・新羅連合軍への救援兵力派遣の要請がありました（五月戊辰朔乙亥条）。その十月の記事に、誕生仏や経典などが伝えられたとあります（冬十月条）。「仏教公伝」の記事です。この年、百済は漢城と平壌を放棄し、新羅が漢城に入りました（是歳条）。そして、次の年（十四年、五五三）の正月十二日には、「軍兵を乞《まう》す」使いがやってくる（十四年春正月甲子朔乙亥条）など、百済との軍事的協力関係が強化されている状況がうかがえます。

表１　古墳時代後半と飛鳥時代の主要年表

日本列島		中国大陸・朝鮮半島	
		475	高句麗が百済王都を陥落
477・478	倭王武が宋に遣使		
527	筑紫君磐井の乱（～528）		
538(552)	仏教公伝		
		562	新羅が大加羅を併合
587	蘇我・物部戦争	589	隋が中国大陸を統一
593	最初の女帝・推古が即位、摂政・厩戸《うまやど》		
600	最初の遣隋使（『隋書』）		
604	十七条の憲法、冠位十二階（603）		
607	小野妹子が遣隋使	611	隋が高句麗遠征開始（３回）
		618	唐が中国大陸を統一
630	遣唐使の派遣はじまる		
645	大化改新が始まる（翌年　改新の詔）		唐の高句麗遠征はじまる
654	第３回遣唐使（メノウ献上の記録）		
		660	百済滅亡（唐・新羅連合軍）
		663	白村江の戦（百済復興失敗）
664	水城、山城を造りはじめる	668	高句麗が滅亡
672	壬申の乱（天武天皇即位）　忌部子首《おびと》が倭京守る		
676	都城（藤原京）を造りはじめる		新羅、唐軍を半島から駆逐
680	このころ国境を定める		
692	「出雲国」銘文初出（鰐淵寺銅造観世音菩薩立像）		
694	藤原京遷都		
701	大宝律令の制定、「日本」国号成立		
702	第８回遣唐使（京、律令、国号、帰国704）		
708	出雲臣果安《はたやす》国造就任、国司（守）忌部子首赴任		
710	平城京遷都（708造営開始）		

そうこうする間に、五六二年に大伽耶《だいかや》が新羅に滅ぼされ伽耶諸国は新羅に併呑《へいどん》されました。五五四年に百済の聖明王が戦死し、百済の劣勢が決定的となったことが大きく影響したと想像されます。伽耶諸国は、列島への鉄資源の供給元でしたから、鉄資源の国産化が大きな課題となったことは、想像に難くないでしょう。百済が滅亡するのはこれからおよそ百年後の六六〇年ですが、朝鮮半島の軍事的・政治的状況が急を告げてくると、畿内（大和）からみて西方にあたる出雲の地は、その重要性を高めたことが推測されます。

さらに、六世紀末には東アジアを大きな歴史の波が覆います。五八一年に北周《ほくしゅう》から禅譲《ぜんじょう》のかたちをとって建国された隋は、後梁《こうりょう》を併合（五八七年）したのち、五八九年には陳を滅亡させて全国統一を果たします。黄巾《こうきん》の乱以来、約四百年ぶりの「中華」の統一でした。倭国は、朝鮮半島の三国に遅れて六〇〇年に使いを派遣し、さらに六〇七年に小野妹子《おののいもこ》を遣隋使として送りました。隋は、六一八年に唐に取って代わられますが、隋にしても唐にしても大規模な高句麗遠征をおこないました。滅亡させた国の兵力は確実に不安定要因です。それを投下したこれら外征という軍事行動が朝鮮半島に嵐をもたらさないはずがありません。

このような六世紀後半から七世紀にかけての東アジア世界の変動は、先にものべたように畿内の出雲観に強く影響したと考えます。そのことが色濃く表れているのが、百済滅亡とその国家再興のために遠征した倭国軍とそれを指揮しながら九州の地で亡くなった斉明《さいめい》天皇に関わる『日本書紀』の二つの記事だと思います。

まず、斉明紀四年是歳条（六五八年）。

出雲国から次のような報告があった。

「北海（日本海か）の浜に、魚が死んで積み上がっている。その厚さは一メートル近くにもなる。魚の大きさはフグくらいで、雀のような口をして、ウロコに針がある。ウロコの長さは数センチある。地元の人が言うには『雀が海に入って魚になったもので、スズメウオだ』ということだ。（中略）これは後に百済が滅ぼされる兆しであった。」

次に斉明紀五年三月条（六五九年）。

「出雲国造（名前はわからない）に命じて、神の宮を造らせた。（この時）狐が、於友《おう》（意宇）郡の労働者の手にしていた葛の綱を食いちぎって走り去った。また、犬が死人の腕を言屋社《いふやのやしろ》（揖夜神社）に置いていった。これは、天皇が崩御される兆しである。」

物事の兆しは、境目にあらわれます。昼と夜との境、黄昏《たそがれ》（誰そ彼）時を「逢魔《おうま》が時」や「大禍時《おおまがとき》」というように。おそらく、畿内の出雲観は、出雲が黄泉の坂に象徴されるあの世とこの世の境であり、同時に国内（内つ国）と外国（外つ国）との境、と認識するものだったのではないか。わたしは、出雲は観念的にも空間的にも二つの世界の間にある土地「間の《あわい》土地」と認識されていたと考えています。そして、その観念の醸成には古墳時代後期から飛鳥時代にかけての国際情勢が深く関わっていた、と思うのです。

四　おわりに

これまで述べたように、前期から中期にかけての出雲の古墳はけして規模が大きいわけではありませんでした。そこに地域の安定をみようとする意見もありますが、やはり出雲全体としての「国力」あるいは畿内王権からみた重要度は低かったのではないか、と推測します。ところが、後期になると出雲東西の古墳が最大化します。その背景に畿内との関係の強化と、東アジア情勢の激変にともなう畿内の出雲観の変化を想像しました。古墳時代後期に古墳規模が最大化する地域はいくつかありますが、注目したいのは宗像《むなかた》地域です。

くだって文武天皇二年（六九八）の三月十日、諸国の郡司が任命されますが（『続日本紀』文武二年三月庚午条）、それに先立って、「筑前国の宗形と出雲国の意宇の二郡の郡司には、ともに三等以上の親族を並んで任ずることを許す。」と詔が出ました（『続日本紀』文武二年三月己巳（九日）条）。このような詔が出された背景に、百年以上におよぶ日本と東アジアとの関係がひそんでいると考えるのは、想像にすぎるでしょうか。今後、もう少し比較検討を続けてみたいと思います。

参考文献

奈良文化財研究所編『図説　平城京事典』柊風舎、二〇一〇年
広瀬和雄・山中章・吉川真司編『講座　畿内の古代学』第Ⅱ巻　古墳時代の畿内、雄山閣、二〇一八年
広瀬和雄・山中章・吉川真司編『講座　畿内の古代学』第Ⅳ巻　軍事と対外交渉、雄山閣、二〇二一年

注

1　坂本太郎・家永三郎・井上光貞・大野晋校注『日本書紀　（五）』岩波文庫、岩波書店、一九九五年、一九五頁　註一

2　福永伸哉「邪馬台国と纏向遺跡・箸墓古墳」『講座畿内の古代学　第Ⅱ巻　古墳時代の畿内』雄山閣、二〇一八年、三三―四五頁

3　広瀬和雄「畿内の前方後円墳」『講座　畿内の古代学　第Ⅱ巻　古墳時代の畿内』雄山閣、二〇一八年、六四―九五頁

4　山地古墳の墳形は円墳と報告されているが、発掘前の地形測量図をみると前方後円墳の可能性が高い。

5　宇垣匡雅「吉備からみた畿内」『講座　畿内の古代学　第Ⅱ巻　古墳時代の畿内』雄山閣、二〇一八年、三〇〇―三一三頁

6　前掲註五。

7　前掲註三。

8　蓮岡法暲編『神原神社古墳』加茂町教育委員会、二〇〇二年

9　前田義明「御霊神社境内の採集遺物」『研究紀要』第十号、京都市埋蔵文化財研究所、二〇〇七年、二一一―二二六頁

10　佐藤信「コラム⑫　畿内の出雲臣」『松江市史　通史編一　自然環境・原始・古代』松江市、二〇一五年、五三三頁

あとがき

1　公開講座の講演内容を書籍化

当財団では、平成二十四（二〇一二）年度から毎年公開講座を実施し、地域住民のふるさと意識の醸成《じょうせい》に努めています。同二十九年度までの六年間は、全体テーマを「出雲大社と門前町の総合的研究」とし、出雲大社遷宮史や門前町の発展、杵築文学などを主題に、概ね毎年五講座一〇講演（シンポジウム・実演も含む）を行ってきました。

また、同三十（二〇一八）年度から二年間は、島根の特色ある祭りや民俗芸能をテーマにした公開講座も行ってきました。このような当財団の取り組みは、地域の皆様から高い評価をいただき、過去八年間における受講者総数は四、六〇〇名を超え、年平均の受講者数も六一三名という盛況でした。

これらの講演内容は、公開講座終了後に『いづも財団叢書』として書籍化し、県内はもとより全国に向けて情報発信しています。これまでに、第八号まで出版しましたが、その書籍名は次のとおりです。

第一号　出雲大社の造営遷宮と地域社会（上）……平成二十六年四月二十日刊
第二号　出雲大社の造営遷宮と地域社会（下）……平成二十七年五月二十日刊
第三号　出雲びとの信仰と祭祀・民俗・芸能……平成二十八年七月十五日刊
第四号　出雲大社門前町の発展と住人の生活……平成三十年一月二十日刊
第五号　出雲地域の学問・文芸の興隆と文化活動……平成三十年十一月一日刊
第六号　出雲大社の宝物と門前町の伝統……令和元年八月八日刊

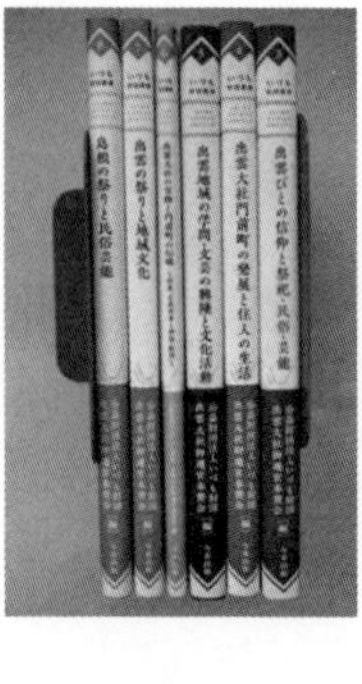

第七号　出雲の祭りと地域文化……令和二年十一月六日刊
第八号　島根の祭りと民俗芸能……令和三年十月一日刊

2　第九号『出雲の歴史と地域文化[1]―原始・古代編―』の編集について

令和二（二〇二〇）年度は新型コロナウイルス感染拡大防止のために公開講座は一年間休止しましたが、同三年度から再開し、全体テーマを「出雲の歴史と地域文化」とし、六年間をかけて出雲地域の原始・古代から近現代までの歴史文化を考えてみることとしました。

このようなテーマを設けたのは、出雲ではこの四十年の間に荒神谷《こうじんだに》遺跡（出雲市斐川町）から三五八本もの銅剣が発見されたことや加茂岩倉《かもいわくら》遺跡（雲南市加茂町）から大量の銅鐸が発見されたこと、また出雲大社境内《けいだい》遺跡（出雲市大社町）から三本組の巨大柱が発見されたことなど、「世紀の大発見」が相次いだことがあります。また加えて、この間に『大社町史』や『松江市史』などの市町村史等が相次いで刊行され、出雲の歴史像も変わりつつあり、ここあたりでこれまでの研究成果をまとめて皆様方に提示したいという意図からです。

本書（第九号）は、第一期（令和三年度）に行った公開講座「原始・古代出雲の歴史と地域文化」（全五回）の講演内容をまとめたものです。全体の章立ては、左記のように成っています。そして、第一章から第五章までそれぞれ二つずつの論考が掲載されています。

序　章　第一期公開講座の主旨と実施状況
第一章　出雲平野の形成と縄文人のくらし
第二章　農耕の展開と出雲平野のムラムラ
第三章　出雲の青銅器文化の展開
第四章　大型墳丘墓の出現と出雲世界
第五章　出雲の地域首長と大和王権

論考の中には、そのテーマが講演題目と多少異なるものもあります。それは、当財団の公開講座は、諸般の事情から一講座二講演をワンセットとしているために、一人当たりの講演時間が七〇分と短くなっています。そのために、当方が依頼した講演題目の内容のすべてを語り尽くせなかった講師先生もあります。そこで、全員の講師先生に講演後の知見も付け加えて、新たに原稿を書き下ろしていただいています。そのため、講師先生によって主旨は変わりませんが、講演題目と論考のテーマが多少異なる場合もあり得ることをご承知いただきたいと思います。

序章は、公開講座の主旨や計画、各講演の概要、受講者数などについて事務局でまとめたものです。令和三年度は、新型コロナウイルスの感染拡大防止が取り沙汰される中での開講であったために、受講者は例年の半分程度でした。しかも第五回目の講座は感染が拡大し、止む無く中止にせざるを得ないという事態となりました。仁木聡先生（県埋蔵文化財調査センター係長）と花谷浩先生（出雲弥生の森博物館館長）のご講演を拝聴できなかったことを大変残念に思っています。

第一章は、出雲びとの生活舞台である出雲平野はどのように形成され、彼らはそこでどのような暮らしを営んできたかについて述べていただきました。中村唯史《ただし》先生（三瓶自然館サヒメル学芸員）は、数百万年前から四千年前までの出雲地域の土地の形成過程を気候の変化や地形の推移を縦糸に、また三瓶山の噴火と神戸川が果たした役割を横糸に、「大地の創造」という観点から大きなスケールで描いていただきました。宍道正年先生（宍道正年歴史研究所所長）は、縄文時代人がのどから手が出るほど欲しかった「黒曜石《こくようせき》」が彼らの生活にとってどのような役割を果たしたかについて述べていただきました。また、「黒曜石」の研究史にも大きく紙数をさいて言及いただきました。昭和三十年代の研究方法と今日の研究方法が、大きく様変わりしてきていることが具体的に述べてあります。

第二章は、お二人の先生から特色ある弥生時代の集落について紹介いただきました。坂本豊治先生（出雲弥生の森博物館学芸員）は、具体事例として山陰最古の弥生遺跡である「原山遺跡」（出雲市大社町）を取り上げ、「開発」という観点から述べていただきました。出雲市内にはこのほかの弥生時代の遺跡群として中野、山持《ざんもち》、四絡《よつがね》、美談《みだみ》、出《しゅっ》西《さい》、古志、湖陵、塩冶などが知られていますが、いずれも二〇〇〇年前から「開発」が進められていた地域であり、そのような開発を推進したのが伐採石斧《ばっさいせきふ》や鉄斧《てっぷ》などの道具の導入であったことを指摘されています。

松本岩雄先生（島根考古学会会長）は、三重の環濠《かんごう》をもつ「田和山《たわやま》遺跡」（松江市田和山町）について言及していただきました。田和山遺跡は防御施設（柵列・環濠・土塁など）を備えた遺跡であり、水田稲作により生活が安定すると、今度は他集団との軋轢《あつれき》が深刻化し、集団同士の戦闘が頻繁に発生するようになったことを指摘されています。まだ謎の部分が多いですが、出雲では見られなかったもう一つの弥生時代の集落遺跡として今後の研究の進展を期待したいと思います。

第三章では、出雲の青銅器文化の研究状況を紹介いただきました。昭和五十九（一九八四）年に荒神谷遺跡から銅剣三五八本が出土したことは、前代未聞の出来事として我が国の専門家ばかりでなく、地域住民にも大きな衝撃を与えました。その後、加茂岩倉遺跡からの銅鐸の大量出土もあり、昭和六十年代以降は地元でも青銅器文化研究に多くの研究者が携わることとなりました。宍道年弘先生（荒神谷博物館企画監）は、荒神谷遺跡出土の銅剣や加茂岩倉遺跡出土の銅鐸の埋納《まいのう》方法を紹介いただきました。それぞれの発見から三八年間が過ぎ、青銅器文化研究が深化されていることが分かりました。平野芳英先生（元荒神谷博物館副館長）は、荒神谷遺跡と加茂岩倉遺跡の青銅器を事例に、埋納と祭りについて言及いただきました。青銅器文化研究も細部にまで踏み込めば、様々な見解があり学問の奥の深さを知りました。

第四章では、二～三世紀の出雲地域の状況について、出雲独特の形をした「四隅突出型墳丘墓《よすみとっしゅつがたふんきゅうぼ》」を事例に、多角的に述べていただきました。三原一将《かずゆき》先生（出雲市文化財課主査）は、弥生時代後期に出雲に出現した四隅突出型墳丘墓である「西谷三号墓」の特質やその広がり、また歴史的背景にも言及していただきました。岩橋孝典先生（島根県文化財課世界遺産室課長補佐）は、西谷墳墓群から出土した「水銀朱」に着目し、その交易ルートの変遷から二世紀における日本海沿岸の地域首長の立ち位置を読み解いていただきました。それによると、北部九州や朝鮮半島と強い交易ルートをもち、東方への文物の流通を取り仕切っていたのが、出雲平野の地域首長であったとのことです。

第五章では、五～六世紀の出雲の状況と大和政権との関わりを述べていただきました。学問的にはまだ見解が一致しないものもみられますが、お二人の先生から「古墳」を切り口にして、出雲と大和王権について論じていただきました。仁木聡先生（前出）は、五～六世紀の出雲では東部（山代二子塚古墳：九四ｍ）と西部（大念寺古墳：九二ｍ）に大型古墳が出現し、二大政治勢力が存在したことを紹介されました。そして、東部の勢力は前方後方墳・方墳を中心に築造し、西部の勢力は前方後円墳・円墳のみを築造するなど古墳の墳形や石室、石棺に大きな違いがあることを指摘されました。このような東西二大勢力が出現した背景には、ヤマト政権が出雲を倭国の戦力的拠点（軍事、交通、開発）とし、それらがヤマト政権の二大勢力である蘇我氏（東部）と物部氏（西部）の影響をそれぞれ受けているのではないかとする説があることを紹介されました。そして東西出雲の政治勢力は、七世紀になるとヤマト政権との関わりのなかで統合されていくとの見通しを示されました。

花谷浩先生（前出）は、古墳時代における出雲の立ち位置を、畿内と出雲の古墳の規模を比較検討しつつ論じられました。それによると、三世紀後半から六世紀前半までの畿内と出雲の古墳は、その規模や副葬品において圧倒的に畿内の方が優《まさ》っているが、六世紀後半になると出雲の古墳は畿内や吉備と遜色《そんしょく》のないものとなることを指摘されました。出雲の古墳がこの時期に最盛期を迎えた背景には、激変する東アジア情勢が関係し、大和や畿内の古代人にとって出雲は空間的にも心理的にも「国内」（内つ国）と「外国」（外つ国）の中間に位置する「間《あわい》の土地」であり、また「黄泉《よみ》の坂」に象徴されるあの世とこの世の境界の地と考えられ、一目置かれる「特別な地」と認識されるようになったからではないかと推論されました。

ここに掲載した十名の先生方の論考は、いずれも今日の研究状況を踏まえたものであり、今後の出雲地域の原始・古代史研究に示唆を与えるものばかりであると確信しています。これからこの分野の研究を始めたい方や関心のある方に、是非ご一読いただきたいと思っています。

最後になりましたが、本書の刊行に当たり、忙しい中をご執筆いただいた講師の先生方にまずもって感謝したいと思います。また、出雲大社をはじめ、文化庁や島根県教育委員会、島根県立古代出雲歴史博物館、出雲弥生の森博物館、出雲市文化財課、隠岐の島町教育委員会など多方面から多大なご協力を賜わりました。皆様方に厚くお礼を申し上げます。

令和五年六月吉日

公益財団法人いづも財団
出雲大社御遷宮奉賛会

◆執筆者（執筆順）

中村　唯史（島根県立三瓶自然館サヒメル学芸員）
宍道　正年（宍道正年歴史研究所代表）
坂本　豊治（出雲弥生の森博物館学芸員）
松本　岩雄（島根考古学会会長）
宍道　年弘（荒神谷博物館企画監）
平野　芳英（元荒神谷博物館副館長）
三原　一将（出雲市文化財課主査）
岩橋　孝典（島根県教育庁文化財課世界遺産室課長補佐）
仁木　　聡（島根県教育庁埋蔵文化財調査センター管理課保存活用係長）
花谷　　浩（出雲弥生の森博物館館長）

※令和５年４月10日現在

事務局　公益財団法人いづも財団
山﨑　裕二（事務局長）
坂本　　隆（事務局次長）
亀山　美雪（事務局員）
梶谷　光弘（前事務局次長）
松﨑　道子（前事務局員）

出雲の歴史と地域文化 1 ～原始・古代編～

発行日　令和５年７月10日
編　集　公益財団法人いづも財団
　　　　出雲大社御遷宮奉賛会
発　売　今井出版
印　刷　今井印刷株式会社
製　本　日宝綜合製本株式会社

ISBN 978-4-86611-340-1